余耀华 著

南北对峙

南北朝的天空

一

大裂变

人民东方出版传媒
东方出版社

图书在版编目（CIP）数据

大裂变：南北朝的天空：全三册 / 余耀华 著 . — 北京：东方出版社，2021.6
ISBN 978-7-5207-2022-9

Ⅰ.①大… Ⅱ.①余… Ⅲ.①中国历史—南北朝时代—通俗读物 Ⅳ.① K239.09

中国版本图书馆 CIP 数据核字（2021）第 000780 号

大裂变：南北朝的天空（全三册）

（ DA LIEBIAN：NANBEICHAO DE TIANKONG ）

作　　者：余耀华
策　　划：王金伟
责任编辑：王金伟
责任审校：赵鹏丽　孟昭勤
出　　版：东方出版社
发　　行：人民东方出版传媒有限公司
地　　址：北京市西城区北三环中路 6 号
邮　　编：100120
印　　刷：北京文昌阁彩色印刷有限责任公司
版　　次：2021 年 6 月第 1 版
印　　次：2021 年 9 月第 2 次印刷
开　　本：710 毫米 ×1000 毫米　1/16
印　　张：57.5
字　　数：768 千字
书　　号：ISBN 978-7-5207-2022-9
定　　价：146.80 元
发行电话：（010）85924663　85924644　85924641

导　言

　　三国两晋南北朝是中国历史上第二次大乱世，南北朝则处于这次乱世的后期。南北的局部统一使中国进入了真正意义上的南北对峙时期。从公元 *420 年刘裕废晋恭帝建立刘宋王朝至 589 年隋灭南陈的 170 年间，中国的南方进入南朝时期，先后有宋、齐、梁、陈几个朝代更替；北方则由鲜卑族建立的魏国于 439 年所统一，进入北朝时期。经北魏、东魏、北齐、西魏、北周几个朝代后，北周灭北齐统一北方，杨坚又代周，于 589 年灭陈统一全国。这期间，南北对峙，双方势力此消彼长，北伐和南征充斥其间，战乱不断。

　　南朝也好，北朝也罢，同一时期，数国共存，政治、经济、文化无不你中有我，我中有你。笔者解析这段历史，以时间为经，以各国发生的重大事件、重要人物为纬，穿插表述，展现出一个百花齐放、万马奔腾的大场景，最后汇百川于大海，天下归一。

　　南北朝是中国历史上非常混乱、非常黑暗的一段时期，战火弥漫，饥馑荐臻，疾疫猖獗，所有破坏社会经济的人祸、天灾，犹如万壑奔川，殊途并至，洪流溃决，势若倒海，致使社会经济反复遭受惨重破坏，天下陷入大分裂、大动荡、大破坏之中。

　　分裂、对峙、动荡的乱世令人触目惊心，而乱世透露出来的那种对生命

---

* 以下年份，如无特别标注，均为公元纪年。

的漠视更让人心痛。但也应该看到，即使在那个混乱的年代，社会仍在发展，文明仍在进步，为后来高度发达的唐宋文明做出了特殊的贡献。

《南北对峙》为开篇卷。刘宋是南朝第一个朝代，也是整个南朝国力最为强盛的朝代，其前期甚至出现了"元嘉之治"的盛世，可惜只是昙花一现。涉及的重大历史事件有：孙恩起义、刘裕篡晋、元嘉之治、元嘉北伐、南北对峙等。涉及的重要历史人物有：刘裕、刘义隆、拓跋珪、拓跋焘、崔浩、檀道济、田园诗人陶渊明、山水诗人谢灵运、《世说新语》作者刘义庆、《后汉书》作者范晔、大科学家祖冲之等。

《魏裂东西》为中卷，主要写齐、梁、北魏之历史，齐代宋，梁篡齐，兄弟相残，父子挥刀，皇位之争，让南北朝的贵族丧尽了人性。其间，最重大的事件莫过于北魏孝文帝改革——改官制，禁胡服，断北语，改姓氏，尊崇孔子、提倡儒学，极大地促进了民族大融合，较之清朝康熙皇帝推行汉化早一千多年。涉及的重大历史事件有：北魏迁都洛阳、孝文帝改革、推行汉化、北魏南征、六镇起兵、河阴之变、韩陵之战等。涉及的重要历史人物有：萧道成、萧鸾、萧宝卷、"竟陵八友"（范云、萧琛、任昉、王融、萧衍、谢朓、沈约、陆倕）、孝文帝元宏（拓跋宏）、北魏冯太后、尔朱荣等。

《天下归隋》为下卷，主要写东魏、北齐、西魏、北周、陈之历史，北齐代东魏、北周灭北齐，杨坚篡周，印证了天下分久必合的规律。其间，最重大的事件莫过于隋文帝结束南北朝乱世，统一天下。涉及的重大历史事件有：侯景之乱、北方统一、杨坚篡周、隋文帝统一天下。涉及的重要历史人物有：高欢、高洋、萧衍、侯景、菩提达摩（中国禅宗第一祖）、宇文泰、宇文邕、陈霸先、陈叔宝（陈后主）、张丽华、杨坚（隋文帝）等。

不同史家各有各的讲述角度，现代不同的史学作者各用各的风格来演绎南北朝那一段异彩纷呈的历史。本人在撷取前人可靠史料的基础之上，借小时候吃完晚饭，端个小凳子坐在大树底下，听游乡说书人讲故事的方式说史。抖开千年尘封的真实历史，品味古往今来的百味人生。

目　录

第一章
刘裕出世

寄奴是谁

南宋著名豪放派词人辛弃疾登上风景壮美的京口北固山，眺望滚滚东去的长江水，想起靖康之变、二帝被金人掳去北国，不禁激情满怀，写下了千古传诵、大气苍凉的不朽词篇《永遇乐·京口北固亭怀古》：

千古江山，英雄无觅，孙仲谋处。舞榭歌台，风流总被，雨打风吹去。斜阳草树，寻常巷陌，人道寄奴曾住。想当年，金戈铁马，气吞万里如虎。

元嘉草草，封狼居胥，赢得仓皇北顾。四十三年，望中犹记，烽火扬州路。可堪回首，佛狸祠下，一片神鸦社鼓。凭谁问：廉颇老矣，尚能饭否？

这里，词人将此时能想到的溢美之词，全都加在两个人的身上，一个是在京口建立霸业的吴王孙权，一个是率军北伐中原、气吞胡虏的刘宋开国皇帝宋武帝刘裕。

刘裕就是本书中最先出场的人。

京口（江苏镇江）位于建康以东，长江之南，此地连冈三面，一水横陈，群山环抱中一间不起眼的茅屋，便是南朝缔造者刘裕的出生之地。

史书对帝王出生的描绘，往往有意神化，此前的汉高祖刘邦，此后的唐太宗李世民、宋太祖赵匡胤，莫不如是。

"金戈铁马，气吞万里如虎"的南朝缔造者刘裕，据说出生时同样蒙着一层神秘的色彩。

刘裕，字德舆，小名寄奴，东晋哀帝兴宁元年（363年）三月，出生于江南丹徒县京口里。据传，出生前数日，他家的房子被一团紫气环绕，出生的那天晚上，更是红光烛天，如同白昼，邻里疑其家里失火，纷纷提着水桶前往救火，可刘家却什么事也没有发生。

刘裕出生时天显异象，人们便说这孩子将来必定大富大贵。不幸的是，大富大贵还是一个未知数，母亲赵氏却因难产而撒手人寰。

刘裕的父亲刘翘从得子的兴奋顶峰一下子跌进丧妻的悲痛深渊，他迁怒于刚出生的儿子，认为新生婴儿乃不祥之人，刚出世便克死了母亲，不知以后还会生出啥祸端，便有了将新生儿丢到山沟喂狼的想法。

这样的事情并没有发生。没有神龙附体，也没有六丁六甲保护，只因有一个善良的女人。

这个女人就是刘翘的同族兄弟刘万的妻子腊娘，腊娘也是刘翘的妻妹、刘裕的姨妈。

腊娘可怜刘裕一出生便没了亲娘，又要被生父抛弃，于心不忍，将刘裕抱回家，断了亲生儿子刘怀敬的奶，留下奶水喂养刘裕，并给他取了一个小名，叫寄奴。

京口里的人给小孩取名字，喜欢用"奴"字，正如有的地方给孩子取名字喜欢用阿猫阿狗一样，说是取这样的贱名好养。加之刘裕是寄养在别人家，所以取了"寄奴"的名字。

刘裕的祖先是彭城（今江苏徐州）人，祖上本为汉高祖刘邦的弟弟楚元王刘交的后裔。西晋"八王之乱"时，刘氏举家过江，迁居晋陵郡京口，祖父刘靖曾任东安太守，到父亲刘翘这一代时，家道已明显衰落了。刘翘一生仅居郡功曹（郡守属吏）职位。刘裕的生母赵氏是平原太守之女。

两年之后，刘翘又娶洮阳县令的女儿萧文寿为继室，生了两个儿子：刘道怜、刘道规。

萧氏是庶族小姐，知书达理，嫁入刘家之后，说服刘翘将寄养在刘万家的寄奴接回家来抚养。这个女人同情小寄奴刚出生便没了亲娘，对身世凄凉的小寄奴百般呵护，视同己出。

"天有不测风云，人有旦夕祸福。"刘裕十九岁时，正当盛年的父亲刘翘突然得了一种怪病，不治而亡。家里的顶梁柱轰然倒下。萧氏母弱子幼，生活陷入贫困无依的境地。萧氏并没有被贫困压倒，为了维持生计，她白天下地干农活，晚上在油灯下做鞋。

刘裕向来不喜欢读书，斗大的字不识几箩筐，平常就喜欢舞刀弄棒，骑马射箭，为人落拓、嗜酒、好赌。

萧氏见不是个事，便对刘裕说："儿啊！娘不反对你舞刀弄棒，但舞刀弄棒不能当饭吃，人首先还得要生存，要活下去，你就将娘做的鞋拿出去卖，换几个钱补充家用吧！"

刘裕倒也想得开：昔日蜀帝刘备落魄之时，不也曾以卖履为业吗？我刘裕何许人也，卖履就卖履，有何不可？

刘裕以贩履谋生，穷困潦倒，日子过得挺寒碜，人们都很鄙视他，刘裕却泰然自若。刘裕是个粗人，但还有良心，虽然穷困潦倒，对继母却很孝顺，毕恭毕敬，不敢怠慢，宁可自己挨饿受累，也不让继母受委屈。

刘翘虽然没有给刘裕留下什么产业，却给了他一副伟岸的身材，身高七尺六寸，"风骨奇特"，人前一站，威风凛凛，相貌堂堂，不知底细的，还真不知道他是一个什么样的人物。

由于刘裕好出大言，喜欢吹牛，且还有奢酒、嗜赌的恶习，街坊邻居都不怎么喜欢他。

一个好说大话的赌徒，当然很难赢得人们的好感。

夸张的传说

刘家自诩是汉室宗亲，但东汉亡国已近二百年，有谁去管这么一个皇亲国戚呢？东晋选官实行九品中正制。依九品中正制划分，刘家到了刘裕这一代，连下等士族也算不上，顶多只能算破落庶族。

九品中正制的等级制度森严，做官不需要考试，属于世袭制，"龙生龙，凤生凤，老鼠生儿打地洞"，正是东晋时代的真实写照。依刘裕的身世，求得一官半职的机会很少。

就是这样一个人，后来竟然当上了开国皇帝，所以有人将此称为"寒门掌权"。为了说明刘裕成为南朝的缔造者是天命所归，文人墨客们在正史、野史中，对刘裕进行了大量的渲染。

一天，刘裕去京口竹林寺游玩，走得有些疲倦，便靠在讲堂的柱子上打盹儿。庙里的和尚不认识他，见他衣衫褴褛，顿生逐客之意，正要上前喝逐，怪事发生了。只见一团红光罩住刘裕，刘裕身上现出龙的图腾。僧众异常惊骇，禁不住哗噪起来。

刘裕被惊醒了，好奇地问："什么事？"

和尚们仍是目不转睛地盯着刘裕，连称："怪事！怪事！"

刘裕有些急了："到底是怎么回事吗？再不说，我就急了！"

僧人："我们刚才看到一团红光罩住施主，施主身上现出龙的图腾。"

刘裕："现在还有龙光吗？"

僧众们好奇地摇摇头："没有了，没有了。"

"师傅们，不要乱说啊！恐怕是太阳迷住了你们的眼睛，所以才产生五彩光芒的幻觉。"

众僧齐说："如果是一个人看见，或许是因为被太阳迷住眼睛产生了幻觉，这么多人都看见五色光罩在施主全身，怎么能说是被太阳迷住了眼睛呢？"

爱怎么的就怎么的吧，刘裕也不跟他们多辩，起身离去。

刘裕回家之后，回想到竹林寺的一幕，颇为不解。竹林寺的和尚不会无缘无故地合伙欺骗自己，难道自己真的有五色光护体？如果真是这样的话，可不是一般的事情，那是祥瑞之兆啊！难道自己真是大富大贵之相吗？他左思右想，有些忐忑不安起来，一直到黄昏才上床睡觉，狐疑不定，辗转反侧，朦朦胧胧进入梦乡。

刘裕在迷糊之中，觉得真的有二龙在自己身边上下翻腾，他来不及多想，翻身跃上龙背，腾空而起。只见霞光绚彩，紫气盈途，也不知到了什么地方，任由龙在天空中游走。经过了一道道山，越过了一条条水，忽然，前方笼罩着一道十分阴浓的黑雾，如同黎明前的黑暗，混沌不清。刘裕骑在龙背上向下看，见脚下出现一条黄色的河流。龙游行到这里，似乎也有些惊惧，悬空一旋，堕落河中。刘裕害怕极了，大叫一声，惊醒了。睁眼四周一看，仍然是家徒四壁，屋内仅有一张破床，唯独案上留着一盏残灯，临睡时忘了吹熄，还在闪烁着余焰。原来是南柯一梦。

刘裕回想到梦中情景，越来越觉得费解，想到乘龙上天，好歹是个好兆头，说不定将来有朝一日，自己真的会时来运转。于是吹灭灯，想再睡一会儿，但翻来覆去地怎么也睡不着，没多久便晨鸡四啼，窗前已露出晨光。

第二天一大早，刘裕伺候继母吃过早餐，告诉继母，他要前往候山祭拜祖坟。

刘裕在前往候山途中，遇见一个名叫孔恭的风水先生，一路同行，有一搭没一搭地攀谈起来："孔生先又在忙啥子呀？"

"受前村董员外之请，替他家选坟地呢！"

"董员外家怎么了？"

"他家老爷快不行了，大概也就这几天的事。"

"唉！"刘裕想到自己的父亲去世，连棺材都没有，用一床破席子包起来，在山里随便找了一个地方安葬的情景，深深地叹了口气："到底是有钱人家，咱穷人与他没得比。"

孔恭安慰他说："生死有命，富贵在天，说不定有一天，太阳会照到你家祖坟上。"

刘裕大笑："如果真有那么一天，我请孔先生喝酒。"

两人结伴而行，一路走，一路闲聊，不一会儿，候山到了。这里是刘裕父亲的墓葬地。刘裕的父亲去世时，因无钱为他筑墓，没有立碑，只有一堆黄土堆耸在山坡上。除了刘裕，没有人知道这是谁家的坟。

刘裕指着父亲的坟，戏逗地对孔恭道："这块墓地怎么样？"

孔恭围着坟墓走了一圈，看了看四周，惊叹地说："谁这么有眼光呀？挑了这块墓地。"

"怎么样？"刘裕好奇地问。

"这块地了不得，是一块发王之地，你知道是谁家的吗？"

"不知道啊！"刘裕心中暗喜，问道，"这家后人什么时候显贵？"

"不出数年，必有征兆，前途不可限量啊！"

刘裕笑着说："敢情做皇帝不成？"

"你怎么知道这墓主的子孙不会做皇帝？"

孔恭说者无心，刘裕听者有意，二人作别之后，刘裕拜过坟，非常高兴地回家了。从此心中便生有大志。想归想，但时机未到，眼前的日子还要过，不能坐等好日子来。

为了生存，刘裕不得不奔波在外，不是去集市卖鞋，便是下河捕鱼，抑或上山砍柴，有时碰到飞禽走兽，也会射中几个，带回家给继母打牙祭。

这一年秋天，刘裕在湖边割芦苇，突然狂风大作，一阵腥风扑面而来，湖水哗啦啦一阵乱响，四周的芦苇发出呼呼的响声，震动耳鼓，仿佛暴雨即将来临。刘裕非常惊异，本能地跳开数步，跑到一个高冈上四下张望。

突然，从芦苇丛中窜出一条鳞光闪闪的巨蟒，头似巴斗，身似车轮，张口吐舌，样子非常恐怖。刘裕虽然是练把式的人，但从未见过这么大的蟒蛇，心中不免有些害怕，急忙从腰间取出弓箭，搭弓上箭，仗着天生神力，向巨蟒射去，只听"嗖"的一声，不偏不倚，正射中蛇项。

蟒蛇负痛难忍，昂着头，怒视着刘裕，似要向刘裕扑过来。

刘裕接着又发了一箭，正中蛇眼，蟒蛇垂下脑袋，痛得在芦苇丛中翻滚，将芦苇压倒了一大片，然后钻进芦苇丛中，不见了。

刘裕估算了一下，蟒蛇竟有数丈长，不禁失声大叫："好大的恶虫。幸亏我身上带有弓箭，才躲过一劫，不然，今天受伤的一定不是这条孽障，而是我刘寄奴了。"他又回到割芦苇的地方，捆好割下的芦苇，心有余悸地回家了。

第二天，刘裕又来到湖边，隐隐约约听到有杵臼之声从芦苇中传出来，随即依声寻觅，在芦苇丛中见到几个小童正在那里轮流捣药。于是高声问道："你们是什么人，为何在这里捣药？"

一个童子回答："我家大王被刘寄奴射伤，派我们采药，捣碎后替大王治伤。"

刘裕："你们家大王是谁呀？"

童子回答："我家大王是这里的土地神。"

刘裕笑道："你家大王既然是土地神，那他为何不杀掉刘寄奴？"

童子无奈地说："刘寄奴是个贵人，以后会有大富大贵，我家大王怎么杀得了他呢？"

刘裕听了童子之言，胆子似乎更壮了，大喝："我就是刘寄奴，专门来除掉你们这些妖孽，你们的大王尚且怕我，你们不怕我吗？"

几个童子听到"刘寄奴"这个名字，大惊失色，丢下杵臼，一哄而散，连捣好的药也不要了。

刘裕也不客气，将臼中的药全部取出来拿走了。

一次，刘裕卖鞋的时候，在下邳遇到一个僧人。

僧人对刘裕熟视良久，对他说："江表将出现一场动乱，能拯救天下的，只有你了。"

刘裕调侃地说："我一个贩夫走卒，哪有如此通天的本事啊！"

僧人见刘裕手上有一刀箭之伤，关心地问："手上有创伤，为何不治疗呢？"

刘裕说："这是顽疾，已有多年，就是治不好。"

"那怎么行啊！将来打天下，没有一双好手怎么行？"僧人从怀里掏出一包黄散，递给刘裕，"你手上的创伤是顽疾，非此药不能治。"

刘裕接过僧人递过来的药，正要道声感谢，抬头一看，僧人已不知去向。他知是神人相助，立即取药敷在创伤上，创伤立即痊愈。此后，每逢有刀箭之伤，便用黄散及童子所捣之药敷治伤口，一敷即愈。

孔靖是丹徒的一个小财主，这天正在家里睡午觉，忽见一金甲神人闯进来，催促道："起来，起来，天子都到你家门口了，快去迎驾！"

孔靖从睡梦中惊醒，慌忙爬起来，出门一看，除了刘裕在门口徘徊外，没有第二个人。孔靖想到梦中情景，宁可信其有，不可信其无，于是将刘裕请到家里，好酒好菜招待他，如同仆役侍奉主人一般。

刘裕好奇地问："咱们俩非亲非故，平常也没有什么特别交情，你这是唱的哪一出啊？"

孔靖抓住刘裕的手说："君将来必大贵，我愿以身家相托，他日不要忘了今日之言。"

刘裕心里当然很爽，一边喝酒一边说："先生所言未必是真的，但你说的话我不敢忘。"

孔靖对他奉若圣明，高兴得不得了。

京口有一家小酒店，店老板是一位姓吕的老妇人，吕老妪对发生在刘裕身上的种种怪事有所耳闻，她相信刘裕是一个奇人，将来必定会大富大贵，因此对刘裕格外看重，刘裕每次到酒店来喝酒，她都是免费招待，从不收酒钱。

这一天，刘裕又到酒店来喝酒。

吕氏笑着说："刘郎，室内有酒，自己进去喝吧！"

"那我就不客气了。"刘裕说罢，自个儿走进内室，就像进了自家一样，坐在酒缸旁边，自斟自饮，不久便醉倒在地。

正在这时，司徒王谧的门人董崇文到丹徒公干，从吕老妪的酒店门前经过，一路行走，已是口干舌燥，便进到吕老妪酒店沽酒喝。

"客官！"吕老妪笑迎来客，"请到里面坐，酒马上送到。"

董崇文微笑着向内室走去，刚迈步跨入内室，突然惊叫一声，将脚又缩了回来，惶恐地说："吓死我了，吓死我了。"

"客官，什么事如此惊慌？"吕老妪觉得奇怪，忙上前询问。

"你家酒店里怎么有一个怪物啊！"

"只有刘郎在里面饮酒，怎么会有怪物呢？"吕老妪疑惑地问。

董崇文心有余悸地说："我只见里面有一个怪物，五色斑斓，状如蛟龙，蹲踞在地上，并没有什么刘郎啊！"

吕老妪觉得奇怪，立即进内屋察看，不见有什么怪物，只见刘裕慢慢从地上站起来，语无伦次地说："抱……抱歉，酒喝多了，醉倒在这里，不要见怪。"

吕老妪笑着出去了。

董崇文重新回到内屋，坐在桌边，端起酒杯，喝了一口酒，夹块卤牛肉放进嘴里，边吃边问："壮士尊姓大名，哪里人氏？"

刘裕口齿不清，结结巴巴地说："在下京……京口里刘裕。"

董崇文暗自惊讶，略饮数杯便去了。

董崇文回去后，将在吕氏酒店的怪事告诉了王谧。

王谧说："我知其人久矣。以前，我曾游京口竹林寺，刚进门的时候，有一人从里面走出来，我见他相貌奇伟，器宇不凡，询问旁人，才知此人名叫刘寄奴。进寺之后，寺中僧众一阵哗然，连称怪异。我问他们为何称异，僧人说：'刚才有刘寄奴醉卧讲堂禅榻上，隐隐有五色龙章覆盖其体。众僧都看见了。待刘寄奴觉察后，五色龙章就不见了。故众人以为怪异。'当时我怀疑僧人开玩笑，不曾在意，今天据你所见，看来僧众所言非虚。此人终非池中之物。"

董崇文："真有这么回事？"

"确有其事。"王谧吩咐，"这件事不可对外人言。"

王谧是一个有心人，一心想结纳刘裕，一次因事去京口，特地顺路前去拜访刘裕。刚到京口里，见路边一棵大树上绑着一个人，当地豪强刁逵站在旁边，手拿鞭子，一边打，一边骂绑在树上的那个人。

王谧上前一看，见树上绑的竟是寄奴，大吃一惊，冲着刁逵质问："你怎么能这样对寄奴呢？"

刁逵气势汹汹地说："寄奴这个王八羔子，欠了我三万钱的赌账，赖账不给，不给一点颜色，他不知我刁某人的厉害。"

"不就是三万钱吗？"王谧道，"快把他放下来，钱我给就是了。"

刁逵见有人帮寄奴还钱，当然求之不得，立即命手下人给寄奴松绑。

刘裕见王谧替自己还了赌账，感激不尽，忙将王谧请到家里。

王谧问道："君乃当世豪杰，为何不奋志功名，而甘于穷困，以致受这小人之侮呢？"

刘裕说："我虽有四方之志，可苦无门路，为之奈何？"

王谧说："前将军刘牢之镇守江北，号称北府，日前正在招兵买马，君一身本领，前往投军，必获重用。我给你写一封推荐信，你前往投奔刘牢之，如何？"

"真的吗？"刘裕有些喜出望外。

"如果你愿意，我写一封信，你前往北府投军。"

"那我就谢过了！"刘裕感激不尽。

以上传说似乎都在告诉人们，刘裕生来就是一个伟大人物。可现实并没有这么简单，谁都要经过人生的磨难，一位开国之君遭受的痛苦和磨难，远远超出常人。

第二章

五斗米道

投奔北府兵

刘牢之，字道坚，彭城人氏。父亲曾为晋朝武官。刘牢之出身于将门，骁勇善战。东晋孝武帝太元二年（377 年），刘牢之应募投奔兖州刺史谢玄，参加了"北府兵"，奉谢玄之命，领一支精锐为先锋，屡立战功。淝水之战，率五千精兵夜袭驻洛涧的五万前秦军，杀敌万余人，并分兵断其退路，使前秦军腹背受敌，迅速溃败，对整个战争的胜利起了重大作用。因功晋升为龙骧将军，镇守于江北，号称"北府"。

淝水之战后，东晋外部威胁暂时消除，孝武帝满足于偏安局面，摄政的会稽王司马道子专权，政刑谬乱，朝中党派林立，互相倾轧，朝政腐败，朝廷内争激烈。兖青州刺史王恭、骠骑大将军司马元显、荆州刺史桓玄等为争夺朝权，都想拉拢手握强兵的刘牢之。王恭更是视刘牢之为心腹。

刘牢之乘机招兵买马，囤积粮草，北府兵的声势远远大于其他各镇。故王谧推荐刘裕投奔北府兵。

刘裕听从王谧之言，告别继母萧氏，带上王谧的推荐信，前往江北投奔北府兵。

刘裕来到江北北府兵辕门，见北府兵营盘坚固，兵容整齐，肃然起敬。他手持王谧的推荐信，在军营前徘徊。

这时，两个少年带着数十名随从，前呼后拥地乘马迎面而来，在营门前下马，其中一少年见刘裕手持书帖，便上前问道："请问尊姓大名，到此何干？"

刘裕道："小子姓刘，名裕，有王司徒的推荐信，欲投帅府效力。"

少年惊问："莫非你就是刘寄奴？"

"正是在下。"

"我叫刘敬宣。"问话少年指着另一位少年说，"这位是我的表弟何无忌。"

何无忌上前一揖："见过刘兄！"

"久仰！久仰！"刘裕客套地回答。

"久闻刘兄大名，无缘结识，你把书信给我，我代你通报，稍候片刻，便会有人来请你。"刘敬宣接过刘裕的推荐信，径直进了帅府。

少顷，一名小兵前来传进。

刘裕整了整衣服，昂首走向帅府，刚走到台阶前，刘敬宣便迎出来，上前一揖道："家父正在忙，明天才能接见刘兄，请刘兄到书斋小坐。"

刘裕与刘敬宣携手入内，见过礼后，才知道刘敬宣是主帅刘牢之的儿子，何无忌是刘牢之的外甥，不由得暗中欢喜。

一会儿到了吃饭时间，刘敬宣请刘裕入席，刘裕也不推辞。

酒过三巡，彼此交谈，情投意合，大有相见恨晚之感。刘敬宣高兴地说："以刘兄的才干，他日功名定在我二人之上。今幸相遇，愿结为异姓兄弟，不知意下如何？"

刘裕大喜，论年龄，刘裕最长，无忌次之，敬宣再次之。三人对天下拜，盟誓生死不相背负，然后再入席，开怀畅饮，至深夜方休。当天晚上，刘裕便宿于府内。

第二天，刘敬宣向父亲引见刘裕。一席交谈之后，刘牢之站起来说："贤侄志在高远，将来的成就定不在我之下，请暂屈居参军之职，共商军务。"刘裕再拜受命。刘裕便迎请母亲和弟弟，共居江左。

当时东莞有一个叫臧俊的郡功曹，很会看相，生有一女，名爱亲，其母亲叔孙氏梦中吞月而孕。此女容貌端严，举动修整。臧俊非常爱自己的女儿，说他日必母仪天下，故不轻易许人，年二十岁，尚待字闺中。

这一天，臧俊到北府办事，偶见刘裕，观其是大富大贵之相，有心结纳。事后臧俊亲自到刘裕家登门拜访，对刘裕说："听说刘君尚未娶妻，不才家有小女，容颜不弱，愿奉箕帚。"

刘裕本来不想答应，原因是自己功未成，名未就，暂时不想考虑成家之事，后经母亲劝说，答应娶臧俊的女儿为妻，此即武敬臧皇后，在此一笔带过。

刘裕性情豪放，广结朋友，当时北府也人才济济，刘毅、孟昶、高雅之、诸葛长民等，都是一时俊杰，大家久慕刘寄奴大名，乐于与之交往。

孙恩起兵

在历史上，宗教信仰往往被别有用心的人利用，来实现他们的野心。东晋末年，一个名叫孙恩的人，打着五斗米道的旗号，点燃了江南起义的烽烟，时间是晋安帝隆安三年（399年）。

孙恩，字灵秀，琅邪人，五斗米道的教主、大天师。

五斗米道也叫天师道，日后的武当派、华山派、全真教等道教派别都是其子孙辈。五斗米道的开山鼻祖是东汉时期的张道陵。张道陵对人讲：我是太上老君亲封的天师，想拜在我的门下，必须拿出五斗米。"五斗米道"因之而得名。

三国时期，汉中王张鲁将五斗米道发扬光大。曹操破汉中，收服张鲁，汉中政权覆灭，但巴蜀地区的五斗米道仍然存在，随张鲁的残部北迁，五斗米道传播到中国北方。

历经曹魏和西晋，至东晋时期，五斗米道得到很大发展。江东的五斗米道除了信奉教义外，还信鬼神，坚信有长生不老之术。不仅平民百姓信仰五斗米道，皇室和豪门士族中也有不少信徒，并出现许多著名的天师道世家，如琅邪王氏、孙氏，陈郡谢氏，会稽孔氏等。

在众多士族信徒中，钱塘人杜子恭为江南重要首领。人们对杜子恭敬之如神，其门下弟子遍及江南，很多人都出身于江南世家大族。

《晋书》记载的一则故事，表明了杜子恭的神奇之处。

有一次，杜子恭在码头上向人借一把瓜刀，刀的主人是船上的行旅，船要开了，向杜子恭索刀。杜子恭回答说："你放心地走吧！刀一定会送给你的。"刀主人无奈，乘船离开了码头，船行走到嘉兴，突然一条大鱼跃入船中，船主破开鱼腹，得到一把刀，正是借给杜子恭的那把刀。此事告诉世人，杜子恭已是半个神仙。

杜子恭有个徒弟名叫孙泰。孙泰的侄子就是孙恩。孙恩出自孙秀一族，乃五斗米道世家。

孙秀是西晋"八王之乱"中赵王司马伦的谋主，曾利用五斗米道的势力协助赵王登上帝位，事败后被齐王司马冏处死。中原战乱，孙氏家族过江移居三吴，他们既非司马越一系，也非第一批过江的中原人，在江东不为士人所看重，求官自然无门。孙泰利用自身家族的优势，拜杜子恭为师，大力宣传五斗米道。

创立和宣传宗教，如果以普度众生、解救世人脱离苦难为目的，无疑是高尚的，会有极大发展。如果教义有哲理深度，则会经久不衰，比如基督教、佛教、道教。如果仅仅为了敛财，那就极端可耻，因为它利用人的脆弱，违背人的良知。

孙泰推广五斗米道，并非要普度众生，而是极具个人野心，就是要使五斗米道成为干预国家政治的宗教，并以此进入国家权力中心。五斗米道在他的传播下取得飞速发展，很快成为当时一支举足轻重的力量，引起高门士族的猜疑。孙泰曾一度被流放到岭南蛮荒之地。

东晋孝武帝司马曜认为孙泰是个人才，重新召回孙泰，封为辅国将军，让其做了一任太守。兖州刺史王恭叛乱，孙泰站在朝廷一边，带领数千人马攻打王恭，获得尚书司马元显的欣赏，两人经常在一起研究长生不老之术。孙泰因之更加肆无忌惮地发展五斗米道的势力，江南几乎成了孙泰的天下。

孙泰势力的发展，引起高门士族的极大恐慌，特别是浙江绍兴一带的谢氏家族。

谢氏家族是三吴地区的门阀显贵，其代表人物是谢玄。谢玄在淝水之战后卸掉兵权，在会稽（今浙江绍兴一带）封山占水，广造田园，以求永世基业。谢玄之孙、著名诗人谢灵运的《山居赋》曾勾勒出谢氏庄园的庞大：

> 北山二园，南山三苑……田连冈而盈畴，岭枕水而通阡。阡陌纵横，滕垆交经。

孙泰势力在会稽的发展，吓坏了谢氏家族，会稽内史谢輶上表称孙泰谋反。谢輶是谢安重用的人，在谢氏家族和孙泰之间，朝廷很快做出选择，司马元显用计诱杀了孙泰。

孙泰死后，侄子孙恩逃往舟山群岛。

孙恩为什么逃到岛上去呢？传说中的神仙，不都是住在岛上吗？孙泰死了，他的教众并不认为孙泰死了，都以为他成仙了，继续给予孙恩大力支持，运送粮草，提供情报。孙恩在海岛中纠集一百多名亡命之徒，随时准备复仇。

如果东晋政局平安无事，仅凭孙恩那百十来号人，很难掀起什么浪，可偏偏东晋各阶层的矛盾在这个时候爆发了，且还不是小爆发，而是总爆发。年轻鲁莽的司马元显缺乏政治经验，一脚踩上了地雷，而这个地雷，足以让大晋王朝灰飞烟灭。

东晋自建国以来，面对北方的威胁，屡次出兵北伐，常由荆州担纲。桓温死后，谢安当政，北伐重任落在江淮地区。支持江淮战场的物资供应全部来自三吴地区。谢安动用三吴的财富打赢了淝水之战，谢玄又用三吴的财富从事北伐，有鉴于此，司马元显也想用三吴的财富推动他的战车前进。

如此一来，三吴地区成为东晋政权赋税徭役的重负区。在朝廷和门阀世族的双重索取下，百姓生活十分悲惨，沉重的徭役赋税压得他们抬不起头，免不了心生怨愤。五斗米道在三吴地区飞速发展，也就在情理之中了。

魏晋以来实行世兵制，兵、民分籍，凡是入了兵籍的士兵及其家属，皆为兵户，兵户世代为兵。男子年满 16 岁后，朝廷可随时征调为兵。士兵行军作战居无定所，生死未卜，人们视为畏途。兵户同样承担朝廷各种赋税徭役，士兵临阵脱逃，将会罪及家属，兵户的处境十分艰难。故当时流传这样一句话——好男不当兵。

南北朝是一个乱世，战祸连年，士兵伤亡惨重，兵户越打越少。东晋是庄园经济，豪强地主拥有大批附属农民，国家控制的编户农民有限。再说，自由民根本不愿当兵，这是东晋正规军兵力严重不足的原因。

会稽王子司马元显发现了一批适合当兵的人，什么人呢？"免奴为客者"，即以官奴婢免为客户，使之奴役性有所减轻。

东晋隆安三年（399 年）十月，司马元显以朝廷的名义强征"乐属"（即征调因三吴门阀免除官奴身份而成为佃农的广大民众）到建康（今江苏南京）补充兵员。命令下达之后，"东土嚣然，人不堪命，天下苦之矣"。

为何产生如此巨大反响呢？

一是这个诏令只适用于浙东地区，明显存在地方歧视；二是免官奴为佃农的人，原本是地主们的私产，壮丁，朝廷一纸诏令说弄走就弄走了，庶族地主们不答应；三是"免奴为客"的佃农本已从奴隶上升到半自耕农，却要被征调去充当地位更为低下的士兵，本身不情愿。

一时间，浙东地区民心骚动。

孙恩一看机会来了，便率百十来号人从舟山群岛登陆。

孙恩起兵，既得到三吴地区庶族地主的大力支持，也受到当地客佃和奴隶的热烈拥护，浙东农民也纷纷响应。在短短半个月之内，参加起义军的人达数十万之众，一路势如破竹，几乎兵不血刃，攻占上虞（今浙江上虞），杀死上虞县令，随后进军会稽（今浙江绍兴）。

会稽内史、左将军王凝之得知孙恩起义的消息，采取不抵抗政策，既不出兵，也不设防。

王凝之为何有如此态度呢？因为他是五斗米道的忠实信徒，当有人向他请求出兵讨伐孙恩时，他却在道堂磕头念咒："我已请来得道大仙，借来天兵天将守住各个险要隘口，每道隘口都有数万天兵天将，贼不足忧。"

王凝之的法术想必练得很熟，可他忽略了一个重要问题，孙氏是五斗米道世家，孙恩也是天师，你的天兵天将，阻挡得住"孙天师"吗？

当孙恩突破各道隘口，即将兵临城下时，王凝之这才出兵抵抗，可为时已晚，孙恩的大军已攻克山阴城，王凝之的几个儿子都成了刀下冤魂。

可惜一代名士王羲之，居然生了王凝之这样一个迂腐的儿子。

王凝之的妻子，那位曾经作出"未若柳絮因风起"名句的才女谢道韫品评丈夫时说："没想到天地之间，竟有王郎这种人！"

谢道韫婚后不久，回到娘家后整天闷闷不乐。谢安感到奇怪，问道："王郎，逸少之子，相貌、人品也不坏，你为何对他不满意呢？"

谢道韫说："谢家一族中，叔父辈有谢安，兄弟中有谢韶、谢朗、谢玄、谢渊，个个都很出色，没想到天地间，竟有王郎这种人！"

谢道韫抱怨说，谢家兄弟都这么有名气，为何单单出了王凝之这个蠢材啊！

这里之所以要提到谢道韫，并不是因为她轻薄夫婿的举动，而是她此后的行动，足显她巾帼须眉的气概。

谢道韫曾劝谏过丈夫，不要迷信鬼神，要练兵拒敌。王凝之一概不理，谢道韫只好亲自招募了数百家丁天天加以训练。孙恩大军长驱直入冲进会稽城，王凝之及其子女被杀。谢道韫目睹丈夫和儿女蒙难的惨状，手持兵器带着家中女眷奋起杀贼，但终因寡不敌众被俘，此时她还抱着只有三岁的外孙刘涛。她对孙恩厉声喊道："大人们的事，跟孩子无关，要杀他，就先杀我。"

孙恩此前听说过谢道韫是一位才华出众的女子，今日又见她如此毫不畏惧，顿生敬仰之情，非但没有杀死她的外孙刘涛，还派人将他们送回会稽。

从此谢道韫寡居会稽，足不出户，只是打理本府内务，闲暇时写诗著文，过着平静的隐居生活。

孙恩之乱平定不久，新任会稽郡守刘柳拜访过谢道韫。谢道韫究竟跟他说了些什么，不得而知。事后刘柳逢人就夸奖谢道韫说："内史夫人风致高远，词理无滞，诚挚感人，一席谈论，受惠无穷。"

谢道韫的后半生写了不少诗文，汇编成集，流传后世，这是后话。

孙恩虽然出师大捷，但他并没有建立政权，因为他所代表的是浙东庶族地主的利益，不可能与东晋朝廷彻底决裂。一时的胜利，让孙恩有些飘飘然，认为大功告成，自称"征东将军"，上表晋安帝，将起兵的罪责全部推到司马元显和他的父亲司马道子身上。

可惜孙恩目光短浅，缺乏长远的战略目标，未能乘机扩大战果，乘胜直取建康，给东晋王朝留下了喘息的机会。

晋廷急调卫将军谢琰、辅国将军刘牢之率领北府兵，分别从建康和京口南下，前往镇压。此时刘裕在刘牢之手下任参府军事，也随军参战。

刘牢之的北府兵迅速向钱塘江一线推进。

孙恩起初寄希望于钱塘江天险，企图效仿越王勾践，保有会稽，割据浙东，并大言不惭地对部下说："我割浙东，不失做勾践也。"

所料不及的是，北府军很快渡过钱塘江，向会稽猛扑过来。

孙恩所率的起义军，其实是一群乌合之众，当然不敢和精锐的北府军正面交锋，只得放弃浙东，率一二十万义军撤回舟山群岛，临走时撂下一句话："孤不羞走！"意思是说，我逃跑不丢人，潜台词是：我还会回来。

孙恩撤回舟山群岛，悄悄训练一支强大的海军。

东晋王朝担心孙恩再次登陆，于是任命谢琰为会稽太守，率一支军队镇守浙东沿海地区。谢琰参加过淝水大战，是一员经历过大战洗礼的将领。但朝廷用谢琰还是用错了人。

孙恩并不是真败，而是主动撤出浙东地区，退驻舟山群岛。但却给谢琰留下了一个假象：孙恩不过尔尔，一击即溃，不足为虑，产生了麻痹心理，对孙恩没有加强防范。

将领们劝告谢琰，说强贼近在海浦，伺机而动，应该给他们提供一个改过自新的机会。

谢琰与孙恩仇深似海，谢家的庄园被孙恩的义军捣毁，人也被杀了不少，对孙恩的义军不肯善罢甘休，在辖区内大肆报复，并狂妄地说："苻坚百万之众，尚送死淮南。孙恩小贼，败退入海，何敢复出？如真敢上岸，那就是自寻死路了。"

谢琰太轻敌了，由于轻敌，一只脚已踏进了鬼门关尚不自知。

晋安帝隆安四年（400年）五月，孙恩再次率军从浃口（今浙江镇海东南甬江河口）登陆，攻克余姚、上虞，进而进攻到距山阴县以北仅三十五里的邢浦。

这一天，谢琰正在吃饭，得知前线晋军溃败，大怒，丢下碗，发誓说："先收拾孙恩再吃饭。"在谢琰的眼里，干掉孙恩似乎只要一顿饭的工夫就够了。

孙恩并非谢琰认为的那么不堪一击，他利用谢琰骄傲自恃、急于求胜的心理，将官军诱入狭隘的沼泽地，使官军的骑兵优势难以发挥。义军则充分发挥水战优势，在船上、芦苇丛中放箭，切断官军退路，然后各个击破，晋军大败。卫将军谢琰被部下张猛杀死，两个儿子也死在混战之中。

谢琰的失败，意味着东晋士族已无力控制局面。司马元显任命刘牢之都督会稽五郡军事，调动各路兵马，围剿孙恩的起义军。从此，北府兵权尽入刘牢之的手中。

第三章
桓玄篡晋

刘裕的发迹史

北府军推进的速度很快，从京口出兵，击斩贼将许允之等，直渡钱塘江，一直打到吴郡（今苏州市）。初来乍到，敌兵虚实不清，刘牢之命刘裕率一支数十人的小分队前往侦探义军的行动。行军途中，正好与孙恩的数千人马狭路相逢。小分队的人心里害怕，多有退缩之意。

刘裕大喝："敌众我寡，即使撤退，敌人的骑兵也会追上来，到时我们一个也跑不了，与其逃走而死，不如战死。"说罢，挥舞手中长刀，如猛虎般杀向敌阵，随行兵士不甘示弱，紧随其后，杀向义军。

孙恩的军队没有经过训练，乃乌合之众，加之刘裕和他的小分队来得突然，乌合之众乱了阵脚，连连后退。可毕竟人家有几千人，双方兵力悬殊，经过短暂的骚动，孙恩的军队逐渐稳住了阵脚，反过来将刘裕的小分队团团围住，玩起了猫戏老鼠的游戏。

刘裕和他的士兵虽拼命搏杀，无奈兵力悬殊，陷进敌阵后，左冲右突，就是杀不出来，不一会儿，数十名队员死的死，伤的伤，只剩刘裕一个人在战斗。眼看即将全军覆没，突然一队人马从外围冲进来，杀开了一条血路。

"来得好！"刘裕大喝一声，奋起神威，连杀了几个敌人，逃出重围。

原来，刘敬宣在军中见刘裕久去不归，担心其被义军所困，便率兵寻找，听到前方有喊杀之声，登高一看，正好看见刘裕孤身一人手持长刀驱杀数千敌兵的壮观场面，将士们大为叹息，一齐拍马杀向敌阵，大破义军，斩获千余人。

孙恩的队伍见北府兵大队人马杀来，纷纷溃散。

刘裕大叫："非弟来援，我命休矣！"

刘敬宣："小弟在军中，见兄久去未归，故带兵寻来，见前面尘土飞扬，有喊杀之声，知道贼兵猖獗，兄必受困。急忙赶来，果见兄独舞大刀，一人独战数千人。兄之勇，关、张再世也不及啊！今贼兵已退，我们赶快回营吧！"

刘裕大叫："贼胆已落，乘胜追击，必大获全胜。"刘敬宣从之，率兵乘胜追击，大获全胜。

孙恩见大势已去，故技重演，再度逃到海上去了。刘牢之收复山阴。

刘裕在其军事生涯中的第一次作战，便凭着勇猛的精神以少胜多，取得了辉煌胜利，也在军事史上写下了传奇的一笔。

东晋朝廷任命刘牢之督会稽五郡军事，屯兵上虞。刘牢之命刘裕率一支部队镇守句章（今浙江宁波市南），构筑第一道防线，浙东重新被晋军控制。

孙恩不可能长期待在海岛上不出来。东晋元兴元年（402年），孙恩第三次率义军卷土重来，自浃口登陆，攻句章。

句章是一座小城，刘裕兵不满千人。作战中，刘裕披坚执锐，带领守军拼命抵抗，每战必身先士卒，冲锋陷阵，把孙恩的军队拒于防线之外，难越雷池。孙恩见句章久攻不下，便避开刘裕，率水军北上转攻海盐。

当时晋军军纪混乱，士兵暴掠，百姓为其所苦，只有刘裕所率的部队号令明整，所到之处，甚得百姓拥护。此时的刘裕，甚得刘牢之的赏识。

不久，孙恩攻打海盐。

刘裕率兵火速赶到海盐，在当地旧城之上加固城墙，修筑工事，严阵以待。

孙恩的海军抵达杭州湾，他不知道刘裕已先期到达，贸然发起进攻，遭到刘裕军的猛烈反击，立即溃不成军，大将姚盛被杀。孙恩大怒，仰仗人多，轮番向海盐城发起进攻。

海盐城中兵少，眼见破城在即。刘裕却唱了一曲"空城计"，夜间让士兵偃旗息鼓，把精锐部队埋伏在城门四周，派几个老弱残兵登上城墙晃悠。

孙恩的人马觉得有些不对劲，捉了几个百姓，询问刘裕在哪里。百姓们回答："刘裕昨天晚上逃跑了。"

孙恩军轻信其言，争相入城。刘裕乘其不备，突然率兵杀出，击溃孙恩的部队。孙恩知道，只要有刘裕在，城不可破，于是率兵北上，攻打沪渎（今黄浦江下游）。

刘裕马上放弃海盐，率部追击孙恩。不料一个人强行搅局，坏了好事。此人便是海盐令鲍陋的儿子鲍嗣之。

鲍嗣之立功心切，要求率一千吴兵打先锋。

刘裕不同意，说道："贼兵精锐，吴人不习战，若前军有失，这仗就没法打了。你们跟在大军后面造造声势吧！"

鲍嗣之不乐意了，心想：就你们京口人能打仗，吴人就不会打仗，只配跟在屁股后面摇旗呐喊？想当年夫差称霸中原的时候，有京口这个地方吗？于是说："别小瞧我们吴人，这个先锋我是当定了。"

刘裕无奈，只得让鲍嗣之率部为先锋，但他知道鲍嗣之不行，提前在各处要道埋下旗鼓伏兵，每一处少则几人，多则几十人，只是虚张声势而已。

第二天，鲍嗣之率部与万余人的敌军相遇，两军刚交上火，刘裕设下的伏兵齐出，举旗击鼓，虚张声势。

孙恩以为中了埋伏，慌忙退兵。鲍嗣之以为孙恩就这两下子，也不与刘裕打招呼，率部追击。刘裕只得随后跟进。

孙恩见甩不脱官军，只得回军接战。鲍嗣之凭一时之勇，未曾想到孙恩退兵实乃刘裕布下疑阵、伏兵摇旗呐喊虚张声势所致，还以为自己有多了不起。一旦与数倍于己的敌军激战，他才知道自己是那么不堪一击，可悔之晚矣。在敌军的重重包围之中，鲍嗣之率部左冲右突，就是冲不出重围，部属越战越少，最终全部战死。

刘裕见大势已去，且战且退。孙恩乘胜追击。刘裕所部死伤大半，退至伏兵处，刘裕命部下脱取死者的衣服，以示闲暇。

敌军忽见刘裕的部属停止不退，且还平静地脱死者衣服，疑有伏兵，不敢前进。

刘裕乘敌军迟疑之际，大呼而战，士气高涨。敌军以为中了埋伏，引军退走。刘裕则率部徐徐而归。

五月，孙恩攻克沪渎，杀守将袁崧，歼灭晋军四千余人，取得自山阴之战后的又一次胜利。趁此余威，孙恩尽遣主力，率军逆流而上，转攻丹徒。

朝廷震骇，内外戒严，派兵守卫石头城、秦淮河入口处以及长江南岸和白石等要塞，急令刘牢之自山阴回兵堵截孙恩。

刘牢之的部队远在山阴，大部队行动迟缓，远水难救近火，于是命令刘裕率一支精兵先行，自海盐驰援京师。

刘裕得到急令，挑选一千多名精兵，轻装简从，从海盐出发，日夜兼程，一路急行军，先孙恩一步抵达丹徒。

孙恩万万没有想到，死对头刘裕竟然跑到前面去了。从海盐转攻丹徒，为的是避开刘裕，可到达丹徒后，迎接他的仍然是刘裕，一阵兜头痛击，孙恩军霎时溃散，孙恩率余众败走郁州。

东晋朝廷见刘裕屡建奇功，提拔他为下邳太守。刘裕受命后，率兵直奔郁州，讨伐孙恩。

刘裕有了兵权，可以单独指挥部队作战，军事天才得到充分展示，率兵追杀孙恩的部众。

孙恩难以在郁州立足，只得弃郁州，登船沿海南下。

刘裕率步、骑兵沿海跟踪南下，在沪渎、海盐地区追上孙恩，大败起义军，斩、俘孙恩部众数万人。

孙恩无力扭转败局，只得率众自浃口登船，退守舟山群岛。孙恩兵败后，担心北府兵追杀他，惶惶不可终日，在临海投水自尽。

孙恩死后，其妹夫卢循率义军余部仍然坚持战斗，逃亡途中，被残部推举为主。

桓玄篡晋

东晋战祸连年，王恭、桓玄、孙恩先后起兵，整个江南大地弥漫着战火的硝烟，不仅百姓苦不堪言，甚至朝廷官员的基本生活也得不到保障。时局动荡不安，把持朝政的司马元显却沉浸在平定王恭和孙恩的胜利喜悦中。他对高门士族极具排斥心态，集聚在身边的多是一些庶族人物，阿谀奉承之辈将司马元显吹捧为时之英杰，风流名士。司马元显更是飘飘然，横征暴敛，搜刮民财，富有程度超过帝王。

荆州刺史桓玄盘踞在长江中上游的军事重镇荆州，在朝廷全力对付孙恩的时候，乘机扩张势力。听说孙恩大军逼近建康时，立即集结军队，上表朝廷，请求发兵勤王。

司马元显知道桓玄醉翁之意不在酒，不敢引狼入室，下诏严禁桓玄出兵。

桓玄见以勤王的名义出兵这条路行不通，于是公然扯起反旗，统领荆、江八州兵马，挥戈东下，直逼建康。途中收留了卢循及其残部，授卢循为永嘉太守。

晋安帝得知桓玄起兵造反，命司马元显为骠骑大将军、征讨大都督，调兵征讨桓玄，并命刘牢之为先锋，刘裕为参军，命大军即日出发。

大军走到历阳，正好与桓玄的军队相遇。桓玄请刘牢之的族舅何穆充当说客，劝刘牢之归附于他。

刘牢之本来对司马元显就不满，加之何穆的花言巧语，同意归附桓玄。其实，他也不是真心归附桓玄，而是有自己的小算盘：打算利用桓玄先除掉司马元显，然后再除掉桓玄。

刘牢之的儿子刘敬宣、外甥何无忌以及参军刘裕极力劝阻，认为桓玄狼子野心，如董卓再世，同这种人为伍，无异于刀口上跳舞，没有好下场。

刘牢之不听劝告，自信地说："难道我不知道这个道理吗？消灭桓玄易如反掌，如果先扫平了桓玄，你让我如何对付司马元显？"

四月十五日，刘牢之派儿子刘敬宣前往桓玄处，表示归降。手拥强兵，身坐大镇，刘牢之竟出此下策，可谓自取灭亡。

北府军投降，桓玄率水师大举东进，直逼东晋都城建康。司马元显虽为大都督，其实是一个绣花枕头，中看不中用，见荆州兵大举攻城，毫无抵抗之力。桓玄的军队几乎兵不血刃就进了建康城。

桓玄大军进入建康城，斩杀了司马元显、司马尚之、庾楷、张法顺等人，废掉司马道子。白痴皇帝下诏，以桓玄统领文武百官，掌管国政。

桓玄主国，东晋重回到高门士族与皇权共天下的局面，但桓玄并不满足于现状，他要改朝换代，登上帝王宝座。为实现这一目的，掌握北府兵权的刘牢之便成为心腹之患。于是，桓玄任命刘牢之为会稽内史，离开北府。实际上是削去刘牢之的兵权。

刘牢之知道大祸临头，询问儿子敬宣，怎么办好？刘敬宣主张立即起兵，奋起反抗，袭击桓玄。刘牢之犹豫不决，私下又约见刘裕，说："我们去广陵，联合高雅之，举兵匡扶社稷，你能和我一起去吗？"

刘裕回答得很干脆："将军手握雄兵数万，不能讨叛，望风而降。桓玄新近得志，威震天下，朝野人心都已归附，对将军失望透了，广陵你到得了吗？

至于我吗，现在只有脱去军装，回京口老家了。"说罢，起身离去。

刘牢之的外甥何无忌也无意追随刘牢之，尾随刘裕走出营帐，问道："我怎么办？"

"刘牢之目光短浅，必不免于祸，你可随我回京口。桓玄如果守臣节，我们不妨去投靠他；如果有异心，我们就除掉他。"

何无忌点头称是，随刘裕去了京口，对刘牢之连招呼也没有打。

刘裕判断得非常准确，当刘牢之召集北府兵将领商议讨伐桓玄之策时，根本就没人拥护他。参将刘袭说得更刻薄："最不能做的事情就是造反，将军往年反王恭，近反司马元显，现在又要反桓玄，一人三反，何以自立？"

众将领闻言，一哄而散。

刘牢之见人心已散，自己成了孤家寡人，派儿子去京口接家眷。刘敬宣有事在路上耽搁了，超过约定时间还没有回来。刘牢之以为谋反的事情败露，慌忙带着几个家丁往北逃，路上思来想去，觉得前途无望，万念俱灰，夜间乘人不备之时，在林子里找了一棵歪脖子树，上吊自尽了。可怜在淝水大战中杀得苻坚魂飞魄散的一代虎将，就这样窝窝囊囊地做了吊死鬼。

刘敬宣赶到，见老父已自挂东南枝，来不及哭丧，便逃往山阳去了。

刘裕深谋远虑，回京口老家并不是要做一个本分的农民，而是静待时机。他一眼看穿桓玄篡逆之心，也料定桓玄必定会任用自己，同时，他也很清楚，只要桓玄阴谋败露，自己就有机会。

没过多久，桓玄果然派人至京口，请刘裕出山，用为桓修的中书参军。桓玄为何想到刘裕呢？道理很简单，刘裕是一员猛将，狡兔未尽，走狗不能少。

刘裕审时度势，决定暂时投靠桓玄。

永嘉太守卢循表面上虽然听命于桓玄，暗地里却派党羽徐道覆偷袭东阳。

刘裕得到情报，立即率兵截击，杀退了徐道覆，取得东阳、永嘉大捷，迫使卢循实行战略转移，南下番禺，新建根据地。

元兴三年（404年）十二月，桓玄篡位，把晋安帝废为平固王，并将都城迁往寻阳，改国号楚，建元永始。

桓修是桓玄的堂兄，桓玄命他入朝见驾。刘裕是桓修的中书参军，只得随同桓修谒见桓玄。

桓玄对他们相当客气，对身边的司徒王谧道："刘裕风骨非凡，确是当今人杰啊！"

王谧乘机献媚道："上天特意把刘裕赐给陛下，就是让他前来辅佐新朝啊！"

桓玄听了，更加欢喜，每逢宴会，必召刘裕前来，殷勤款待。

桓玄的皇后刘氏有鉴人之明，曾躲在屏风后偷看刘裕，见刘裕相貌魁奇，料定此人非等闲之辈，对老公说："刘裕龙行虎步，气度不凡，朝中所有人，没有人能比得上他，此人不可不防。"

桓玄说："我也觉得他气度不凡，是个人才，所以对他格外优厚，想让他知恩图报，效忠于我。"

刘氏说："妾见他器宇深沈，未必会甘为人下，不如趁早除掉他，免得养虎为患！"

桓玄慢腾腾地回答："我正要平定中原，只有刘裕这样的人才英武可用。等平定关洛之后，再除掉他也不迟嘛！"

刘氏着急地说："恐怕到不了那个时候啊！"

桓玄不听刘氏的劝告，仍让桓修回去镇守丹徒。

桓修想邀刘裕一同回丹徒。刘裕装作很痛苦的样子说："不行啊！我旧伤复发，不能骑马。大人你走陆路，我走水路。"

桓修信以为真，骑马走陆路返回丹徒去了。

刘裕则和何无忌一同乘船返回，途中二人密谋兴复晋室，制订了讨伐逆贼的计划，返回京口后，便分头行动。

第四章

英雄出自草莽

英雄出自草莽

魏晋以来，实行九品中正制的选官制度，选拔人才的标准是家世、品德、才能并重。初时这种制度确实起到了选拔人才的作用，但到后来，官吏的选拔权逐渐被世家大族垄断，形成了"上品无寒门，下品无士族"的门阀制度，成为士族地主操纵政权的工具。即便是不可多得的人才，军功再高，也不能成为方面大员；文才再好，最多也只能做郡府的幕僚。

东晋孝武帝为了加强皇权，司马道子为了对抗士族门阀，陆续起用一些下等士族、庶姓寒人。桓玄篡晋建楚国，把这些寒士好不容易看到的一点希望的火焰彻底地浇灭了。

桓玄称帝后，不仅变得骄奢昏庸，而且仍然战争不断，老百姓对此已非常厌倦。刘裕看清了形势，策划反桓行动，拉开了平定桓玄之乱的序幕。

刘裕"倒桓"，其实是一场下等士族和庶族地主对门阀士族的夺权运动。刘裕承认自己起自草莽，他曾对寒士青州主簿孟昶说："草泽间，当有英雄起，你听说过吗？"

孟昶脱口而出："当今的英雄，除了阁下，还有谁啊！"

刘裕大笑，随之与他一同谋划起兵事宜。

除了孟昶，刘裕还想到了刘毅。刘毅字希乐，汉高祖刘邦的同乡，祖上做官，属下等士族。刘毅少有大志，不修产业，官拜青州刺史参军，住在京口，与刘裕、何无忌都很熟稔。

何无忌是刘牢之的外甥，同刘裕、刘毅一样，少有大志，遇事敢想敢说也敢干，屡次鼓动刘裕举兵造反，成为刘裕武装政变的主要骨干力量。

刘裕回到京口，立即派何无忌前往拜访刘毅。何无忌见到刘毅，直奔主题："桓氏势力正旺，难以图谋吧？"

刘毅不以为然地说："天下自有强弱，如果失道，强大也会变成弱小，缺的只是领头人。"

何无忌反问："天下草泽之中，难道就没有英雄吗？"

刘毅："有啊！以我之见，刘裕就是一个英雄。"

二人心有灵犀，相视一笑。

经过周密研究，刘裕准备在京口、广陵、历阳三处同时起兵：刘裕的弟弟刘道规是青州中兵参军，刘裕便让孟昶回青州，嘱咐刘道规谋杀青州刺史桓弘，在广陵起兵；刘毅前往江北，约同豫州左府军参军诸葛长民，伺机刺杀豫州刺史刁逵，在历阳起兵；刘裕与何无忌刺杀桓修，在京口起兵。他一面又致信建康友人王元德、辛扈兴、童厚之等人在京城建康为内应。计议妥当，大家分头行事。

第一拨起事的有一百多名义士，其中骨干有二十七人，除何无忌、刘毅外，还有如下一些人：刘道怜（刘裕之弟）、魏咏之、魏欣之（咏之弟）、魏顺之（欣之弟）、檀凭之、檀祗隆（凭之弟）、檀道济（凭之叔）、檀范之（道济堂兄）、檀韶（凭之从子）、刘藩（刘毅堂弟）、孟怀玉（孟昶族弟）、向弥、管义之、周安穆、刘蔚、刘珪之（蔚堂弟）、臧熹、臧宝符（熹堂弟）、臧穆生（熹义子）、童茂宗、周道民、田演、范清。

军事政变是掉脑袋的事，没有牺牲精神和信仰的支撑，是很难做到的。

孟昶欲散尽家财资助军粮，回家对妻子周氏说："桓公看不起我，使我一生潦倒，我决非当贼，你与我离婚吧！如果起事成功，有了富贵，我再迎你进门。"

周氏道："父母在堂，你想做大事，我一个女人劝不了你。事若不成，我在家里孝敬父母，抚养儿子，绝不回娘家。"

孟昶听了，默不作声。

"知道了，你不是来和我商量的，是想要家中的财产，是吧？"周氏指着怀里刚出生的儿子说，"除怀里的儿子不能卖，家里其他的财产，你全拿去吧！"

何无忌回到家里，躲在屏风后面起草檄文，母亲刘氏踩着板凳偷看。刘氏是刘牢之的姐姐，常想着要为弟弟报仇，发现何无忌要造反，泪流满面，摸着儿子的头说："我肯定比不上东海吕母，你能报仇，我无恨事了。"

人如果抱必死之决心，力量是巨大的，哪怕只有二十七个人。

元兴三年（404年）二月，刘裕以打猎为名，集合一百多人首先在京口起兵。何无忌身穿传诏服，诈称朝廷使臣，率众涌进京口城。

桓修丝毫没有觉察死亡已经降临，以为真是上差来了，毫无防备，见面连话都没有说人头就落地了，下刀的人便是何无忌。

何无忌杀了桓修后，一声令下，部众大呼讨逆，桓修的部下惊骇不已，霎时溃散，没人敢反抗。刘裕占领丹徒后，安抚百姓，并将桓修安葬于城外。

刘裕突然想起一件事，便问何无忌："我们要干大事，急需一个主簿处理一些文案方面的事情，到哪里去找这样的人？"

何无忌应声而答："没有比刘道民（刘穆之的小名）更合适的人了。"

刘裕会心地笑了，因为他也想到了刘道民这个人。于是命刘穆之为府主簿，并让刘毅前往广陵，嘱咐孟昶、刘道规即日响应。

孟昶与刘道规立即杀掉桓弘，渡江前往丹徒，与刘裕会合。

徐州司马刁弘听说丹徒发生了变化，率大队人马驰援丹徒，来到丹徒城下，列兵布阵，让人冲着城头上大喊："我们是徐州兵，快打开城门，我们要进城！"

丹徒城义军只有百余人，双方兵力悬殊。刘裕并不慌张，登上城头，神色从容地冲城下大喊："郭江州已侍奉皇帝在寻阳重建大晋国，我们奉旨除贼，现桓修已诛，你们都是大晋臣民，无故带兵到此，到底想干什么？"

晋安帝退位后，居住在寻阳，刘裕说江州刺史郭昶之复兴晋国，虽然是一个谎言，但却有很大的欺骗性。

刁弘果然被刘裕唬住了，信以为真，连忙收兵退走。

正在这时，刘毅、刘道规、孟昶等率一千人马赶到。刘裕当即令刘毅率兵追杀刁弘。不久，刘毅回来报捷。

刘毅写了一封信，派周安穆送往在京中的哥哥刘迈处，请他为内应。刘迈此时被桓玄委任为竟陵太守，正准备上任，接到弟弟的信，举棋不定。周安穆见刘迈犹豫不决，担心他出卖自己，不敢在京城逗留，连夜返回丹徒，也没有去王元德、辛扈兴、童厚之等处报信。

刘迈准备前往竟陵赴任，突然接到桓玄派人送来的信，信中说："北府人情云何？卿近见刘裕，何所道？"意思是说他对刘裕的近况不怎么了解，要刘迈赴任后，注意搜集并禀报刘裕的情况。

刘迈做贼心虚，以为桓玄已发现他与刘裕合谋起兵之事，不敢登船起程，第二天一大早便入朝，向桓玄说出了刘裕谋反的事情。

桓玄大吃一惊："你是怎么知道的？"刘迈："昨天，刘裕派周安穆来找卑职，要卑职为内应，被卑职拒绝了，故而知道刘裕已反。"

桓玄听说刘裕已经起兵发难，十分惊讶，忙任命刘迈为重安侯。刘迈退出之后，有人对桓玄说，刘迈既然前来提供消息，为何放走了周安穆呢？说不定他与刘裕是同谋。

桓玄是一个没有主见的人，觉得说得有理，立即又下令拘捕刘迈，并将刘裕的同党王元德、辛扈兴、童厚之三人拘捕，同一天将这几个人斩首。

桓玄杀掉刘迈等四人后，召来弟弟桓谦和丹阳尹卞范之等人商议御敌之策。桓谦建议立即出兵，桓玄则想屯兵覆舟山，以守为攻。经桓谦等人再三力劝，才答应顿邱太守吴甫之、右卫将军皇甫敷出兵北上，遏制刘裕军。

火烧覆舟山

刘裕在京口聚集了两千多名义军，听说桓玄已经发兵，便自封为徐州总督，命孟昶为长史，镇守京口。命何无忌起草檄文，声讨桓玄。

檄文说得铿锵有力，慷慨激昂，声称在京口、广陵、历阳、石头城、寻阳、益州同时起兵，似乎天下响应，大局已定，其实都是虚张声势。

实际情况是，寻阳和益州根本就不知情，石头城的王元德、辛扈兴、童厚之同时被害，历阳的诸葛长民其实已经被抓，只有广陵的刘毅会师京口。刘裕的义军只是孤军作战，形势并不乐观。

刘裕铁了心要成就一番事业，率一千七百余人，南下进军。

檄文传到建康，桓玄大惊失色，束手无策。有人劝慰："刘裕的队伍不过是乌合之众，兵力甚弱，成不了大事，陛下何必太过忧虑！"

桓玄又急又忧："你们知道什么啊！刘裕乃当世英雄，刘毅虽然穷得叮当响，赌博时却能一掷百万，何无忌酷似他的舅舅刘牢之，这三个人凑在一起，可不简单，怎么能说他们干不出大事呢？"

桓谦说："区区千余人，算个鸟？微臣愿出兵讨伐刘裕。"

"既然他们敢造反，就成了亡命之徒，荆州水军不是对手，万一失败，大势去矣。"桓玄命令说，"你率大军屯驻覆舟山，以逸待劳，他们急行二百里，锐气已尽，乍见大军，必定惊骇，我按兵不动，他们自然得撤走，这才是上策。"

"堂堂楚国大军，怎能被一群乌合之众吓倒？"桓谦仍然不以为然。

桓玄见桓谦坚持要出兵，只得加封桓谦为征讨大都督，命吴甫之、皇甫敷两员大将率两万人马杀向京口。

刘裕率领的一千多名义士与吴甫之的大军在江乘遭遇。吴甫之是桓玄的骁将，手下兵马都是楚军精锐。

两军阵前，刘裕手执长刀，大叫一声，冲上前去，所向披靡，力斩吴甫之，楚军大败。刘裕率军追到罗洛桥，再遇皇甫敷。刘裕率众奋勇向前，再斩皇甫敷。

主帅战死，部队成了无头苍蝇，一千破敌两万，义军杀得楚军四处逃散。

桓谦尝到了刘裕的厉害，亲自屯兵覆舟山东陵，卞范之屯兵覆舟山以西，合计兵力两万，据险而守。

刘裕命部队饱餐一顿，然后效仿西楚霸王项羽破釜沉舟，但他比西楚霸王做得更绝，项羽还带了三天的粮食，刘裕却让部队扔掉所有粮食，以示拼死之心。然后轻装简从，直扑覆舟山。

刘毅持长矛担任先锋，刘裕握长刀随后跟进。

刘毅、刘裕身先士卒，率众将士奋勇杀入敌阵，以一当十，以十当百，喊杀声惊天动地。

桓谦的士兵多是京口人，久闻刘裕之名，对其有畏惧之心，见刘裕率兵杀到，心无斗志。恰巧此时正刮东北风，刘裕命士兵趁风纵火，一时间，风助火势，火借风威，将桓谦、卞范之两军烧得焦头烂额，死伤无数。桓谦、卞范之先后败走。

桓玄料到刘裕军不好对付，预先派殷仲文前往石头城备好船只，为逃跑做好准备。接到前方战败的消息，立即骑马出逃。

太尉参军胡藩拉住桓玄的马缰，大声说："今羽林射手犹有八百，都是荆州义士，足可一战，一旦舍此而去，再想回来恐怕就难了。"

桓玄并不答话，以马鞭指天，意思说天意如此，我能逆天吗？于是率子侄们乘船逃往江南。

司徒王谧率百官大开城门，迎接刘裕进城。

以退为进

刘裕率兵进城之后，下令士兵不准扰民，并派刘毅去追捕桓玄，又让尚书王嘏率百官去迎请晋安帝回京，同时下令诛杀桓氏宗族。

刘裕从一个普通的军官一跃而成权臣，但治国和打仗不一样，他是明白这个道理的，于是让司徒王谧做代理人。

王谧出自琅邪王氏，是王导的孙子，历任东晋高官，桓玄篡位的时候，他亲手将晋国传国玉玺奉献给桓玄，被封为楚国中书令、司徒。义军进城之后，很多人要求杀掉这个叛徒。

刘裕不但不杀王谧，而且还处处维护王谧，让他继续在朝中做事，经他一再推荐，任命王谧为侍中，兼任扬州刺史。

乍看起来，这是向王谧报恩，因为此前王谧对他有恩，其实不然。刘裕知道自己名微位薄，几乎没有什么政治基础，如果一步登天，容易引起高门士族的反感，如果以功臣自居，总揽大权，等于是坐到火炉上烤，最后非得把自己烤焦不可。选择王谧做代理人，其实是以退为进；将权力交给别人又不放心，于是他选择了王谧。

王谧投桃报李，与众人商议，力举刘裕为领军将军，督领扬、徐、兖、豫、青、冀、幽、并江九州军事，兼任徐州青二刺史。

刘裕受任后，暂时过了一把做老大的瘾，命刘毅为青州刺史，何无忌为琅邪内史，孟昶为丹阳令，刘道规为义昌太守。任命刘穆之为主簿，将军国之事都交给刘穆之处理。

刘穆之小名道明，是刘宋皇朝第一臣，刘裕的"诸葛亮"。

刘穆之也是京口人，从小好学，博览群书，有才华，做过琅邪内史江敳的主簿。刘穆之曾对人说，他做了一个梦，梦见和刘裕在大海中行船，忽遇大风，眼看大船要翻了，突然有两条白龙出现在船的左右，护船而行。四周风声大作，巨浪滔天，而他们的船却如履平地，安然无恙。

刘穆之的话和刘邦斩白蛇的典故一样，谁也不能进入他的梦中去核实真假。但这足以说明他和刘裕非常熟，互不认识怎么梦见，说出来谁也不信。

刘裕生来穷困潦倒，和他相知的人，家庭状况大概也好不到哪里去，能够彼此信任，必定是脾气相投。

刘裕京口起兵时，刘穆之正在家里读书。那天早晨刚起床，听到外面人声鼎沸，不知发生了什么事，跑到街头去张望，正好与刘裕的信使相遇。

信使对刘穆之说："刘将军招你一同建义！"

建义是什么？其实就是造反。成功则罢，不成功人头就得落地。刘穆之是读书人，不同于刘裕那帮天不怕地不怕的混混儿、赌徒，考虑问题要复杂得多，他看着信使，久久没有说话。

"成不成，你可给句话呀！"信使有些急了。

刘穆之有才学，有志向，他也不甘落人后啊！沉思片刻，便下定了决心，随信使去见刘裕。

刘裕见到刘穆之，也不拐弯抹角，问道："我始举大义，方造艰难，急需一个主管军吏，你认为谁能胜任？"

刘穆之道："贵府初建，军吏必须大智大勇，且有大才者，仓促之间，恐怕没有人比我更合适了。"

刘裕笑道："你肯屈尊，我大事必成。"

诸葛长民因处事不密被抓，此时豫州刺史刁逵还不知建康的消息，把诸葛长民装进囚车，派人押往建康。押解的人途中听说桓玄败走，建康已为刘裕占据，乐得做个人情，把诸葛长民给放了。

诸葛长民立即又返回历阳，率众起事，乘机围攻并活捉刁逵，然后送往石头城，听候刘裕发落。

刘裕不但要了刁逵的命，还抄斩满门，遣散家奴，散尽万贯家财，痛痛快快地干了一场杀富济贫的买卖，同时也报了当年羞辱自己的一箭之仇。

第五章
刘裕主政

破灭的帝王梦

桓玄逃出建康后，刘裕并没有给他留下喘息之机，立即命刘毅等将领率军沿江追击。

桓玄仓皇逃到寻阳，在刺史郭昶之的支持下，仍自称楚帝，威福如旧。随后听说何无忌、刘毅、刘道规率军追来，即将兵临城下，立即派部将庚雅祖、何澹之等镇守湓口防线，抵挡追兵。然后挟持在寻阳城过退休生活的晋安帝司马德宗以及皇后王氏、穆帝后何氏西逃江陵。

刘毅与何无忌、刘道规穷追不舍，在桑落洲大破何澹之的水军，夺下湓口、寻阳，派人回建康报捷。

刘裕因为晋安帝被桓玄劫持，于是迎奉武陵王司马遵为大将军，请他入居东宫，同时命令刘毅等人继续追击桓玄。

桓玄逃到江陵，收集了二万荆州兵，挟持晋安帝东下，意图夺回江州。

刘毅、何无忌、刘道规自寻阳率师逆流而上，在峥嵘洲与桓玄相遇。

两军相遇，晋军不足万人，各路楚军有数万之众，且楼船高大，舟舰众多。有的将领见敌众我寡，主张退回寻阳坚守。

刘道规怒吼道："敌众我寡，若再畏缩不前，必将被敌人抓住机会，就算回到寻阳，能守得住吗？桓玄外名雄豪，其实是纸老虎，加之贼军累败，军心不稳。两军决战，将雄者胜，不在人数多寡。"

"狭路相逢勇者胜"，这话一点也不假，胜便胜在气势，胜在信心。刘道规率本部船队冲在前面，刘毅等众将各自催船紧随其后。

桓玄还是不改老习惯，作战的时候，大船旁边总是准备一条小船，如若战败的话，可以乘小船逃走，始终给自己逃跑留一条后路。楚军见主帅如此信心不足，更是没了斗志。

此时正是仲夏天气，西南风吹得正欢，刘道规乘风纵火，刘毅等也助薪扬威，烧得长江上下一片红，烟雾迷蒙。船借风势，风助火威，楚军的船舰被一场大火烧得一塌糊涂。

桓玄狼狈不堪，下令烧掉辎重，挟持晋安帝，换乘小船，再次逃回江陵。桓玄的部将殷仲文转投刘裕，带着晋安帝的皇后返回建康。

桓玄逃回江陵后，仍然觉得不安全，准备逃往汉中，此时城中人心惶惶，士兵哗变。桓玄只得率亲随骑马出城西逃。刚到城门口，遇到一队士兵自相残杀，桓玄差点被砍死，侥幸逃得性命，到了江边，爬上船，身边只剩下几个随从。

随行人员中有屯骑校尉毛修之，他可不是真心追随保护桓玄，而是益州刺史毛璩安插在桓玄身边的卧底。他见桓玄如丧家之犬，没了主意，建议桓玄去四川。

"为何要入川？"

毛修之道："当年刘备入川，不是很好的先例吗？"

桓玄听信毛修之的建议，改向蜀地进发。船行到回州，从上游下来几艘丧船，前面一只船的船头站立着一员大将，与毛修之打个照面之后，大喝："对面船上有没有窝藏逆贼？"

毛修之不答。

桓玄胆怯说："朕是当今天子，哪来的盗贼，你敢在朕的面前胡言乱语？"

对面船上跳出两将，也不搭话，搭弓上箭，将桓玄身边的人全部射倒，接着蜀将领益州督护冯迁率数人提刀从对面船上跳过来。

桓玄惊骇地问："你……你们是什么人？竟敢对天子无礼！"

"我乃杀天子之贼！"冯迁话音刚落，举刀便砍，桓玄的头应声落下。

原来，益州刺史毛璩的弟弟毛璠在宁州刺史任上病逝，毛璩请侄子毛祐之及参军费恬将弟弟的灵柩送回故里，并派冯迁护送。途中正好遇到桓玄的船，毛修之一声令下，冯迁一行人一齐动手，杀死贼人桓玄。刚才放箭的二将，便是费恬、毛祐之。

冯迁砍下桓玄的首级，捉住桓玄的儿子桓升，杀死桓玄的族人桓石康、桓浚，然后命毛修之带着桓玄的首级，并将桓升押往江陵。

桓玄于元兴元年（402年）称帝，到元兴三年（404年）五月被杀，仅仅做了一年零六个月的皇帝，身死国灭。宗族死亡殆尽。

晋安帝封毛修之为骁骑将军，将桓升斩首示众，颁诏大赦天下，唯独桓氏族人不赦。

桓玄死后，他的侄子桓振逃到华容，召集了数千名党徒，得知刘毅等退守寻阳，立即率兵袭击江陵。躲在沮川的桓谦也纠众响应。

江陵城内只有王腾之、王康产二人驻守，士兵也不多，一场恶战后，王腾之、王康产战死。

晋安帝当时正在江陵行宫，桓振持刀闯进来，正要举刀结果他的性命，幸亏桓谦及时赶到劝阻，桓振才罢手，这才救了晋安帝一命。

桓谦率百官觐见晋安帝，奉还玉玺，然后撤换了他身边所有的侍卫，改用自己的党羽，并趁势攻占了襄阳等城。

刘毅等人退驻寻阳，以为元凶已除，可以高枕无忧，哪知死灰复燃，又有桓振、桓谦余孽袭取了江陵。急忙命何无忌、刘道规讨伐两桓。

大军走到马头，正遇桓谦的兵马，打了一场遭遇战，杀退桓谦的人马，率军直逼江陵。

桓振命党徒冯该率兵在杨林设伏，然后亲自率部众到灵溪迎战。

何无忌恃得胜之势，贸然轻进，中了敌人的埋伏，大败而归，幸亏刘敬宣接济他们粮草和船只，刘毅的军队才得以恢复元气。

刘敬宣即刘牢之的儿子，前时逃往山阳，拟募士兵准备讨伐桓玄，始终未能如愿。桓玄死后，刘敬宣投靠刘裕，刘裕命他为晋陵太守，不久又授他为江州刺史。因刘毅大军去讨伐桓玄余党，便筹备船只器械，随时准备接应。

何无忌、刘道规得到这支强援，继续与刘毅军在荆州作战，迅速攻占了江陵。晋安帝这次没有被挟持，仍在江陵。刘毅进行宫觐见晋安帝。晋安帝命他主持一切事宜。

桓振率军回救江陵，途中得知江陵失守，部众溃散，只得逃往涢州。后来，桓振再次袭击江陵，中了守将刘怀肃的埋伏，被一网打尽。桓氏余孽，只有桓谦逃往后秦。

晋安帝改元义熙，大赦天下，除桓谦等不赦外，桓氏宗族中独赦桓冲的孙子桓胤，并命他迁居新安，下令保存桓冲的宗祀，以保全功臣一脉。

桓冲是桓玄的叔父，有功于晋室，封丰城公。

刘裕得报后，命刘毅、刘道规留守夏口，让何无忌护送晋安帝回建康。

晋安帝回建康后，命百官复职。授琅邪王司马德文为大司马，武陵王司马遵为太保，并重赏刘裕、刘毅、何无忌、刘道规。

刘裕力辞不受，请求回乡。晋安帝当然不会答应，派百官劝慰。刘裕便请求到京外供职。晋安帝命刘裕督管荆、司、梁、益、宁、雍、凉等十六州诸军事，允许他回丹徒镇守。

晋安帝又封刘毅为左将军，督管豫州的军事；何无忌为右将军，督管扬州的军事；刘道规为辅国将军，督管淮北的军事。孟昶任吏部尚书。

刘裕主政

东晋名义上虽然仍是司马氏的天下，朝廷最高长官仍然是琅邪王氏的王谧，但此时的王谧只是一个傀儡大臣，"王与马，共天下"的格局已不复存在，随后的演变让刘裕与北府将领们主宰了天下。

晋安帝义熙三年（407年），傀儡大臣王谧病故，王谧生前兼任司徒、扬州刺史两个职位，死后两个职位空缺。扬州刺史管辖京城建康，司徒主管朝政，都是至关重要的职位。

论资排辈，本应由刘裕继任王谧的职位。但刘毅等人对刘裕已是十分忌惮，不希望他入朝主政。朝议的结果，形成两种意见，让中领军谢混担任扬州刺史一职，让刘裕兼管扬州军事，朝政事务交由孟昶处理。

廷议方案看似合情合理，谢混是谢安的孙子，谢琰的儿子，由他接任王谧的职位是一件很自然的事。刘裕想做扬州刺史也行，兼职也行，但有一点相同，即刘裕不必进京辅政。

安帝犹豫不决，特派尚书右丞皮沈前往丹徒，征求刘裕的意见。

皮沈到丹徒后，先去拜见刘裕的谋士刘穆之，将朝廷的意思告诉他。

刘穆之哈哈大笑："皮大人稍坐片刻，我去方便一下再来。"

刘穆之退出之后，立即写了一张便条，派人送给刘裕，便条上面说："皮沈的两条建议，都不可取。"

刘裕出来见皮沈，皮沈向他说出廷议的两条意见。刘裕没有表态，请皮沈暂在客舍住下，容后答复。

刘裕回到内堂与刘穆之商议。

刘穆之果断地说："我还是那个意见，两条意见都不可取。"

"为什么？"

刘穆之分析说："晋朝失政已久，桓玄篡政，天命已移，刘公匡扶社稷，功高望重，难道甘愿一直做藩将吗？刘毅、孟昶等人与你一样，都是起自布衣，共立大义以取富贵，定谋起事有先有后，所以推刘公为盟主，并非真心诚意拥护你，你和他们虽然存在主仆名义，但一旦他日势均力敌，终会相互吞噬。扬州是国家的根本，关系重大，怎么可以将扬州拱手让给他人？当年任命王谧为扬州刺史乃权宜之计，如今再将扬州让给他人，我担心将来会受制于人，权柄一旦失去，再要争取就很困难。"

"那怎样回复皮沈呢？"

刘穆之说："先答复皮沈，说事关重大，需要进京面商，到时大家都当了面，我相信没有人再敢说将扬州刺史之职授给他人。"

刘穆之深谋远虑，一眼看破玄机，看到刘毅的野心。刘裕拉拢琅邪王氏，刘毅便去拉拢陈郡谢氏，准备在朝中另立自己的派系。朝中廷议目的明确，即使谢混做不了扬州刺史，也决不让刘裕进京主政。

刘穆之一席话，坚定了刘裕排除异己、最终成就伟业的雄心。

几天之后，刘裕到了京城。此前说三道四的人，当着刘裕的面，果然没人再敢乱言。晋安帝也很识时务，晋封刘裕为侍中、车骑将军、都督中外诸军事，掌握朝政。这样，刘裕将东晋的政治权力牢牢掌握在手中，为篡晋迈出了最为重要的一步。

刘裕得好卖乖，摆出一副谦恭的态度，上奏恳请将督管兖州军事的职务让给别人；并命诸葛长民守丹徒，刘道怜屯驻石头城。

刘裕出身庶族，踩着桓玄的尸体登上门阀帝国东晋的权臣宝座，开始扮演皇帝终结者的角色。

刘裕主政之后，内乱基本平定，他便把目光转向国境外，派将军毛修之与益州刺史司马荣期会师，共同讨伐益州的谯纵。

益州原本是东晋的领土，刘裕起兵复兴晋朝，益州刺史毛璩起兵响应。这件事给毛璩惹下了杀身之祸。他征调三万蜀兵顺流东下，征讨桓玄的残余势力。

四川的将士不愿离乡背井去打仗，于是发动兵变，杀死毛璩，推选益州参军谯纵为首领。

谯纵乐而就之，自称成都王，并脱离东晋统治，向后秦称臣。后秦皇帝姚兴任命谯纵为蜀王，蜀地大乱。

晋廷任命司马荣期为益州刺史，命他率兵讨伐谯纵。

司马荣期在白帝城击败谯纵的弟弟谯明子，拟再向前推进，因恐兵力不足，向晋廷上表请求增援。

刘裕派毛修之前往支援司马荣期。

毛修之入川与司马荣期会合，并命司马荣期为先锋。司马荣期率兵抵达巴州，却被参军杨承祖所杀，杨承祖自称巴州刺史。

毛修之接到司马荣期的死讯，不得已退守白帝城。当时，益州督护冯迁已升任汉嘉太守，得知毛修之出师不利，发兵驰援。两军会师后，击毙杨承祖，正准备乘胜进军，不料朝廷新派来的益州刺史鲍陋与毛修之意见不合。毛修之据实上奏。

刘裕忙向晋安帝推荐刘敬宣为襄城太守。晋安帝随即命刘敬宣率五千人马，前往蜀中讨伐逆贼，并任命荆州刺史刘道规为征蜀都督，调度各路兵马。

谯纵听说晋廷大军将至，慌忙向后秦请求援兵。秦主姚兴派部将姚赏等人驰援谯纵。

由长江入川进攻成都有内水、外水两条水路。内水即涪江，外水即岷江。内水通绵阳转陆路到达成都，外水直通成都。刘敬宣先派两千人虚张声势出外水佯攻，自率精兵出内水，进展顺利，一直打到距成都约五百里的黄虎岭。

谯纵识破了刘敬宣的意图，派大将谯道福会同后秦将领姚赏，坚守黄虎岭，历经六十余天，与晋军大小十余战，黄虎岭固若金汤。

晋军粮尽，将士疲惫，加之军中疫病流行，士兵死伤大半，刘敬宣只得撤军。

刘敬宣无功而返，刘裕的威望也跟着受损，刘毅乘机出来说事，对亲近刘裕的刘敬宣进行打击报复。

刘敬宣与刘毅早年结怨。刘毅未发迹前，曾做过刘敬宣的参军。有人在刘敬宣面前推荐刘毅，说他是当世的英雄豪杰。刘敬宣对刘毅做了客观评价，说刘毅是非常之才，应该有宽阔的胸怀和气量，但此君外表宽厚，实则心胸狭窄，自视很高，总想在别人之上，即使掌握大权，也一定会犯上而招致祸患。

刘牢之死后，刘敬宣逃亡江北，京口起义后，才回到江南。刘毅永远记住了刘敬宣的话，乘机对刘裕说："刘敬宣没有参加京口起义，平乱立功的将士才能论功行赏，像刘敬宣这样的人只能靠边站。如果你不忘过去旧情，不妨给他一个闲散的官职。做郡守太过优厚，做方面大员简直就是骇人听闻了。"

刘裕安排刘敬宣伐蜀，本想让他露露脸，没想到弄巧成拙。刘毅跳出来横加指责，要求军法从事。刘裕再三保护，好在何无忌也站在刘裕一边，劝刘毅说："怎么能用私人间的恩怨伤害天下的公理呢！"刘毅这才罢休。

刘敬宣虽然没有被按军法从事，贬职却还是免不了的，刘道规也被降为建威将军。

刘裕因刘敬宣失利，上奏自愿削职。晋廷只是把刘裕降为中军将军，其他官职如旧。

晋军退兵之后，谯纵下令将益州刺史毛璩等人的棺材扔进长江，顺流漂下，以示羞辱。刘裕记住了谯纵这个名字，发誓此仇必报。

小试牛刀

内乱平定以后，刘裕把眼光投向了国境外，他在议事中对群臣说："自古安内必先攘外，过去南燕和后秦，利用晋廷内乱之机，侵夺我疆土。今内乱虽平，但南乡等郡却被后秦侵占；宿豫以北，被南燕占有。我想起兵征伐，先拿哪一国开刀为宜？"

大将朱石龄说："据说后秦姚兴颇为仁义，以礼待之，或许能收回被他们侵占的疆土；南燕自慕容德亡、慕容超继位之后，国内非常混乱，可一举灭之。此时兵力不足，宜等待时机再图之。"

刘裕采纳了朱石龄的建议，派使臣出使后秦，试探性地向后秦提出议和，要求归还南乡等几个郡。

姚兴大儒出身，竟出人意料地答应了东晋的要求，同意归还南乡诸郡。群臣纷纷谏阻，姚兴为他的以土地换和平政策解释说："天底下的善恶标准都是一样的。刘裕从社会底层最卑贱的地位发展起来，能够诛除桓玄，兴复晋室，内修政治，外修疆域。我怎么能因吝啬数郡之地，不成全他的千秋美名呢？"

于是，后秦尽还汉水以北十二郡疆土给东晋。在相互攻杀的十六国时期，这种"不战而屈人之兵"的天方夜谭般的故事，竟然被大英雄刘裕变成了现实。

姚兴够聪明，难怪后秦在他温和而又坚决的领导下，逐渐强大起来。不过，他的温和是养虎为患，以刘裕的志向和心气，想诛灭的绝不仅仅是一个桓玄。

东晋和后秦修好之后，刘裕准备对南燕找碴儿，正在此时，机会送上门来了。当时，南燕老皇帝慕容德去世，金刀太子慕容超继位。慕容超为了巴结后秦，不但向姚兴称臣，而且还把南燕的乐队当作礼物送给了姚兴。乐队送人了，慕容超自己没有乐队了，他准备重新组建一支乐队，于是派军队劫掠东晋数万边民，从中挑选二千五百名少男少女送到教坊司，强迫这些良家子女学习音乐技能。五色令人目盲，五音令人耳聋。慕容超的贪欲掩盖了智慧，显耀一时的慕容家族因此几近亡族。

刘裕与慕容超对待音乐的态度完全不同。当有的官员因朝廷音乐机构设置不全而请求重建时，刘裕回答说："现在没有时间做这些事，而且我也不懂音乐。"

官员们说:"如果你喜欢它,自然就懂了。"

刘裕说:"正因为懂了就会喜爱,所以我才不去学习。"

不久,南燕又有数千铁骑入侵历城,攻城略寨,杀人放火不说,连东晋的太守也被掳走,又掠走了一千多名当地士女。

慕容超轻挑边衅,给了刘裕大展拳脚的机会。刘裕向天下宣告,一个属于他的时代即将来临,他要用武力收复失地,一统江山。

刘裕发动了第一次北伐,他给第一次北伐定下的目标是——干掉南燕国。

第六章
慕容鲜卑的衰落

金刀太子

南燕是慕容鲜卑建立的国家，这是一个短命的王朝，只传了两代，在中国历史上仅存十三年。

南燕的开国皇帝是慕容德。现任皇帝慕容超不是慕容德的亲生子。慕容德有一个同胞哥哥慕容纳，慕容超是慕容纳的儿子。慕容超继承南燕皇帝之位，其中有一段离奇的故事。

慕容德字玄明，是前燕主慕容皝的小儿子，后燕主慕容垂的小弟弟。十七八岁时，慕容德已经是"身长八尺二寸，姿貌雄伟"，继承了慕容王族遗传特征，不仅如此，青少年时代的慕容德人品也不错，博览群书，性情清高谨慎，多才艺。

前秦灭掉前燕，慕容一族受到优待，慕容德被苻坚封为张掖太守。苻坚在淝水之战中大败，慕容德随慕容垂复兴燕国，建都中山，获封范阳王。

慕容垂病逝后，其不争气的儿子慕容宝继位，封慕容德为使持节、车骑大将军，镇守邺城，独统中原地区。

东晋安帝隆安元年（398年）春，后燕被北魏击败，慕容宝逃离国都中山。范阳王慕容德率众撤出邺城，向南迁到滑台（今河南滑县），自称燕王，称元年，设置百官。

没过多久，后燕皇帝慕容宝逃到黎阳，派人通知各地慕容王族前往迎驾。

慕容德知道消息后，召集群臣商议，声称前往迎接慕容宝，自己退出私第，不问政事。其实，慕容德这是在试探群臣的反应。

大伙都不傻，黄门侍郎张华奏道："舍天授之业，威权一去，身首不保，何退让之有！"

大将慕舆护也知道慕容德的心思，大声说："请主上给我一支兵，前去探视一下慕容宝的虚实。"

慕舆护的想法很简单，找到那个倒霉皇帝，干掉他，以绝后患。

慕容德显得很伤感的样子说："那你就率兵前去吧！"

慕容宝也不是傻子，得知叔叔慕容德"称尊号"的消息后，"惧而北奔"，但最终还是死在自己舅舅的手里。

后来，慕容德率军攻占了广固（今山东益都县），占据原属东晋的青、幽、齐一带地区，并于东晋兴元元年（400年）以广固为都城，正式称帝，史称南燕。

齐鲁本是文明旧都，人才济济，土地丰腴，慕容德又有明君的风范，与民休息，很快就有强兵四十万，战马五万多匹，并萌生了伐晋的念头。由于年老多病，伐晋之举半途而废。

慕容德当初跟随兄长慕容垂脱离前秦，其生母公孙氏以及兄长慕容纳都在张掖。慕容德离家之前，将祖传金刀留给母亲公孙氏，以为纪念，至今当了五六年皇帝，还不知生母及胞兄的下落。

其实，当初慕容家族起兵反叛前秦，张掖太守苻昌已经把慕容德留在张掖的妻子、儿女以及兄长慕容纳一家全都杀了。公孙氏年过七十，慕容纳的妻子段氏有孕在身，苻昌网开一面，将她们关进监狱，没有杀她们。

　　狱卒呼延平是慕容德的故吏，冒死将公孙氏和段氏从狱中救出，带她们一起逃到羌人的聚居地。

　　两家人一起艰难度日。不久，段氏生下慕容超。慕容超十岁的时候，公孙氏病逝，临终前取出慕容德留下的那把金刀，对慕容超说："有朝一日天下太平了，你一定要东归故里，将这把刀还给你的叔叔慕容德。"

　　天下大乱之际，呼延平又带着慕容超母子从凉州辗转到了长安。没过多久，呼延平也死了。

　　段氏对儿子说："我们母子能够活下来，全靠呼延平，现在他死了，留下一个女儿，孤苦伶仃。尽管我们是大燕皇族，她是平民，你也得娶她为妻，以报答呼延平救命之恩。"

　　于是慕容超娶了呼延平的女儿为妻。

　　慕容超四处打听大燕复国的消息，行藏暴露，他担心后秦因慕容家族兴复燕国而加害于己，便佯装疯癫，天天在集市上要饭行乞，"秦人贱之"。

　　后秦皇叔姚绍观察慕容超好长一段时间，认为慕容超身材魁梧，相貌堂堂，可能是在装疯。建议皇帝姚兴给慕容超一个官职，将他拴在秦国，或许以后会派上用场。

　　姚兴很好奇，特地召见慕容超。刚一见面，便被慕容超的相貌惊呆了。慕容超"身长八尺，腰带九围，精彩秀发，容止可观"，是当时北方标准的美男子。可接下来的事情，却又让他大倒胃口。

　　慕容超进来的时候，傻乎乎地站着，目光呆滞，暗淡无光，既不跪，也不说话，问他话，回答时语无伦次，说话牛头不对马嘴。

　　姚兴叹了口气，摆摆手："去吧！去吧！"

　　慕容超算得上是一个超级演员，凭着高超的演技，竟然骗过了姚兴。

　　姚兴在事后对姚绍说："俗话说'好皮不包蠢骨头'，真不可信啊！这小子相貌堂堂，一表人才，脑子怎么跟进过水一样呢？"

　　自此以后，慕容超在长安城自由出入，没有任何人监视。

　　关中与山东由于长年战乱，消息阻塞，直到有一天，慕容德的故吏赵融从长安来到南燕城广固，慕容德这才知道母亲、兄长、妻子儿女的死讯，痛哭不已。

慕容德没有儿子，听说兄长有个遗腹子流落在后秦，便派人前往长安寻找。

这一天，慕容超在长安闹市中行走，见一个操山东口音的算命先生在那里摆摊算命，便上前去问卦，算命先生问他姓名时，慕容超回答："慕容超！"

算命先生惊问："你是慕容超？"

慕容超眼中灵光一闪而过，傻笑着说："如假包换。"

算命先生熟视慕容超良久，起身向慕容超招招手，两人来到僻静处，算命先生问道："你真是慕容超吗？"

慕容超："然！"

算命先生笑着说："我找你很长时间了，今天才得相遇。今晚深夜，你来客栈见我，有密事相告，千万不要爽约。"

当晚夜深人静时，慕容超前往客栈拜访算命先生。算命先生开门迎候，将慕容超迎到客房认真地说："我实话告诉你，我并不是什么算命先生，而是大燕右丞吴辩。奉燕主之命，特来长安寻访你，今天既然相见，请你马上随我离开长安，稍迟恐有泄露，就难脱身了。"

慕容超略一犹豫，连夜同吴辩离开长安，连母亲和妻子也不敢告诉一声。

慕容德得知慕容超来燕的消息，大喜过望，派出骑兵前去迎接。

慕容超抵达广固后，把珍藏了二十年的金刀交还给慕容德。慕容德手捧金刀失声痛哭，立即册封年仅二十岁的慕容超为北海王，拜侍中，骠骑大将军，在皇宫内建造府第，早晚都要见一面。

慕容超在苦难中长大，深谙人情世故，"入则侍奉尽欢，出则倾身下士，内外誉望翕然归之"，整个南燕国都把他看成未来的皇帝。

老皇帝看到未来的希望，自己却不行了。东晋安帝义熙元年（405年）秋，慕容德久病不起，知道自己要上奈何桥了，临终前立慕容超为太子。

慕容超称帝

慕容德归天之后，慕容超继承南燕皇位。

慕容超青少年时代寄人篱下，有着颠沛流离的苦难经历，按常理应该成为一个知民间疾苦的好皇帝。当年在后秦装疯卖傻，证明他的智商也超乎常人。如此禀性，如此才干，倘若慕容超循规蹈矩，任用贤良，真正光复慕容氏燕国旧版图，也不是什么难事。然而，慕容超登上皇位之后，任用奸佞，不恤政事，狂迷游猎，杀戮宗亲，凡是昏君应有的特征，他样样不落下。

慕容超虽然做了南燕皇帝，但他的生母段氏和妻子呼延氏，仍然被后秦姚兴软禁在长安城。每每想到这些，他便凄然泪下。

大臣公孙五楼道："陛下闷闷不乐，是否为太后身陷长安，难以尽孝道之故？"

"身为人子，我能不伤心吗？"

五楼道："何不派人出使后秦，许以重金，恭迎太后归国呢？"

"谁能当此重任呢？"

五楼道："中书令韩范能言善辩，他在苻坚与姚兴时代都曾为太子舍人，派他去一定能玉成此事。"

慕容超认为五楼之言甚好，便派韩范出使后秦。

姚兴在长安见到老朋友，当然高兴，但心中有一个疑团一直未解，于是问道："燕王在长安时，朕曾召见过他，其人仪貌确实不凡，但说话却吞吞吐吐，词不达意，傻傻的样子，这样的人怎么能成为南燕之主呢？"

韩范笑道："大辩若讷，大智若愚，如果当初燕王不隐藏行迹，龙凤之姿尽显，他能活到今天吗？"

姚兴没有回话，默认了韩范的观点。

韩范道："卑职受命来长安，有一事相求，还请皇上成全。"

"什么事？"姚兴明知故问。

韩范道："迎请我主母亲与妻子归燕。"

"是吗？"姚兴道，"燕君之母与妻子久居长安，我可是好酒好肉供奉着的啊！凭仁兄一句话，就带走了？"

韩范知道姚兴要提交换条件了，于是说："大秦的恩德，我主铭记在心，皇上有何要求尽管提出来，我主无不照办。"

姚兴笑着说："昔苻坚之败，其宫廷乐队都被燕收编，燕君如果肯向大秦称臣并将太乐诸伎（宫廷乐队）送给我，或发吴口千人（千名晋人）代替，否则免谈。"

慕容超听了韩范的奏报，召集群臣商议对策。

左仆射段晖说："太乐诸伎是前世伶人，不易再得，可掠吴人送之。"

尚书张华反驳说："如果侵吴（东晋），必成邻怨，兵连祸结，非国之福。陛下若要尽孝道，可暂低姿态向姚兴称臣。"

韩范："称臣与献太乐诸伎，缺一不可。"

"我为太后屈，各位爱卿不要阻拦我。"慕容超于是派张华等人率太乐诸伎一百二十人，携重宝赴长安，向后秦称臣。

姚兴大儒出身，礼乐方面绝对是内行，酒宴之间，欣赏着纯正的中原音乐，喜不自胜。

黄门侍郎尹雅想给主子争脸，冲着张华说："昔殷商将亡，乐师归周，今大秦昌盛，燕乐来秦。废兴之兆，已显端倪矣！"

张华不卑不亢地说："自古帝王，为道不同。权宜之计，各随其行。老子说：'将欲取之，必先予之'，是福是祸，后面的路还长着呢！"

姚兴不高兴地说："从前齐、楚竞辩，二国开战。你是小国之臣，怎敢与我天朝之士抗辩？"

张华礼貌地说："我是臣藩使节，衷心愿与上国交好。但上国之士羞辱小国寡君社稷，我又怎能不有所回辩呢？"

姚兴赞叹地说："君真乃正人，说得有理，朕不怪你。"

张华起身一揖："谢皇上宽宏大量。"

姚兴道："不必客气，明天，朕派人护送你主之母及妻子离境便是。"

慕容超一家人终得团聚，自然是喜色溢于言表。有一件事却让他很不爽，原来的宫廷乐队送人了，新组建的乐队水平太差，于是派人去晋国边境抢人，从中挑选出二千五百名少男少女，送到太乐府学习音乐。

大岘关不设防

刘裕主政后，在东晋国内尚未树立绝对权威，蜀地有谯纵，岭南有卢循，假使慕容超不轻起边衅，刘裕再怎么琢磨，也不会打这位关系还不错的近邻。真是"天作孽犹可恕，自作孽不可活"，慕容超这是自寻死路。

东晋安帝义熙五年（409 年）初，刘裕上奏朝廷出兵南燕。朝议时文武大臣认为西南尚未荡平，得先解决蜀中问题。但左仆射孟昶、车骑将军司马谢裕、参军臧熹三人赞同刘裕的建议。正因为反对的人多，才证明刘裕的决断有独到之处。

安帝义熙五年（409 年）三月，刘裕让孟昶留守建康处理中军府事务，自率水师自淮河入泗水。五月，刘裕大军到达下邳，弃船登岸，将辎重留在船中，部队轻装简从，步行至琅邪。

刘裕虽然读书不多，打仗却非常注意细节，一路上每经过一处战略要地，都要派精兵筑城守御，唯恐南燕有奇兵突袭断了粮道。

慕容超得知刘裕出兵，惊诧不小，他万万没有料到，抢掠东晋边民竟然会引起对方如此大的反应，急忙召开紧急会议，商议御敌之策。几乎所有将领都一致建议在大岘山设重兵布防。

公孙五楼虽是一个卖官弄权的佞臣，却很有战略头脑，他分析说："晋军轻装而行，利在速战，不可争锋。我们应抢先占领大岘山险关，拒敌于国门之外。将战事拖入持久战。同时精选两千精骑，顺着海边南驰，切断晋军粮道，再令兖州驻军绕山东下，深入敌后。腹背夹击晋军，此为上策；严命各地军将凭险驻守，加固坚城，除自己食用的粮食外，其余粮草全部焚毁，田里的庄稼也要全部收割起来，不给晋军留下一粒粮食，此乃中策；把敌人放进大岘山，然后集合精兵，出城拒战，此为下策。"

慕容超偏偏选了下策，他很自信地说："敌军远来疲惫，势不能久，大燕国踞五州之地，拥山河之固，铁骑万群，麦禾布野，怎么能割掉庄稼，迁移百姓，向人示弱呢？我们应该诱敌深入，围而歼之。也就是放晋军进入大岘山，然后集中精兵，围歼入侵之敌，一战而胜。"

众将苦苦相劝，慕容超就是听不进去。公孙五楼虽有谋略，但佞臣最大的特点，就是"不拂主上之意"，当然不会坚持自己的意见。

太尉桂林王慕容镇劝道："陛下如果认为我们骑兵在平地作战有优势，就应该冲出大岘山迎敌，即使不能取胜，还可以退守。不应该放纵敌兵进入大岘山，放弃险要地势而不用。"

慕容超还是不听。慕容镇私下对人说："皇上不守大岘，不愿意坚壁清野，坐等强敌来攻，和三国刘璋几乎如出一辙，大燕完了。我是慕容鲜卑的勇士，必死，你们等着被江南人文身吧！"

慕容超得知慕容镇背后的冷言冷语，大怒，下令将他打入大牢，并撤回莒城、梁父两地守军，加固都城防御工事，挑选将士和战马，准备将晋军放过大岘关，然后再决一雌雄。

刘裕出兵时，已有参谋对此次行军表示忧虑：燕人如果阻遏大岘关险道，或放我军进入大岘关后，再坚壁清野，大军深入敌境，坚城不克，退路又阻，到时恐怕就进退两难了。

刘裕胸有成竹地对大家说："我考虑过很久了，鲜卑人生性贪婪，没有长远战略眼光，他们进攻时意在掳掠，后退时又吝啬禾苗，他们肯定认为我们孤军深入，不能持久。采用的战术，不外乎进军据守临朐，或者退守广固，不会用坚壁清野这一招数。我敢断定，敌军既不会据守大岘关险要，又舍不得糟蹋地里的庄稼，就等着我们去收拾了。"

一切皆如刘裕所料，晋军进入大岘山，不见燕军一兵一卒，安然通过大岘关。刘裕喜形于色，举手指天，对将领们说："上天保佑我军，使我军安全走过这个天险。敌人田野中禾麦将熟，我军又无饥饿缺粮之忧，克敌必矣！"

慕容超排兵布阵，果然不出刘裕所料。他先派段晖、贺赖卢率五万步骑兵进驻临朐，守株待兔，后来听说晋军已飞渡大岘关，惧上心头，亲率四万大军前往临朐接应段晖。

临朐南有巨蔑水，离城四十里。慕容超命令公孙五楼率兵赶往巨蔑水，想从上游切断晋军水源。可惜慕容超的行动慢了半拍，早在他派兵之前，刘裕就已命前驱将军孟龙符攻占了巨蔑水。

公孙五楼率兵抵达巨蔑水时，遭到晋军迎头痛击，大败而归。

清晨，刘裕以兵车四千辆，分为左右两翼，列奇阵，方轨徐进，直逼临朐，在距城约十里的地方，与南燕军相遇。

南燕的骑兵向来很勇猛，但面对晋军的兵车阵，铁骑冲荡践踏的优势发挥不出来。当骑兵冲到兵车阵前时，大多被晋军的长矛捅死在车前。侥幸跃过兵车阵的，立即被兵车阵内的晋兵刀砍斧剁，命丧黄泉。双方一场恶斗，杀声震野，天日无光，一直到夕阳西下，仍然是旗鼓相当，不分胜负。

参军胡藩向刘裕献计说："燕军悉数出战，城中必定空虚，我们可以出一支奇兵，抄小道偷袭临朐，此乃韩信破赵之计。"

刘裕连声称妙，立即派胡藩、檀韶和向弥三将率兵数千绕到燕军背后，偷袭临朐城。

临朐城果然兵力空虚，留守的只是一些老弱病残之兵，毫无抵御之力，晋军几乎是长驱直入，攻占了临朐城。

刘裕派兵偷袭临朐城的同时，还派人四处散布谣言，说晋军援军已从海路直奔南燕都城广固。

南燕败亡

慕容超得知临朐城失守，吓得胆战心惊，单骑逃走。南燕兵没了主帅，立即溃退。刘裕率将士奋勇追击，斩燕将段晖，大败燕军。

慕容超在公孙五楼的护卫下，仓皇逃脱。回到广固，来不及重整人马，晋军已经杀到外城。

晋军乘胜猛攻，一鼓作气，攻破广固城外城，逼得慕容超只得龟缩在内城死守。晋军在城外筑长围，高三丈，挖了三道壕沟，摆出打持久战的架势。

燕军没有坚壁清野，焚烧积蓄的粮食，这些直接成了晋军的给养。刘裕派人告知晋廷，不用再往前线运送粮草，晋军就地筹粮，以战养战。

慕容超率兵死守内城，同时派尚书张纲前往后秦搬请救兵。

当时，后秦正遭夏主赫连勃勃的侵扰，无暇分兵救燕，但却假意答应发兵，让张纲先回去等消息。张纲回国时，在泰山被太守中宣擒住，送往刘裕军营。

刘裕大喜，亲自替张纲松绑，赐酒压惊。张纲深感刘裕的恩惠，情愿归降。

刘裕命士兵准备攻城器械，城上的守兵揶揄地说："你们即使有攻城的战具也没用，我们尚书郎张纲请的救兵马上就要到了。"

张纲投降后，刘裕请他登上楼车，让他告诉守城的士兵，后秦不会出兵援燕。

守城士兵极度恐慌，慕容超大惊失色，派使者到晋营向刘裕请和，愿割让大岘山，向晋国称臣，遭到刘裕断然拒绝。无奈之下，只得再派韩范出使后秦，向姚兴请求救兵。

后秦皇帝姚兴见南燕再次求援，只得派使臣前往广固城下见刘裕，威胁说："慕容氏与后秦是友好邻邦，以穷告急。我军准备派十万铁骑，进驻洛阳，晋国如果不退兵，铁骑将长驱直入。"

刘裕哈哈大笑，把秦国使臣叫到身边，拍着他的肩膀说："你回去告诉姚兴，我本想克燕之后，息兵三年，再取关、洛，如果他认为这个时间太长了，那就请他快点来吧！"

刘穆之听说后秦派来使者，急忙赶到中军帐，但秦国使者已经走了。刘裕笑着告诉他，自己是怎么回答的。刘穆之埋怨道："平时事情无论大小，你都要找我商量一下，这次怎么贸然答复呢？你说的话不足以威慑敌人，相反却能激怒他。如果广固没有攻下，羌贼又至，我们怎么对付？"

刘裕笑道："这是军事，你不懂，所以才没告诉你。兵贵神速，出其不意。姚兴如果真想出兵救援广固，定会出其不意，哪有事先派人通知的道理？派人来无非是说大话，吓唬人罢了。"

刘穆之恍然大悟。

姚兴正忙于凉州战事，无暇顾及东方战争，外交恐吓不能奏效，出于盟国关系考虑，一度派出一万人马驰援南燕，但由于凉州战事吃紧，只得又把派出的军队撤回长安自保。

韩范仰天长叹："天亡燕国啊！"

慕容超久困广固，不见后秦援兵，准备以割让大岘山以南的土地、献良马千匹为条件，向东晋称臣。刘裕的目标不是大岘关以南的土地，而是整个南燕的国土，因此他断然拒绝了慕容超的求和。

韩范自后秦东归，见晋军将广固团团围困，破城在即，没有进城，而是直接到刘裕的大营投诚。

刘裕嘲笑地说："你本来要立申包胥之功，为何无功而返呢？"

韩范不卑不亢地说："我祖孙三代仕燕，自然要尽臣下本分。但西朝（后秦）多故，丹诚无效，是天丧南燕而助明公，智者见机而行，在下敢不来吗？"

刘裕说："你可以到城下去，告诉城里的将士，说后秦援兵无望，劝他们投降。"

韩范拒绝说："虽蒙将军收留，但我仍不能为你算计燕国。"

刘裕"喜而不强"，第二天，请韩范坐在战车上，在广固城外转了一大圈。韩范在战车上虽然一言不发，但城内的将士见到韩范，知道后秦援军不可能到来，完全绝望了。

广固城内，左右都劝慕容超杀掉韩范全家，"以止反叛"。慕容超虽然不是一个明君，但也知道韩范出于无奈，加上韩范的弟弟韩淖忠心不贰，不忍诛杀韩家。韩范也算是智谋之士，假使他在城下向守军喊话劝降，激怒了慕容超，一家人肯定会被杀得一个不剩。

张纲也是南燕降臣，他与韩范采取的态度不同，慕容超对他家人的态度决然相反。

张纲是一位能工巧匠，素以"奇巧精思"善造攻城器械著称，被刘裕收降之后，正好派上用场。经过张纲的精心设计，制造出飞楼、悬梯木、幔板屋等各种攻城器械，再在上面盖上牛皮。晋军站在飞楼之上，将城内的情况看得一清二楚。

慕容超大怒，派人把张纲母亲押到城头，倒吊起来，慢刀碎剐了老太太。

张纲恨得咬牙切齿，研制出更为精巧实用的攻城器械。

刘裕也不急着进攻，一直将广固城围困了四个多月。形势对南燕越来越不利，城中百姓潮水般涌出城外投降。尚书令董锐知道大势已去，劝慕容超出降。

慕容超大怒："国家废兴是天命，我宁可奋剑战死，决不衔璧求生！"

公孙五楼、贺赖卢等人又想从城中挖掘地道偷袭晋兵。晋营守御森严，无懈可击，只能无功而返。

不久，晋军又切断了广固城外渑水水源，城内守军只能喝不洁的井水，且人多水少，供不应求，日益穷困，出降者越来越多。刘裕见火候差不多了，指挥晋军从四面攻城。

南燕尚书悦寿先曾劝说慕容超出降，今见形势不妙，便开城投降。

晋军涌入城中，喊杀连天。仓促之间，慕容超只带数十骑卫士出逃，没跑出多远，就被晋军悉数生擒。

刘裕升帐，数说慕容超抗命不降的罪状。

慕容超"神色自若，一无所言"。当看到昔年好友刘敬宣时，神色黯然地说："刘将军，看在昔日有交情的分儿上，我死之后，拜托你照看我的老母，我这里向你磕头了。"说罢，跪下向刘敬宣磕了三个响头。

刘敬宣是刘牢之的儿子，当年其父被桓玄围攻时，他曾逃往南燕，与慕容超有交情，故慕容超才有此求。刘敬宣面对即将死亡之人的请求，当然不能拒绝。

刘裕痛恨广固久攻不下，欲下令屠城。降臣韩范劝说道："晋室南迁，中原鼎盛，士民无援，强则附之，既为君臣，必须为之尽力。这些人皆衣冠旧族，先帝遗民，今王师吊民伐罪，如果尽坑广固之民，恐怕西北之民再无来归之意。"

刘裕听罢，冲着韩范深深一揖："多谢赐教！"于是下令，将王公以下三千余人斩首，赏军人口多达一万户。

慕容王族的子弟们以兴燕为名，建立了后燕、北燕、南燕、西燕，称王称帝，在北方折腾个不停，风光一时，亡国时被敌国整族烩掉，连渣儿都不留。其他几个慕容王国，亡国时宗室也被消灭殆尽。

刘裕第一次北伐大获全胜，南燕亡国。鲜卑慕容遭此浩劫，从此如过眼云烟。

刘裕派人把慕容超押解进京，随即上奏请求移师下邳，向关、洛进军。

晋廷处死慕容超，任命刘裕为兼青、冀二州刺史，让他自主行事。

正当刘裕在广固大阅兵、核查户籍的时候，不料后院起火了。

原来，孙恩的残余势力卢循、徐道覆逃亡至岭南，见刘裕率军北伐，建康兵力空虚，乘机率兵北上，兵分两路杀向建康。

北府兵与孙恩的残部、刘裕与卢循的恩怨，也到了最终了断的时候。

第七章
灭卢循

　　卢循，字于先，小名元龙，出身于门阀士族范阳卢氏。卢氏祖先自汉代以来，世代高官。卢循生得双眸冏彻，瞳子四转，聪明伶俐，擅长书法艺术，草隶弈棋无所不精，具有典型的士人气质。这样一个名门之后，为何沦落江湖，成为农民起义的领袖呢？

　　"八王之乱"时，卢循的高祖卢志是成都王司马颖的死党。司马颖死后，虽然受命于东海王司马越，被任命为尚书，但与司马越集团貌合神离，晋室南渡时没有随行，洛阳沦陷后，死于平阳。

　　卢循的曾祖父卢谌曾被选为晋武帝驸马都尉，谁知刚要成婚时，公主却突然死了。卢氏家族在平阳遇害时，卢谌只身逃出来，投奔并州刘琨，做了刘琨的从事中郎。

　　刘琨在并州军事失利之后投奔辽西段匹磾，与段相约共辅晋室，不料因儿子刘群得罪段匹磾而陷牢狱之灾。刘琨知道自己已无生望，在万念俱灰之时，写下著名诗篇《重赠卢谌》这样一首"托意非常，摅畅幽愤"的诗歌。其中"何意百炼刚，化为绕指柔"，成为流传千古的名句。

后赵武帝石虎打败辽段匹䃅，得到卢谌，封为高官。

卢谌思念故国，常对儿子们说："我死之后，你们要称呼我为大晋司空从事中郎。外族再大的官不稀罕，我就是大晋国一个小小的中郎。"

冉闵死后，中原大乱，卢氏避乱渡江。卢循随父亲移居京口，卢氏家族从此开始没落，不得不与一些南渡的下等士庶结成姻亲。卢循娶孙恩的妹妹为妻，姐姐嫁给了徐道覆。

卢循有志向，庐山沙门慧远禅师评价他说："君虽体涉风素，而志存不轨。"卢循入仕无门，做强盗也是为生活所迫。孙恩起义爆发，他成为义军骨干。孙恩冷酷残忍，卢循常劝他少杀人，由此得到将士们的拥护。孙恩死后，卢循被推为首领，继续领导起义军。

卢循率领的义军打不过刘裕，于是实行战略大转移，率领船队到了番禺，赶跑广州刺史吴隐之，建立了新的根据地。

桓玄败亡之后，刘裕主持朝政，卢循乘机派人向朝廷称臣，企图割据岭南。

由于政局初定，刘裕正全力清除桓玄残余势力，无暇南顾，于是就顺水推舟，任命卢循为广州刺史、平越中郎将，卢循的姐夫徐道覆也被任命为始兴相，想借此维系南方的安定。

卢循接到任命后非常高兴，借端午佳节之际，派人送给刘裕益智粽，礼尚往来，刘裕向卢循回赠续命缕。

端午节包粽子是中国古老习俗，江南更为盛行。有一种粽子除糯米外，还添加一味中药益智仁，煮熟的粽子称"益智粽"。益智仁产自海南、广西一带，故而卢循以特产相赠。

刘裕回赠的礼品更有意思。续命缕为京口习俗，京口人端午节以彩丝系臂，辟鬼辟兵，可以避灾延寿。

当然，这只是表面含义，实际上赠品之中，却有着深刻的寓意。

刘裕和卢循同为没落士族，但二人又各有大志，都在努力挣脱门阀士族的压抑，攀上社会高层。虽然所走之路不相同，但两人都成功了，成为东晋朝廷的方面大员。

机缘巧合，一山不容二虎，如果想成就大业，两人得一决高下，看到底谁才是老大。二人通过馈赠礼品，实际上是彼此下战书：

卢循借益智粽对刘裕说，你要聪明一点。

刘裕则告诉卢循，与我斗，你一条命不够。

乘虚而入

刘裕率军北伐南燕的消息一经传出，徐道覆连忙派人到广州，劝卢循乘晋廷内虚之机，出兵攻占建康。

卢循当时大概感觉正惬意，自己从一个没落的庶士，一路而成朝廷方面大员，虽然名为广州刺史，实为独立王国，天天与一帮文友饮酒品茶，吟诗作画，小日子过得挺爽，不怎么想节外生枝。

徐道覆坐不住了，从始兴（广东韶关）亲自赶到番禺见卢循，见面就问："将军听说刘裕北伐之事吗？"

卢循："知道啊，与我有什么关系吗？"

徐道覆："这是一件大喜事啊！"

卢循："何喜之有？"

徐道覆："我们到岭南，难道一辈子待在这种地方吗？只不过我们不是刘裕的对手罢了。如今刘裕北伐南燕，归日无期，我们可乘此机会，用思归之死士，突袭刘毅、何无忌之徒，易如反掌。不乘此大好之机，而想保一日之平安，朝廷常以将军为心腹之患，等到刘裕平定三齐之后，休兵年余时间，自会亲率精兵杀过五岭，将军虽然神武，恐怕难以抵挡。今日之机万不可失。如果先攻占建康，动其根本，刘裕即使率军赶回，也无可奈何。故此为将军之喜也。"

卢循见徐道覆态度坚决，随之也下定决心，大造兵舰，准备进兵建康。

大规模建造舰船不是一件小事，为了不引起朝廷注意，徐道覆制定实施了一个战前欺骗计划：派人到南康山（今梅岭）砍伐造船用的木材，运到始兴廉价出售。木材便宜，人们争相购买，因而，堆积如山的造船木材并不引人怀疑。等定下出兵日期，马上把所有木材收集在一起，再集聚大批工匠，十天半月，便战舰云集了。

义熙六年（410年）二月，在刘裕攻克广固的同时，卢循的军事行动也开始了。

卢循率部从广州出发，由湘江北上，越五岭、长沙，向巴陵（今湖南岳阳）挺进，直指江陵。

徐道覆从始兴出发，取道赣水（今赣江）而下，向寻阳进军。

两路兵马推进迅速，卢循攻陷桂阳、湘东，进逼长沙。徐道覆连克南康（今江西赣州）、庐陵（今江西吉水），兵锋直指豫章。

晋廷大震，八百里加急召刘裕回师拒敌。刘裕得知后院起火，命韩范都督八郡军事，留下守广固，立即率师从广固班师回南。

东晋江州镇南将军何无忌驻守豫章，这位在刘牢之、刘裕手下足智多谋的将军，到了自己独当一面时，却显得轻佻少谋。得知徐道覆重楼巨舰顺流而下，他便率兵自寻阳南下，欲与徐道覆决战。

长史邓潜之劝道："此战系国家安危，卢循乘舟舰顺流而下，我们不可与之争锋，应掘开南塘堤坝，降低赣江水位，然后坚守豫章、寻阳，与之相持，待其兵劳师疲，然后乘势出击。此乃万全之策。成败在此一战，万一失利，悔之不及。"

参军殷阐也支持邓潜之的战术，他说："卢循的士兵都是三吴旧贼，百战余勇，新召集的始兴溪子，拳捷善斗，不能轻视。将军集合大军驻守豫章，等到朝廷各路兵马到齐，再发动总攻不迟。如果仅依靠江州兵马与敌军决一死战，恐难取胜。请将军三思。"

何无忌不听劝告，尽起江州水陆兵马沿赣江南下，与徐道覆的水师在豫章相遇。徐道覆命数百名弓弩手登上西岸小山，顺风射击晋军船队。双方交战，大风突起，何无忌的指挥船被大风刮到东岸，徐道覆指挥数艘战舰逼过来。

晋军失去了指挥舰，加之徐道覆的将士多是三吴"思归忘死之士"，更是奋勇上前，穷追猛打，晋军顿时崩溃。

何无忌急了，大叫："取我苏武节来！"于是手持苏武节督战，可惜敌兵越来越多，晋军寡不敌众，败局已定，何无忌被敌人分尸数段。一时名将，死于小贼之手。

刘裕接到京城告急文书，率大军赶往京城建康，行到下邳，觉得船行速度太慢，于是命船只载运辎重缓行，自率精锐部队从陆路急行军南归。途中得到何无忌战死的消息，震惊不已，担心京师失守，只带了数十名卫士，日夜兼程赶往京师。途中碰上晋廷派来的使者，便向使者打听敌人的动向。

使者回答："贼兵还没来，只要刺史大人赶紧回去，京师便可无忧。"

刘裕听后，略加放心，赶到江边，只见风急浪高，随从将士面露难色。刘裕冲着江水大叫："要是上天助我，风就会马上停止，否则，大不了一死，没什么可怕的。"言罢，率众登船。谁知船刚刚开动，风竟然真的停了。

刘裕乘船抵达京口，江岸上的百姓看到刘裕军的大旗，欢呼雀跃。

各地援兵纷纷进入建康，青州刺史诸葛长民、兖州刺史刘藩、并州刺史刘道怜的援兵先后入卫建康。

刘裕入朝向晋安帝陈述抵御贼寇之策，晋安帝悬着的一颗心总算放了下来，不再惊慌，并下令解除戒严。

豫州刺史刘毅自告奋勇，愿率部军南征。刘裕正在整治舟械，预备出师，见刘毅请战，恐其轻敌，写信制止说："贼众连连获胜，士气正盛，不可轻视，等我这里战船修缮好后，我与老弟在江上会师，伺机破敌。"刘裕知道刘毅心高气傲，担心他听不进自己的话，派刘毅的弟弟刘藩前往劝阻，许诺平乱之后，让刘毅做荆州刺史。

刘藩到了姑孰，将刘裕的书信交给刘毅。

刘毅看信后，果然勃然大怒，对刘藩说："当初平桓玄，不过是因为寄奴率先发起，才推举他做了盟主，你们真以为我不如寄奴吗？"说罢将刘裕的信弃于地上，率水师二万从姑孰出发。

徐道覆得知刘毅率兵来攻，立即舍江陵不攻，并给卢循写信说："刘毅兵重，成功在此一举，宜合力击之。打败刘毅，荆州自然可得。"

卢循在长沙击败刘道规的兵马后，正准备进兵江陵，接到徐道覆的信，放弃攻打荆州的计划，立即兵发巴陵，与徐道覆合兵一处，两处兵马约十万之众，战船千艘，舟车百里不绝，楼船高达十二丈，声势浩大。

两军在桑落洲（今江西九江附近）展开决战。

刘毅本就寡不敌众，加之卢循、徐道覆两人诡计多端，双方一交手，刘毅一方便溃不成军，丢弃全部战船和堆积如山的辎重，带着数百人逃命去了。

刘毅战败的消息传到京城，全城大为惊惧。刘裕急忙招募士兵，修固石头城。由于刚征讨完南燕，京都还没有恢复元气，全城仅数千士兵，即使算上诸葛长民、刘道怜等人带来的兵马，士兵人数仍然不足一万。

卢循、徐道覆击毙何无忌、挫败刘毅，气势正盛，准备攻打建康。得知刘裕回京的消息，卢循与众将相顾失色，准备退回寻阳，转攻江陵，徐道覆却坚持乘胜进取。

徐道覆对刘裕很尊重，称刘公而不呼其名。他认为击败何无忌、刘毅后，晋廷元气大伤，刘裕刚回，来不及整顿防务，乘此机会一举攻之才是上策，一旦让刘裕缓过气来，再想战胜就很困难了。

卢循虽然觉得徐道覆分析得有道理，但还是犹豫不决，二人争论了好几天。也就是这短短的几天时间，给了刘裕喘息的机会。

朝中大臣孟昶、诸葛长民眼见建康危急，欲劝安帝过江暂避风头，只有刘裕不赞成。参军王仲德对刘裕说："你刚刚荡平南燕，威震四海，那些乘机入犯的妖贼，突然听说你回京护驾，必定非常惊惧。如果你也像懦夫一样不战而逃，将来怎么号令将士？你如果因误信流言而撤军的话，我不想跟随，就此告辞！"

刘裕朗声道："南山可改，此志不移，请不要怀疑我的决心！"

孟昶仍然坚持撤军，大声说："若贸然出兵，必重蹈覆辙。"

孟昶算得上是一个乌鸦嘴，何无忌、刘毅出战的时候，他都预言会战败，结果两人一败涂地，何无忌甚至连命都丢了。这一次又说刘裕必败，大家以为他说的没错。

刘裕反驳道："都什么时候了，还能轻举妄动吗？大家想一想，现在各镇都有谋变的可能，而强寇又紧逼而来，已是牵一发而动全身的局势。都城一迁，全体瓦解，我们怎么能平安抵达江北呢？就算到了江北，也不过是苟延时日。眼下，京都的兵士虽然少，但还足以打一仗，如果我军得胜，是再好不过的了；万一挫败，我定会横尸庙门，以身殉国，绝不苟且偷生，我意已决，不要再多说了。"

孟昶并非坏人，只是认为出战必败，表示要以死相谏。

刘裕也急了，大声说："你先看我一战，再死也不晚。"

孟昶悲愤不已，回家之后，写下遗书说："都怪臣当初力排众议，赞成刘裕北伐，以致强敌乘虚而入，危及社稷，臣以死向天下谢罪。"写完后，竟然服毒自尽了。

不久，卢循到了淮口，京都内外戒严。刘裕命琅邪王司马德文督守宫城，自己亲自屯驻石头城，命众将各守重要关口，命刘粹辅助其第三子刘义隆守京口。刘义隆年仅四岁，颇有毁家纾难的意思。

刘裕登上石头城，望着江上密密麻麻的战船，担心敌军乘晋军立足未稳便发起进攻，胜负难以预测，如果回泊西岸，暂缓进攻，自己就有足够的机会。

徐道覆是个勇敢决断的人，听说刘裕在石头城集兵设防，劝卢循从新亭疾趋白石，尽焚舟船，以示必胜之志，然后分兵进击，毕全力于一役。

卢循回复说："我大军还没有到，孟昶就自裁了，以此推断，晋军不久必将发生内乱，如果决胜于一战，万一有失，必将损兵折将，不如按兵不动，等待时机。"于是，指挥军队驻扎在石头城西岸的蔡洲。

徐道覆深知小舅子的脾气，多疑少决，优柔寡断，回营后叹息道："总有一天，卢循会误大事，跟着他难成大事。如果能凭一己之力起事的话，取建康易如反掌。"

刘裕见敌船回泊蔡洲，转忧为喜。卢循的犹豫，给了刘裕喘息的机会，他派人广伐树木，在石头城遍树丛栅，从容修筑查圃、药园、廷尉三处营垒，分别派重兵把守。

刘敬宣驻北郊，孟怀玉驻丹阳郡西，王仲德驻越城，刘默驻建阳门外，筑起四道防线。

卢循、徐道覆回泊蔡洲，静候几天，见石头城军容井然有序，没有一丝慌乱的迹象，不禁有些后悔，忙派十余艘战舰攻打石头城外的防护栅栏。

刘裕下令用神臂弓迎敌，一发数箭，敌船皆被摧毁。卢循只好退去。

卢循见强攻不能奏效，便使了一招调虎离山之计，让老弱之师乘船东行，扬言将进攻白石，将主力埋伏在南岸，意在发动偷袭。

白石在新亭北面，也是沿江要害之地。刘裕尽管有怀疑，但又怕卢循弄假成真，不得不先率兵前往防守。恰逢刘毅从豫州来到京城，向朝廷请罪。

晋安帝下诏，降刘毅为后将军，命他仍到军前效力，戴罪立功。

刘毅见到刘裕，不免有些惭愧。刘裕却毫不介意，邀请他同往白石截击贼船。为了防止万一，又留下参军沈林子、徐赤特等扼守查浦，命他们不得轻举妄动。

刘裕率兵北去之后，卢循立即率兵偷袭查浦，纵火焚烧张侯桥。徐赤特不遵刘裕的命令，率兵出战，遭到埋伏而大败，孤舟逃往淮北。

沈林子则据栅力战，刘钟、朱龄石等也先后率兵增援，击退贼众。刘裕得报后，迅速驰还，徐赤特也到了。刘裕下令将徐赤特斩首示众。

刘裕中了卢循的调虎离山之计，便与卢循玩起了"心理战"，派宁朔将军索邈率一千多鲜卑人组成的精骑兵，身披虎皮虎甲，五彩斑斓，装束奇特，每人手持一面小旗，自淮北至新亭，一路急驰，蹄声阵阵，尘土飞扬，"贼并聚观，咸畏惮之"。

卢循终于撑不住了，对徐道覆说："我军已疲惫不堪，不如退守寻阳，合力攻取荆州，然后再谋取建康吧！"随即命范崇民率五千士兵踞守南陵，大军则退往寻阳，转攻为守，从此，他们的厄运也就开始了。

灭卢循

晋廷封刘裕为太尉中书监，并赐黄钺一把。

刘裕保荐王仲德为辅国将军，刘钟为广川太守，蒯恩为河间太守，让他们与谘议参军孟怀玉率兵追击贼众，自己则操练水军，广修战舰。楼船修成之后，刘裕便命孙处、沈田子二位将军率领一百多艘战舰走海路，进袭番禺，直捣卢循的老巢。

各位将领认为走海道太远，也十分艰险，并且容易分散兵力，建议改变作战计划。刘裕笑而不答，只是吩咐孙处："十二月，大军必破妖虏。你们先捣毁贼巢，使他们走投无路，到时贼人自然就手到擒来了。"

孙处等人只得领命而去。

卢循回到寻阳，派人入蜀联结谯纵，约他夹攻打荆州。

谯纵当即答应，并向后秦求援。秦主姚兴封谯纵为大都督，兼相国、蜀王，并派桓谦协助谯纵。

谯纵任命桓谦为荆州刺史，谯道福为梁州刺史，命二人率两万人马攻荆州。后秦将军苟林也奉姚兴的命令，率骑兵赶来会师。一时间，卢循的声势十分浩大。

卢循率兵东下时，荆、扬二州有些闭塞，不知这些消息。当卢循率兵攻打荆州时，荆州刺史刘道规是刘裕的弟弟，他正派司马王镇之，会同天门太守檀道济、广武将军到彦之增援建康。

途中，王镇之突然与后秦将军苟林相遇，交战时，卢循又派兵前来夹攻。王镇之寡不敌众，大败而逃。

卢循重赏秦军，命苟林率兵进攻江陵。

苟林随即率所部进驻江津。桓谦沿途召集两万旧党，进驻枝江。两路兵马相呼应，江陵大震，城中的军民多怀观望的心态。

刘道规见形势危急，胜负难料，大开城门，让城中军民自行决定去留，同时严阵以待。城中军民竟然没有一人出逃，城中十分安定。

雍州刺史鲁宗之自襄阳率兵支援荆州。有人对刘道规说，鲁宗之不安好心，须得提防。刘道规毫不介意，不但单骑出城，而且还将鲁宗之迎进城，与之开怀畅饮。然后留鲁宗之守荆州城，自己则率兵出击。大军水陆并进，在枝江击毙桓谦，苟林闻风而逃。

参军刘遵奉刘道规之命，在巴陵一带击毙苟林。

刘道规返回江陵，刚送走鲁宗之，突然得到徐道覆率三万兵马奔袭江陵的消息，想追回鲁宗之已来不及，只得部署各军，准备迎战。

恰好刘遵得胜归来，一前一后两支兵马，形成夹击之势，击败徐道覆。江陵转危为安。

徐道覆退往湓口（今江西九江境内），与卢循合兵一处，转向东进，战船涌满长江，舳舻无际。

刘裕得知江陵无恙，留刘毅监管太尉府，全权处理府内事务，自己亲率刘藩、檀韶等将南征。大军刚出发，便接到王仲德捷报：已赶走悍贼范崇民，夺回南陵。刘裕很是欣慰，当即赶到南陵城与王仲德会师，进军雷池。

在大雷一带，刘裕率军与卢循、徐道覆展开决战，杀得卢循孤舟向老巢番禺溃退，徐道覆则向始兴败逃。

刘裕大获全胜，派刘藩、孟怀玉继续追剿卢循、徐道覆，自己则率其余军队凯旋。

晋安帝派侍中黄门诸官出郊迎接，欲封刘裕为大将军、扬州牧，并赏他二十名仪卫。

刘裕固辞："卢循、徐道覆两贼未除，臣不敢受封。"

安帝于是收回成命。

卢循在逃亡途中，一路收集残兵败将万余人，准备退回番禺。徐道覆也召集残兵败将，退守始兴。

义熙七年（411年）二月，晋将刘藩、孟怀玉攻克始兴，斩杀徐道覆。

晋将孙处、沈田子的水师从海道乘大雾偷袭了番禺，完成了对卢循军的战略包围。

卢循得知老巢失守的消息，大惊失色，立即率众对番禺实行反攻，欲夺回番禺，遭到晋军的顽强反击，大败而返。

卢循率残部逃往南方的交州，在晋军的围追堵截下，走到了尽头，万念俱灰。他先用毒酒毒死妻子，然后把姬妾召集到一起问道："你们谁愿意跟我一起死？"

姬妾们大哭："鼠雀尚且贪生，谁能不怕死啊！"

只有一个女人毫无惧色地说："你都要死了，我能独活吗？"

卢循冷笑一声，让那个愿意死的女人出舱，放她一条生路，把那些不愿死的姬妾全都杀掉，随后自己投水自尽。

轰轰烈烈十余年的孙恩起义，到此彻底失败。

第八章
铲除"老战友"

忍无可忍

刘裕凭借其卓越的军事才能，逼死孙恩，北伐南燕，活捉慕容超，南征番禺，逼卢循投水自尽，一次又一次挽救了东晋朝廷，被晋廷任命为太尉。但要登上人生的最高点，他所面临的挑战，不再是外在的敌人，而是身边的战友。

何无忌战死，孟昶自杀，真正对刘裕产生威胁的只有刘毅和诸葛长民。刘毅在桑落洲惨败，损失的不仅是数万精兵、无数辎重和精良的战船，更重要的是输掉了声望。

刘裕、刘毅以平定桓玄之功，在朝廷不分伯仲。刘裕继剿灭南燕之威，又一举荡平岭南，而刘毅却是败军之将，已无法与刘裕相抗衡了。晋安帝义熙八年（412年），荆州刺史刘道规因病请求离职。刘毅乘机申请外任。刘毅此举可谓是深谋远虑，继续待在建康，自己不是刘裕的对手，只有坐拥重镇，手握兵权，才有资格在暗中与刘裕较劲。

刘裕向来不喜舞文弄墨，刘毅却很有文才，正因为如此，许多高门士族上流人士都喜欢与他交往。尚书仆射谢混和高平郗氏、丹阳尹郗僧施都是刘毅的私党。刘裕心机颇深，对刘毅的结党营私的行为虽有所警觉，但没有道破。

刘毅在临行前，特意去了一趟京口，刘裕还亲自到京口与他相会。两人在倪塘欢宴数日。

刘毅到荆州后，不但将刘道规之前的政策推翻，而且对人事调动为所欲为，在不上报朝廷的情况下，随意升迁所属官员，把豫州、江州等地文武随员和兵马任意调到荆州，安排在自己手下任职。荆州刺史原本都督荆、宁、秦、雍四州，刘毅又上奏朝廷，请求兼督广、交二州。

刘裕照准了。

刘毅越来越起劲，进而要求把郗僧施、毛修之调到荆州，让郗僧施出任南蛮校尉，毛修之出任南郡太守。

刘裕仍然是有求必应。

郗僧施到江陵后，刘毅高兴地说："昔刘先主得孔明，犹鱼之有水。今我得足下，我们也是一样。"

宁远将军胡藩私下提醒刘裕，刘毅自命不凡，很多文士名流都争相依附他，刘毅刚愎自用，野心很大，建议刘裕找机会除掉刘毅。

刘裕笑道："我与刘毅同心协力匡扶朝廷，他有功无过，阴谋也没有外露，我怎么能无故陷害他呢？"

胡藩无语而退。

刘裕的忍性再好，终于也有忍不住的时候。

刘毅的身体不怎么好，每逢有大事发生时，就要"疾笃"，大概是昔日战场上冲锋陷阵留下创伤的缘故。谋士郗僧施等人担心刘毅哪一天暴死，一帮人的一番心血会随之泡汤，于是向刘毅建议，向朝廷请求调任他的堂弟、兖州刺史刘藩为荆州副帅。

刘裕终于被激怒了，表面上同意刘毅的请求，召刘藩入朝调任，心里却动了杀机。刘藩从广陵来到建康，刚进城便被逮捕，关进大牢。

刘裕随即向晋安帝上表:"刘毅、刘藩兄弟俩与尚书仆射谢混图谋不轨,请陛下下令赐死刘藩、谢混,讨伐刘毅!"

晋安帝其实是一个摆设,刘裕的上奏也就是走过场,府中官员拟草后,加盖玉玺就发出了。随之,尚书仆射谢混、兖州刺史刘藩被赐死于狱中。

刘毅的末日

刘裕召集各路兵马,准备西征。

刘裕任命司马休之为荆州刺史,随军前往,挑选参军王镇恶、龙骧将军蒯恩两员大将为先锋。

王镇恶是苻坚的名臣王猛的孙子,生于五月初五。当地风俗五月为恶月,家里人都不高兴,王猛却说:"此非常儿,孟尝君是恶月出生,成为齐国宰相,这个小孩也能兴旺我家。"于是起名叫镇恶。关中大乱,王镇恶随叔父王曜来到晋国,客居荆州。王镇恶好读兵书,喜欢议论国家大事,弯弓跨马非其所长,然而意略纵横,果决能断,是一名儒将。

刘裕北伐南燕时,有人向他推荐了王镇恶。王镇恶为人强辩,有口才,随机应变能力强。一经交谈,刘裕感觉王镇恶是一个人才,留住一宿,第二天对众将说:"镇恶,王猛之孙,所谓将门有将啊!"随即任命他为参军,在北伐南燕和追击卢循战役中,颇有战功。

刘裕图谋讨伐刘毅,王镇恶自告奋勇:"刘公若讨西楚,请赐百舸为前锋!"

蒯恩是刘裕一手提拔起来的战将,出身贫贱,孙恩起兵时,是刘裕的马夫。蒯恩力大无穷,背负的草料总是常人的两倍,每次把草料扔到地上,总叹气说:"大丈夫弯三石弓,怎么能整天喂马?"一次,刘裕听到蒯恩的抱怨声,便成全他,发给他武器,让他上战场。每次战斗,蒯恩总是冲锋在前,斩获的首级最多,曾被射伤左眼,成了独眼龙。蒯恩不仅勇猛,而且对刘裕忠诚不贰。

王镇恶和蒯恩诈称刘藩西上,驾一百条船先行,刘裕率大军随后出发,临行前，刘裕指示王镇恶、蒯恩："如果有机会就出击，没有机会的话，烧其船舰，屯驻江中等候大军。"

先锋部队打着刘藩的旗帜，昼夜兼行，直达豫章口。荆州方面毫不知情。王镇恶先派人烧毁刘毅在江津的大小船只，然后弃舟登岸，直奔江陵城。

路上有人问是哪路兵马，王镇恶的士兵均回答是刘兖州（刘藩）的亲军，一路上没有遇到任何阻拦。在离江陵城五六里的地方，与刘毅的亲信将领朱显之相遇。朱显之与王镇恶军打了个照面，问道："你们是谁的部队？"

王镇恶的士兵答道："刘兖州的亲兵。"

朱显之："刘兖州何在？"

王镇恶的士兵回答："在后面。"

朱显之起了疑心，策马向后军赶，不见刘藩，却见军士全副武装。远远看见江津火光冲天，情知不妙，立即策马返回。

刘毅听了朱显之的报告，大惊失色，立即下令关闭城门，可惜晚了一步，城门还没有关上，士兵还没穿上铠甲，王镇恶便率兵冲了进来，全城顿时乱作一团。

刘毅率左右数百亲兵杀出城去，夜晚到牛佛寺叫门投宿。

牛佛寺的僧众隔着门表示拒绝。原因是几年前，牛佛寺的住持接纳了一名桓家子弟，刘毅杀了这位住持。他们实在不敢再接纳陌生人。

七年前，刘毅平灭桓玄，严刑峻法，至此，终于有了"报应"。

刘毅叹息一声："为法自弊，以至于此！"眼见逃无藏身之地，刘毅便在寺门外找了一棵歪脖子树，自缢而死。

第二天一大早，有人发现了刘毅的尸体，人死罪不免，刘毅的尸体被抬到江陵城。王镇恶下令，砍下刘毅的头颅示众，并杀掉了他的族人。

几天之后，刘裕率军到了江陵，下令杀郗僧施，赦免毛修之，随之下令调整赋税，抚慰民心，"荆人悦之"。刘裕一手打，一手拉，很快就稳定了荆州政局。"处理"完刘毅，刘裕下一个"惦记"的人物是督豫、扬等六州军事，留守建康的诸葛长民，把荆州交给司马休之后，立即率兵返回京师。

诸葛长民遭诛

诸葛长民是琅邪人，"有文武干用，然不持行检，无乡曲之誉"。桓玄时代，曾任"参军平西军事"，因贪污而遭到处罚，对桓玄怀恨在心。刘裕等人起兵讨伐桓玄，诸葛长民踊跃相从。桓玄覆灭后，封为辅国将军。

刘裕征伐刘毅，命诸葛长民留在京师监太尉留府事，处理内部事务，又任命刘穆之为建威将军，辅佐诸葛长民。

刘毅的死讯传到建康，兔死狐悲，诸葛长民预感到自己的祸事不远了，私下对亲属说："昨天杀彭越，今日斩韩信，恐怕我们也将大祸临头啊！"

诸葛长民的弟弟诸葛黎民劝说道："刘氏灭亡，诸葛氏又怎能幸免于难呢？为今之计，只有趁刘裕还没有回来，赶紧起事，来一个先发制人。"

诸葛长民叹息说："贫贱常思富贵，富贵必覆危机，就算今天重新去丹徒做布衣百姓，也难得啊！"

诸葛长民预感到自己将大祸临头，却又不敢轻举妄动，怀着忐忑不安的心情去找刘穆之，想从他那里探探口风。刘穆之何等聪明，立即安慰说："刘太尉率军出征，把家人都托给你照顾，如果对你不信任，怎么会做如此安排呢？"

诸葛长民心里虽然稍微安定一些，但还是不放心，他给刘敬宣写封密信，信中说："盘龙（刘毅的字）狠戾专恣，自取夷灭。异端将尽，世路方夷，富贵之事，相与共之。"

刘敬宣哪里有谋反的胆量，回信说："下官自义熙（义熙年间）以来，添三州、七郡，常惧福过灾生，思避盈居损，贵富之旨，非所敢当。"

如果仅仅回信倒也罢了，要命的是，刘敬宣把诸葛长民的信交给了刘裕。

刘裕看过诸葛长民给刘敬宣的信，淡淡地说："阿寿（刘敬宣的小名）不负我，诸葛长民不是东西。"

刘裕确实很害怕诸葛长民先发制人，如果他挟持晋安帝或以自己的家人当人质，事情就相当棘手，于是放出消息，说他即将抵达京师。

其实刘裕放了一颗烟幕弹，他让军队日夜兼行，班师回朝，他自己则带着亲信离开大部队。当诸葛长民率满朝文武到江边迎候时，却扑了空。因为刘裕乘轻舟，借夜色，神不知鬼不觉地回了东府。除刘穆之外，没有人知道这件事。

第二天一大早，刘裕便升堂处理京中之事，诸葛长民这才得到刘裕回京的消息，慌忙赶来拜见刘裕。

刘裕见诸葛长民来了，亲自下堂迎接，屏退左右，命人摆上酒席，两人对饮起来。

诸葛长民心情本来就极度紧张，见刘裕如此友好地对待自己，心中大定，渐渐放松了警惕。酒过三巡，诸葛长民站起来准备告辞，突然从帐后冲出一名武士，上前一把抓住诸葛长民，用一根长绳子勒住了他的脖子。

刘裕仍然坐在原处，一边喝酒，一边笑看诸葛长民蹬腿摇手，两眼翻白的恐怖死状。干掉诸葛长民后，刘裕立即派人干掉了诸葛长民的弟弟诸葛黎民、诸葛幼民以及堂弟诸葛秀之。

当时，京城流传一句话："别嚣张，小心把你交给丁旿。"原来，刘裕府中埋伏的武士名叫丁旿。勒死诸葛长民，击毙善斗的诸葛黎民，都是丁旿干的。众人畏惧丁旿的强悍，所以才有了这句话。

计平谯纵

刘裕剪灭了刘毅、诸葛长民之后，下一个目标锁定了谯纵。

益州谯纵是刘裕心中的痛。他一生打了不少胜仗，无论亲自出马，还是遣将出征，所向披靡，唯独刘敬宣伐蜀之战，无功而返。击灭刘毅，铲除诸葛长民之后，刘裕立即部署剿灭益州谯纵的战事。

益州是北伐战略的重要一环，一定要收复，问题是伐蜀主将的选择，对于领袖来说，用人很重要，因为不可能每战必亲征。刘裕不仅能打仗，而且善于驭将，他所提拔的将领孙处、沈田子，以轻师席卷番禺；王镇恶、蒯恩以百舸平定荆州，都是典型的战例。其实这仅仅只是开始，讨伐益州谯纵，他又力排众议，破格提拔重用了一员将领，他就是朱龄石。

刘裕任命朱龄石为益州刺史，命他与宁朔将军臧熹、河间太守蒯恩、下邳太守刘钟率二万大军，讨伐西蜀。

朱龄石和桓家子弟是玩伴，从小喜欢舞刀弄棒，是练家子出身，武功高强，任性胡来，不加检点。舅舅蒋氏无能软弱，不喜欢朱龄石。一天，朱龄石乘舅舅睡着的时，剪了一张一寸见方的小纸片，粘在舅舅枕头上，拿几柄小刀，站在八尺开外，"嗖嗖嗖"往纸片上掷，百发百中，吓得舅舅心惊胆战，不敢动弹。

朱龄石的舅舅头上长了一个大肉瘤，他乘舅舅睡着的时候，拿刀把肉瘤割了，肉瘤子是割了，舅舅的命也没了。

刘裕倒桓，任命朱龄石为参军，派他进击桓玄。朱龄石说："我家世受桓氏之恩，不会与桓家的人兵刃相见，我就跟在队伍后面吧！"

刘裕认为他够义气，没有为难他。

刘裕任命朱龄石为伐蜀主将，很多人都不服气，认为朱龄石资历太浅，难当重任。刘裕力排众议说："龄石文武全才，此去必能成功。你们要是不信，以后便知！"

朱龄石出征之前，刘裕特地召见他密商进军攻略，为了确保军事机密不致外泄，刘裕交给朱龄石一封密函，封面上书六字："待至白帝乃开。"

义熙九年（413年）六月，朱龄石带着刘裕的锦囊妙计，率兵西征。他不知道这一仗到底怎么打，随行的当然更不知道，不过这并不要紧，他们只需跟着主帅走就行。大军一路晓行夜宿，抵达白帝城后，朱龄石拆开刘裕的密函，上面写道："众军从外水攻取成都，臧熹从中水攻取广汉，老弱兵士乘高舰从内水前往黄虎，全军速战速决。违令者斩！"

上一次，刘敬宣讨伐谯纵，取道黄虎，结果无功而返。这一次，刘裕命众军取道外水，是吸取上次的教训。又怕谯纵识破计谋，所以特命朱龄石派一些老弱士兵走内水，作为疑兵牵制敌人；又命臧熹从中水进兵，无非也是为了分散敌军的兵力。

谯纵果然如刘裕所料，怀疑晋军仍然取道黄虎，急忙派谯道福率重兵驻守涪城，严防内水。朱龄石率兵自外水抵达平模，距成都只有二百里，谯纵才得到情报，急忙派秦州刺史侯晖、尚书仆射谯诜率一万余人马，驻扎在平模对岸，筑城拒守。

当时正值盛夏，赤日炎炎。朱龄石认为天气炎热，贼众又据险自守，他想先休兵蓄锐，再伺机发兵，并对刘钟说出了自己的想法。

刘钟说："这样不行，我们派老弱士兵从内水进军，为的就是迷惑敌人，使得谯道福驻守涪城。侯晖等人虽然前来抵抗，但十分惊慌。我军如果乘他们惊疑未定时全力进攻，相信一定能取胜。平模一被攻破，我军乘胜杀过去，谯纵自然就守不住成都。相反，如果我军裹足不前，反而会暴露虚实。一旦谯纵调谯道福军赶来援应，我军则进不能进，退不能退，师衰食绝，将会重蹈刘敬宣伐蜀之覆辙。"

朱龄石如梦方醒，回答说："幸亏你及时点醒我，否则，将误了大事啊！"于是挥师齐进，直逼城下，只用了半天时间，便攻克了平模。

臧熹从中水进兵，斩蜀将谯抚之，击走蜀吏谯小苟，攻占广汉，留兵戍守，自率亲军与朱龄石会师，直逼成都，势如破竹。

谯纵接连接到兵败的消息，吓得魂飞天外，弃城出逃。他十五岁的女儿哭着劝他说："逃跑也难免一死，只能自取其辱，不如到先人墓前，一死了之。"

谯纵不听，拜辞了祖先墓后，掉头就走。谯纵的女儿倒是一个烈性女子，竟然一头撞死在先人墓前。

谯道福听说平模失守，忙从涪城回兵支援，途中与谯纵相遇，见谯纵狼狈不堪的惨状，愤怒地说："你怎么能这样轻易放弃好不容易才建立起来的功业？人生总有一死，有什么好畏怯的？"随即拔剑掷向谯纵，正中马鞍。

谯纵急忙逃避，后来见身边的侍卫全都逃散，只剩下自己孤零零一个人，万念俱灰，解下腰带，在路边找了一棵树，自缢身亡。当地一个名叫王志的人，斩下谯纵的首级，献给了朱龄石。

谯道福犒劳军士，打算背水一战，可军士们得到赏银后，仍然散去。谯道福只得只身逃避，被当地人抓获，送到朱龄石军前，斩首示众。朱龄石进入成都，只杀了谯纵的亲属，其他人一概不问罪。

捷报传到京城，晋廷命朱龄石监管梁、秦州六郡军事，赐封他为丰城县侯。

第九章
司马休之休矣!

强抢民女

平定卢循，收复益州，刘裕厥功至伟。晋安帝加封刘裕为太傅、扬州牧。刘裕固辞不受。晋安帝于是另封刘裕的二儿子刘义真为桂阳县公。

朝廷相安不久，又有一件事让刘裕很不爽。

原来，司马休之出任荆州刺史之后，勤劳庶务，体恤民情，大得民心，按说这应该是一件好事，刘裕却认为司马休之在收买人心，心存异志。恰在此时发生了一件事，让刘裕的不满情绪得到发泄。

司马休之有个儿子叫文思，过继给兄长谯王司马尚之，继承了谯王的爵位。司马休之到荆州赴任，司马文思和弟弟文宝、文祖都留在京师。司马文思性情暴悍，且好淫乐，手下养了一批江湖人士，在京城为非作歹，是一个人见人怕的恶棍。一天，司马文思带着一帮兄弟出城游玩，恰逢一群妇女在柳荫下观景，见内中有一位少女美若天仙，他色迷迷地看着那位少女，吃惊地问："这里怎会有如此漂亮的美人啊！"

有识者回答："这是岭园宋家的女儿。"

妇女们见有人在议论她们，旋即全都避走了。

司马文思回家之后，想着在柳林见到的少女，茶不思，饭不进。家奴张顺性情奸巧，知道主人的心思，献媚地说："主人精神萎靡不振，莫不是思念柳林里遇见的宋家女？如果真的想她，那就将她纳为小妾？"

司马文思说："这个女子太美了，恨不得现在就将她搂在怀里，但要纳为小妾，不知人家是否愿意。"

张顺献媚地说："以主人的势力，有什么办不到的事情？"

司马文思大喜："那你去试试看。"

宋家女小名玉娟，是岭园员外宋信的女儿，三年前，宋信亡故，宋玉娟与母亲周氏相依为命，父亲在世时，将她许配给郎吏钱德之子，只是年纪尚幼，尚待字闺中。宋家虽非官宦，但也是清白人家。那天母女俩随邻近妇女在柳林闲聊，见有人议论，便各自回家了，之后并不在意。

时隔一天，突然有人前来拜访，口称是司马府派来的，请周氏出见。周氏出来问道："有何见教？"

来人说："我叫张顺，是尊夫的旧交，住在居园中，又是近邻，今天登门造访，是有一件大好事。"

周氏："什么好事？"

张顺："一家有女百家求，今天登门，是为你家女儿保媒来的。"

周氏："谢谢张大哥盛情，小女已许字人家，辜负了张大哥的盛情。"

张顺愕然说道："真的吗？宋大嫂，我是来给司马王府保媒的，王子爱慕令爱容貌，欲金屋藏娇，多好的一段姻缘啊！错过了岂不可惜？"

"小女福薄，说也无益。"

张顺见话不投机，只得告辞。

司马文思得知宋家女子已许字他人，非常失望，说张顺的点子多，要他想个办法，将宋家女子弄到手。

张顺道："办法是有，只怕主人不敢用。"

"什么办法？快说。"司马文思有些迫不及待了。

"软的不行来硬的，咱就来一个霸王硬上弓。"

司马文思："什么叫霸王硬上弓呀？"

"明天上午，我们强行把聘礼送过去，下午，带人去把新娘子接回来。如果依从倒也罢了，如果不从，就抢亲。"张顺得意地说，"只要进了主人的房，生米做成熟饭，不就得了。"

"好！"司马文思想都没想，高兴地说，"这件事就交给你办。"

周氏自张顺走后，心里一直忐忑不安，叮嘱女儿不要出门，免得再生祸端。母女俩正议论间，忽听到敲门声，立即叫婢女去看看谁来了。

婢女刚开门，只见五六个人抬着礼担，一拥而入，其中一人就是昨天来的张顺。张顺冲着婢女说："请你大娘出来，我有话说。"

周氏听到人声嘈杂，立即来到堂屋。

张顺上前作揖说："恭喜大嫂，我家主人欲娶令爱，特送黄金百两，彩缎十端，以作聘礼。新娘今夜便要过门。"

"什么？"周氏说，"我家女儿已许字他人，你家虽然有钱有势，但也不能强娶民女吧？快把东西抬走，我是不收的。"

张顺冷笑道："收不收由你，但你家女儿我家主人是聘定的了。"说罢，命随从将聘礼放下，扬长而去。

周氏急了，出门喊叫四邻，邻人本来就不多，又都是村农，大家惧怕王府势力，谁也不敢管闲事。即使想管，管得了吗？周氏哭着回到家里，对女儿说："他们既然强聘，一定会强娶，如何是好啊！"

母女俩抱头痛哭，本想逃避，却又无处可去，加之天色将晚，更加惧怕。

黄昏时分，宋家门外已有人在走动，母女俩坐至更深，突然，门被一伙人撞开了，灯笼火把把夜色照得如同白昼。

宋玉娟躲在房里不敢出来。

"救命！救命啊！"周氏挡在房门口大叫。

几名健妇冲进来，将周氏拉开，闯进房里，将宋玉娟强行拉出来，塞进停在门口的轿子里。人刚塞进轿子里，鼓乐随即响起来，在灯笼火把的簇拥下，轿夫抬起轿子，如飞而去。

邻里们都听到了哭叫声，但谁都不敢出来，只是躲在屋里，从门缝里向外张望，花轿走远之后，才陆续来到宋家，见周氏痛哭不已，过来相劝。

有人说："人已抬走，哭也无益。"

有人说："司马王府有钱有势，女儿从粥锅跳到饭锅里，该高兴才是，何必伤心呢？"

周氏哭着说："钱家如果来要人，叫我如何说啊！"

邻里说："钱家如果来要人，实话实说，被司马府抢去，如果他有力量，叫他与司马府争去。"

邻里相劝一回后，各自散去。

宋玉娟被抬进司马府后，直接送进了洞房。房内红烛高照，家具和床上用品极为华美。进房之后，几名妇人前来替她梳洗。宋玉娟起先不肯，继而被劝不过，便任由她们摆布。送来的夜宵，也略吃了几口。

不一会儿，司马文思进来了，几位妇人扶着宋玉娟与司马文思见过礼后，各自退出，关上房门。

司马文思上前拉着宋玉娟的手说："自那日柳林一见，让我魂不守舍，吃不安，睡不宁，今夜良辰美景，美人一定要高兴才是。"

宋玉娟低头不语，见文思风流倜傥，言语温存，虽然自己是被抢来的，心里似乎并无多大反感，半推半就地依了司马文思，玉成好事。

第二天一大早，周氏便告知钱亲家，说女儿被司马府抢走了。钱德得知准媳妇被司马府抢走了，携同周氏赴建康县，向县太爷哭诉。

谁杀了陆知县？

建康县知县陆微为人耿直，不畏强权，当时又是刘裕当权，朝政清明，官吏畏法。接了钱德的诉状，立即出票，先将张顺拘捕归案。

差人奉了知县之命，私下议论说："司马府的人，如何敢拿啊！"

有人说："张顺住在郭外园，早晚进城，我们只要守在城门口，不愁捉不到他。"

说来凑巧，差人刚来到城门口，便碰到张顺骑着马，正从城外进城，差人上前拦住马头说："张大爷请下马，有话要向你说。"

张顺跳下马，问道："有何话说？"

"知县大人请你去问话，有传票在此。"差人说罢，出示了传票。

张顺问道："王府有事传唤，没时间呢！"

"官府中事，由不得你。"差人冷冷地说，"快走，免得大家都不好看。"

"去去又有何妨！"张顺见脱不了身，只得随差人去了县衙。

陆知县见到张顺，质问道："张顺，你不过是司马家一个奴才，为何要哄诱主人，强抢民女，干此伤天害理之事，见了本县却不下跪，难道没有王法了吗？"

张顺不以为然地说："这件事，还是请老爷不要管了吧！"

陆知县拍案而起："我身为地方父母官，地方上出了这么大的事，我能不管吗？来人。"

衙役们应声而至。

"拉下去，重打四十大棍。"

衙役将张顺按倒在地，打到二十棍时，张顺便出口求饶。

陆知县道："既然求饶，就如实招来。"

张顺怕打，只得如实招供。陆知县录了口供，吩咐将张顺收监，然后如实上报，请旨定夺。

司马文思不怕县令，却怕上奏，如果事情闹大了，刘裕过问此事，不但美人留不住，恐怕自己还脱不了干系。于是派人到县衙说情，求陆知县宽大为怀。陆知县吃了秤砣铁了心，丝毫不松口。司马文思大怒："敬酒不吃吃罚酒，难道我真的没有办法吗？"

司马文思无法无天，当天晚上，派人潜入县衙，将陆知县杀了。

第二天，衙役们见县太爷被人杀了，急忙飞奏上司。

刘裕得知建康知县被人杀了，立即派人追查此案。办案人员透过蛛丝马迹，追查到凶手就在司马文思府中。

刘裕命人将司马文思的党羽全部拘拿归案，严刑拷打，案子实情浮出水面，真凶原来是司马文思。

刘裕大怒，下令将司马文思收监，将宋家女儿发还母家，听其改嫁，并请旨发落。旨意很快下达：司马文思的党羽全部诛杀，司马文思也被下令加诛。

司马休之休矣！

司马休之得知儿子在京城出事了，立即上表求情，愿以自己的官爵替儿子赎罪。刘裕虽然心里不同意，但碍于面子，又不便立即将司马文思杀掉，于是派人将司马文思押送到荆州，让司马休之自行处治。

刘裕给司马休之出了个难题，将儿子正法，就是亲手杀死自己儿子，如果饶恕儿子，又是抗旨不遵。

司马休之不忍心亲手杀死儿子，于是上奏表示愿意废了司马文思，让他闲居江陵，并满含讥讽地向刘裕道谢。

刘裕认为司马休之不杀司马文思，是以私废公，目无王法。于是下令请司马休之来京，欲乘机罢他的官。诏令传到荆州，司马休之很为难：进京将凶多吉少，抗命不遵下场将会更惨，进退两难，举棋不定。

书记官韩延之认为刘裕剪灭宗藩，志在篡晋，司马休之如果进京，必定是有去无回。如果抗命不遵，大军立至，荆州必危。于是建议说："据我所知，雍州刺史鲁宗之向来就不服刘裕，久怀异志。其子竟陵太守鲁轨勇冠三军，如果说与之结盟，并二州之力与朝廷相抗，庶几可保。"

司马休之说："请你前往雍州，刺探鲁宗之的态度。"

韩延之到雍州见鲁宗之，见面便问："刘裕可信吗？"

鲁宗之答："刘裕不可信。"

韩延之说："司马公无故见诏，其意可知，后面恐怕要轮到你了。司马公欲与你相约，并力与刘裕相抗，不知意下如何？"

鲁宗之说："我担心这件事已经很久了，苦于势孤力单，若得司马公出头，敢不执鞭相从？"

于是，鲁宗之亲随韩延之到荆州，当面与司马休之商谈结盟之事。

两人一拍即合，联名上表朝廷，弹劾刘裕。

刘裕见表后大怒，下令杀了司马休之的次子司马文宝和侄子司马文祖，并下令出兵征讨司马休之，留弟弟刘道怜掌管太尉府事，刘穆之为副，太尉府的大小事情，由刘穆之决断。

刘裕自领荆州刺史，命参军檀道济、朱超石率步骑兵三万驻守襄阳，又檄令江夏太守刘虔之聚粮以待，命女婿徐逵之率领参军蒯恩、王允之、沈渊子等人出江夏，自率大军为后继。

司马休之的书记官韩延曾为京口从事，与刘裕是旧识，刘裕派人前往招降，遭到拒绝。

韩延之为了表示与刘裕彻底决裂，将自己的字改为显宗（刘裕的父亲刘翘字显宗），将儿子名字改为翘。

刘裕叹息地说："这才是真汉子，做人就要做这样的人。"

司马休之得知刘裕挥师逆江而上，立即飞报雍州刺史鲁宗之。

鲁宗之命儿子竟陵太守鲁轨出师襄阳，迎战晋军檀道济部，自率大军会师司马休之，迎战刘裕。

　　鲁轨奉命出发，探得檀道济大军没有到达，刘虔之防务也非常松懈，乘机夜袭刘虔之。刘虔之战死，所部全军覆没。

　　鲁轨袭歼刘虔之后，移兵抵御徐逵之。

　　徐逵之得知刘虔之战死，勃然大怒，欲起兵迎战鲁轨。蒯恩认为鲁轨骁勇善战，乘胜而来，锐不可当，建议暂不出战，以避其锋。徐逵之不听，率军出战。

　　两军相交，鲁轨拍马直取徐逵之，徐逵之不能敌，仅一个回合，便被鲁轨斩落马下。

　　王允之、沈渊子双双出马夹击鲁轨，无奈合二人之力，也不是鲁轨的对手，数合内便被鲁轨斩落马下。晋军大败。

　　独蒯恩按兵不动，全军退还。

　　刘裕得知女婿徐逵之阵亡，前军溃败的消息，大怒，正欲进军，突然又接到噩耗：青州刺史刘敬宣遇害。

　　原来，刘裕担心荆州、襄阳有变，派心腹将领镇守青、齐、兖、冀等处。当时刘敬宣驻守广固，其书记官司马道赐得知司马休之反叛，暗中与其勾结，并与刘敬宣亲将王猛子密谋杀刘敬宣，响应司马休之。

　　这一天，司马道赐进见刘敬宣，说有秘事禀报，请屏退左右。左右退出，独王猛子走在最后，突然取下刘敬宣防身佩刀，一刀结束了刘敬宣的性命。

　　司马道赐提着刘敬宣的人头示众，对众人说："奉密诏诛敬宣，违令者斩。"

　　左右当然不信，大呼："司马道赐反了！"大家一拥而上，活捉司马道赐及其同党，将他们乱刀砍死，据守广固待命。

　　刘裕得到刘敬宣的死讯，知道祸因司马休之而起，恨不得立即平了江陵。一面派将去守广固，一面调兵遣将，渡江攻打荆州。

　　鲁轨与司马文思率四万人马守在江边，严阵以待。

　　江岸高达数丈，刘裕的将士望而生畏，不敢贸然登岸。

　　刘裕大怒，披上甲胄就要往岸上跳，众将苦谏不听。主簿谢晦一把扯住刘裕的胳膊，气得刘裕头筋暴涨，怒目扬须，拔剑指着谢晦说："你再要拦，我就杀了你。"

谢晦从容地说："天下可以没有我谢晦，但不能没有将军啊！"

将军胡藩用刀尖凿穿岸土，率先攀上江岸。众将士奋勇登上岸，杀向敌军。鲁轨与司马文思的部众稍稍后撤，刘裕立即率军登岸，冲杀过去。鲁轨与司马文思立即败溃，一逃一追，直抵江陵城下。

司马休之与鲁宗之、韩延之见兵临城下，弃城而逃，鲁轨则退保石城。

刘裕令阆中侯赵伦之、参军沈林子攻鲁轨，另派内史王镇恶率水师追杀司马休之等人。

司马休之听说石城被围攻，忙与鲁宗之收军前往支援，途中遇到狼狈逃窜的鲁轨，说石城已被攻陷，三人一起逃往襄阳。襄阳参军紧闭城门，拒绝司马休之等人进城。

司马休之走投无路，只得率残部投奔后秦，依附姚兴。

刘裕凯旋，晋安帝加封刘裕为太傅、扬州牧，允许他带剑上殿，朝见不跪拜。刘裕仍固辞太傅、扬州牧不受。晋安帝又加封裕为平北将军，都督南秦二十二州郡。不久，晋安帝又封他为中外大都督，封刘裕的长子刘义符为兖州刺史兼豫章公，三儿子刘义隆为彭城县公，弟弟刘道怜为荆州刺史。

第十章
后秦的消亡

羌帝姚泓

刘裕从来不打无把握之仗，没有十足的把握，绝不会下注，这便是高级赌徒常赢钱的原因。慕容鲜卑的老皇帝死了，他征伐南燕，赢了。如今，羌人的老皇帝也死了，他的目标又锁定后秦。

后秦屡次收留东晋逃犯，刘裕心里很不爽，只是时机未到，没有出手。义熙十二年（416年），后秦皇帝姚兴去世，幼主姚泓继位，后秦国内发生内乱。刘裕认为时机成熟了，趁机率兵西征。

姚兴是羌人，但他却崇尚汉文化，以儒治国，劝课农桑，收用贤士，广纳善言。东晋安帝隆安三年（399年）夏，由于当时国内天灾频频，姚兴做出自降帝号之举，这在中国历史上是很少有的事情。同时，他还礼敬宗室，为使百姓免受涂炭之苦，曾做出一次割十二郡给东晋的友好举动。作为帝王，姚兴"车马无金玉之饰，后宫无纨绣之服"，非常节俭。

姚兴时代，也是佛教传入中国的一个高峰期，佛经翻译大师鸠摩罗什深为姚兴礼敬，"由是州郡化之，求佛者十室之九"。

姚兴的儒学教养已臻至境，是十六国帝王中具有极高修养和个人品德的佼佼者。可喜而又可悲的是，帝王只是一个书生，缺少大政治家的风度与气魄，宽容过度，杀气不足，对敌人过度宽容，等于是给自己制造掘墓人，大夏赫连勃勃、北凉沮渠蒙逊等，因姚兴的宽容而捡得性命，最后都叛逃，反目成仇，从姚兴手下分裂出几个小国。

姚兴晚年也犯了柔仁帝王最易犯的错误，容忍阴谋夺嫡的儿子姚弼，差点酿成宫廷大祸，虽然最终太子姚泓继位，但又所托非人，姚泓优柔寡断的性格，注定他难为乱世拨乱之主。

姚泓性情宽和，体弱多病，因其是长子，故而被立为太子。羌人好斗，兄弟们对书生气十足的太子不服气，暗地里积聚力量，准备在老皇帝死后大打出手，争抢帝位。姚泓看似是一个柔懦的老好人，其实是柔中有刚，他竟然借助老皇帝之手，除掉了与他争位的最大对手、老皇帝最宠爱的皇子尚书令姚弼。

姚泓的出身就是一个错误，坐上皇帝的宝座更是天大的不幸，身上的孝服还没有脱，国内便出现动乱，先是哥哥姚愔想夺位，后有弟弟姚懿、姚恢想杀他自代。姚泓看似柔懦，登上帝位之后便露出狰狞面目，把发动叛乱的兄弟们全部捕杀。

兄弟不和外人欺，周边的敌人见后秦内乱，乘机而动。西秦乞伏炽磐入侵边境；氐人、匈奴部落叛乱；夏国赫连勃勃乘机攻占了上邽、阴密、雍城等关中北部地区。赫连勃勃气势不小，但水平很一般，后秦名将姚绍挥师反击，赶走了入侵者。

姚泓经受住了一连串的打击，但更为严峻的考验还在后头，气吞万里如虎的江南大英雄刘裕即将挥师北上。屋漏偏遭连夜雨，姚泓的日子实在不好过，当上皇帝，没有享受过一天称王为帝的快感，只觉得茫茫来日愁如海。

众将争功

在东晋的历史上，也有一些人曾率军北伐过，但并非他们声称的那样收复失地，光复中原，实际上是把北伐当成扩大自己势力、乘机获取政治资本的途径。刘裕北伐也意如此。所以，在刘裕掌握东晋大权后，为了树立威望，也为了增加政治资本，从义熙五年（409年）开始带兵北伐，首先进行了一系列消灭割据势力的统一战争。攻破南燕，杀了南燕王慕容超，收复青州；攻克江陵，杀了所谓的割据者刘毅；攻取成都，灭了割据者谯纵；收复襄阳，赶跑了割据者司马休之。至义熙十一年（415年），整个东晋成了刘裕的势力范围。

第二年，刘裕见后秦皇帝姚兴去世，幼主姚泓刚刚继位，国内发生内乱，认为时机成熟，决定趁机西征。

晋安帝随即任命刘裕为征西将军，兼任司、豫二州刺史；封他的长子刘义符为中军将军，令他监管太尉府；封刘穆之为左仆射，任命他为监军中军二府军司，入居东府，掌管内外朝政，等于是把大后方全部托付给了刘穆之。命左将军朱龄石守卫宫禁，徐州刺史刘怀慎守卫京师。

刘裕受命后率兵西征，军分五路，水陆并进。

第一路，龙骧将军王镇恶、冠军将军檀道济率步兵自淮、泗一带向许昌、洛阳方向进攻。

第二路，建武将军沈林子、彭城内史刘遵考率领水军，出石门，自汴水入黄河，直指洛阳。

第三路，新野太守朱超石、宁朔将军胡藩率部由襄阳赴阳城。

第四路，振武将军沈田子、建威将军傅弘之率部由襄阳赴武关。

第五路，刘裕亲率大军殿后，王仲德统领前锋，从巨野进入黄河。

刘裕西征，采用东晋历次北伐的老办法，选择用水军为作战部队运送物资，第一战略目标攻占洛阳，第二战略目标攻占长安。

王镇恶和檀道济主攻洛阳；朱超石、胡藩部打策应；沈田子部吸引后秦关中部队；沈林子的水军保障军队给养，这是刘裕的第一步棋。

如果晋军实现第一步战略，整条战线便暴露在北魏眼皮底下。魏军是否参战，这是刘裕必须面对的一个问题。

为此，刘裕命王仲德率水军进入黄河，阻挡北魏出兵南下救援后秦，待刘裕大军抵达洛阳与各路军会师后，再合力进攻关中。刘裕的作战计划极其精妙，浑然天成。

王镇恶这一路是箭头，担任主攻，出发前，刘穆之对王镇恶说："昔年晋文王委任邓艾伐蜀，今刘公将伐秦的重任交给你，你一定要奋力而行，不要让刘公失望啊！"

王镇恶斩钉截铁地说："不攻克关中，誓不回都。"

刘穆之将王镇恶比作灭蜀的邓艾，实在是不祥之兆，邓艾荡平巴蜀后下场凄惨。而有邓艾就少不了钟会，刘裕的北伐军将领中，还真有这样一个人，他就是由襄阳赴武关的沈田子。

东晋北伐军前锋兵团中两员大将，除王镇恶外，还有檀道济。檀道济也是一员勇将，他跟随刘裕在京口建义，转战南北，向来是身先士卒，所向披靡。王镇恶想立功，檀道济也不服输，两人各率一支军。王镇恶在北，檀道济在南，自东而西向洛阳发起进攻。

两路晋军以迅雷不及掩耳之势，在河南大平原上飞速挺进，连战连捷，后秦"诸屯守望风款附"，秦将王苟生将漆邱城献给了王镇恶，刺史姚掌将项城献给了檀道济。

新蔡太守董遵倒还有些血性，固守城池，拒不投降。檀道济一声令下，攻克新蔡，将太守董遵斩首。大军接着又攻克了中原重镇许昌，擒获秦颍川太守姚垣及大将杨业。

沈林子的水军自汴水入黄河，襄邑人董神虎赶来投降，引领沈林子攻克仓垣，收降后秦刺史韦华。后来董神虎擅自回襄邑，为沈林子所杀。

王仲德率水军由清河入黄河，经过滑台。滑台是北魏属地，北魏滑台守将尉建是个胆小鬼，连箭也没有放一支，便吓得弃城而逃。王仲德不费一兵一卒进入滑台，占了便宜还卖乖，对百姓们说："我们本想给魏国七万匹布帛借道伐秦，谁想到滑台守将弃城而逃。请你们不要惊慌，我军只在这里待几天就走。"

北魏明元帝拓跋嗣大怒，立即命部将叔孙建、公孙表等率兵渡河。叔孙建在途中遇到逃窜的尉建，将他捆回滑台城下，投尸河中，冲着城头的晋军质问："你们为何突然侵犯我朝领土？"

晋军当时并不想与北魏为敌，多添仇家，王仲德派人冲着城下回答："刘太尉命我家征虏将军率兵前往洛阳，清扫山陵，我们只是借道，并无侵犯魏境之意。不料滑台守将弃城而逃，丢下一座空城，我军便借城息兵。进城后对城内百姓秋毫无犯，休整几天后，即将西去。我们始终坚守晋魏和好的约定，请你们不要误会。"

叔孙建无词可驳，派人飞报魏主。

北魏主拓跋嗣又命叔孙建致信刘裕，询问到底是怎么回事。

刘裕婉辞回复说："洛阳为我朝旧都，山陵都在这里，如今被西羌占据，陵寝变成了废墟。且羌人总是收留我朝罪犯，因而发兵西讨。我朝只想向贵国借道，相信贵国定会坚守和好约定，绝对不会违约。滑台的军队将立即西去，请贵国不要多虑！"

北魏主拓跋嗣于是让叔孙建按兵不动，等晋军退去后，再收复滑台。

外交辞令虽然漂亮，晋、魏两国仍剑拔弩张，各怀鬼胎，密切关注着对方的一举一动。

檀道济这一路进军速度最快，先后攻克秦阳、荥阳二城，直抵成皋。

后秦征南将军陈留公姚洸驻军洛阳，急忙向关中求救。后秦主姚泓派武卫将军姚益男、越骑校尉阎生率一万多人马支援洛阳；又命并州牧姚懿屯兵陕津，遥作声援。

姚洸在援军到来之前，支撑不住了，大开城门，投降了晋军。

檀道济俘获四千多秦兵，有人劝他将俘虏全部活埋，檀道济却说："讨伐暴君，招抚百姓，就在今天。为什么还要多杀人呢？"随即释放了全部俘虏，秦人大喜，纷纷归附。

外敌入侵，后秦土地接连沦陷，但皇位之争却丝毫没有停止，镇守陕津的皇子姚懿在陕津称帝，率兵攻打长安。

姚泓派皇叔姚绍前往镇压。

姚懿之乱刚刚平息，镇守安定的姚恢又以"清君侧"为名，率兵直逼长安，据说起兵原因是不愿意长期待在凶险的北疆。

姚绍又马不停蹄地赶到灵台阻击，虽然平定叛乱，却也费了九牛二虎之力，更要命的是秦兵自相残杀，伤亡过半。国乱当头，皇族自残，这姚家的后秦还能保全吗？

晋安帝义熙十三年（417年）二月，刘裕从彭城出发，自引水军亲自参加北伐，临行前，命三子彭城公刘义隆留守彭城，兼掌徐、兖、青、冀四州军事。

却月阵

刘裕的战略部署，前锋各军攻克洛阳后，等待后续大军会合，再向前进。

王镇恶见檀道济先入洛阳，抢了头功，又发现后秦内乱，认为潼关必定空虚，攻克渑池后，不顾刘裕的叮嘱，率兵直扑潼关。

檀道济、沈林子也不示弱，自陕北渡过黄河，杀向蒲阪。

此时，后秦东平公姚绍已经升任鲁公，官居太宰，带领武卫将军姚鸾等人，率五万兵马东归，抢在王镇恶之前抵达潼关，据潼关天险筑起防线。并派副将姚驴驰援蒲阪。姚驴赶赴蒲阪后，凭借蒲阪坚固的城防工事，组织起有效防御。

沈林子见蒲阪城池坚固，且有重兵防守，不宜再攻，建议檀道济向王镇恶靠拢，集中兵力攻打潼关。檀道济依计而行，挥师渡河南下，前往潼关与王镇恶会师，对潼关发起进攻。

姚绍开关迎战，难挡晋军的猛烈攻击，只得退守定城。

秦兵屡战屡败，秦主姚泓不知所措，忙派人向北魏求援，并请身为北魏夫人的妹妹、西平公主代为恳求。

北魏主拓拔嗣正想发兵，恰在此时，刘裕的信使也来了。

原来，刘裕的水师进入清河后，将溯黄河西上，为了避免与魏军起摩擦，就假装客气，派使至魏国，表示要借道。

北魏主拓拔嗣左右两难，召集群臣商议。

朝臣们都说：潼关天险，一夫当关，万夫莫开，刘裕用水师是攻不下潼关的，黄河以北一片坦途，晋军登岸向北进攻，那就容易多了。刘裕声言伐秦，其志难测，谁能保证他这不是假途伐虢之计？再说，我朝与后秦是姻亲关系，不可不救。应迅速出兵驻守黄河上游，阻止晋军西进。

群臣认为刘裕灭后秦是虚晃一枪，真正目的是北上攻打魏国，要求出兵与晋国开战。

拓拔嗣正准备下令发兵，就在这时，有一个人站出来坚决反对，此人是博士祭酒崔浩。

崔浩是河北高门望族，时年三十七岁，恐怕谁也不会想到，不出十年，满朝鲜卑豪强都要听命于这个汉人。

崔浩大声说："不可！不可！刘裕图谋秦国的野心，不是一天两天。如今姚兴已死，他的儿子姚泓懦弱无能，国家发生内乱，刘裕大举入秦，志在必得。如果我们阻遏他的去路，刘裕定会记恨我朝，上岸北侵，我们反倒成了秦国的替死鬼。今日之计，不如放开水道，听凭刘裕西上，然后发兵断其归路。刘裕如果获胜，必感谢我们借道，决不会与我们为敌。如果战败，我们也有救秦之名。这才是一举两得的上策，况且，南方与北方风俗不同，即使我们放弃恒山以南的领土，刘裕也不能以吴、越之兵与我争河北的地盘，刘裕军不足为患！"

拓拔嗣十分犹豫，从内心来说，他是想帮助秦国的，不管刘裕有没有攻打魏国的意图，都不可掉以轻心。下诏命大将长孙嵩为大都督，率大将娥清、阿薄干驻扎在黄河北岸。只要有晋军的船由南岸漂流到北岸，不论什么原因，一律掠杀。

如此一来，北魏军队的几千骑兵，一直沿着黄河跟着刘裕的大军向西行进。东晋士卒在黄河南岸，用长绳拉着战船前进，风疾浪大，有的牵绳突然折断，战船便漂到北岸。岸上的魏兵不分青红皂白，只要晋军的船漂过来，人杀掉，物资照单全收。

刘裕彻底被激怒了，派兵上岸还击。北魏骑兵似乎早有预谋，只要晋军一上岸，他们拍骑就跑，晋军一旦回到船上，他们立即又回到岸边。

面对这种情况，一般人可能会束手无策，刘裕可不是一般人，否则他就不是刘裕。刘裕见魏军像牛皮糖一样，赶不走，甩不掉，便史无前例地摆出了军事史上一种奇特的战阵。

刘裕命亲军队长丁旿率七百名勇士及百乘战车，登上黄河北岸。在河岸边百余步的地方，构成一个新月形车阵，每辆战车内布置七名勇士。该阵以河岸为弦，两头抱河，形似月亮，故称"却月阵"。却月阵布置完成后，在阵中竖起一面白羽令旗。

魏军不知晋军演什么戏，远远地站在那里，不敢轻举妄动，呆呆地成了观众。

晋将朱超石见却月阵中白旗挥动，迅速率二千士兵携带一百张连臂弓，飞奔上岸，迅速进入却月阵，每辆战车上增加二十名士兵，左右前后列大盾掩护，保护战车，组成一个奇怪的兵阵。

晋军列阵已毕，看得莫名其妙的魏军才开始发起进攻。魏军统帅孙嵩亲率三万骑兵助战，向晋军杀了过来。

晋军强弩齐发，试图挡住魏军，魏军不顾生死，前赴后继地向前冲，愈战愈勇，铁甲骑兵眼看就要逼近却月阵。

朱超石命晋军取出早就准备好了的两件秘密武器：一件是数十斤重的大锤，一件是三四尺长的短槊，用大锤锤击进行发射，一根短槊，就能洞穿三四个人的胸膛。再坚固的铁甲，也经不起锤击长矛的威力，魏兵招架不住，

四散奔　　　　　　如山。

晋军乘　　　　　薄干，并穷追猛打，斩杀数千。魏兵退入平城（今山西大同市），自

魏主拓跋嗣得知兵败，才后　　听崔浩之言。但对刘裕是否可以击败后秦，仍持怀疑态度，问崔浩："刘裕伐姚泓，能成功吗？"

崔浩说："肯定能。"

拓跋嗣问："为什么？"

崔浩说："当年，姚兴喜欢追求虚名而不做实事，他的儿子姚泓懦弱多病，兄弟之间争权夺利，不能团结一心。如今刘裕乘人之危，且兵精将勇，有什么理由不能取胜呢？"

拓跋嗣又问："刘裕的才华与慕容垂相比如何？"

崔浩说："刘裕的才能在慕容垂之上，慕容垂借父兄资荫，复兴故有基业，国人投靠他就像夜间的昆虫飞向火光，稍加努力，便可建功立业。刘裕出身寒微，无寸土之地，白手起家，讨伐桓玄，兴复晋室，北擒慕容超，南灭卢循，所向披靡，少有敌手，没有过人之处，能做到吗？"

尽管拓跋嗣再也没有让魏军轻撄晋军兵锋，但他还是命长孙嵩、叔孙建各自挑选精兵备战，一旦刘裕再向西部深入，他们则从成皋渡黄河南下，进攻彭城、沛郡；如果刘裕推进很慢，则仍继续在岸上紧紧跟随。

刘裕没有让拓跋嗣担心的事情发生，由于少了干扰，率军顺利抵达洛阳。

王镇恶等驻扎在潼关，因为粮食将尽，准备撤兵。沈林子拔剑击案说："如今洛阳已经平定，关右也即将荡平，将军怎么能自挫锐气，致使前功尽弃？况且将军率领的前锋是全军耳目，前锋一退，后军必乱，那时就别想取胜了。"

王镇恶打消了撤退的念头，派人赶往后军，请求刘裕接济粮草。

刘裕对王镇恶等贸然轻进已经很不满，加之当时正在与魏军交战，无暇

顾及，于是命来人回去告诉王镇恶，无粮可接济。

王镇恶只得到弘农筹粮，发动百姓献粮。"关中良相唯王猛"，对于关中人来说，王猛就是神灵，他的子孙自然也不同凡响，于是纷纷献粮。筹到军粮后，部队才逐渐安定下来。

沈林子这一路又击败河北的秦军，派人向刘裕报捷说："姚绍气盖关中，如今却一蹶不振，性命垂危，我军不费一兵一卒，就能取胜了。姚绍一死，关中就没有挑大梁的人了，到时取长安易如反掌。"

果然不到几天，姚绍见秦军节节败退，忧愤成疾，吐血而亡。临死前，把军事托付给东平公姚赞。

姚赞轻率出兵偷袭沈林子，结果被沈林子打得落荒而逃。

刘裕兵入洛阳，与前锋兵团会师，大军直指关中最后一道要塞潼关。

出奇制胜

沈田子、傅弘之这一路攻入武关，进驻青泥。

秦主姚泓见潼关战事相持不下，调集关中后备军支援前线，又担心沈田子等人偷袭他的后方，就想先消灭沈田子这支部队，然后集中全国兵力对付刘裕。于是亲率数万步骑兵，杀向青泥。

沈田子这支部队，本来是为了迷惑敌人布置的疑兵，一共才一千多人，不想却成了姚泓攻击的目标。傅弘之见秦主姚泓亲率大军攻来，敌众我寡，主张暂避其锋。沈田子慨然道："兵贵用奇，不在人数多少，如今众寡悬殊，一旦敌人安营扎寨，巩固阵势，我们想逃都逃不了。不如乘他们立足未稳，主动出击，出其不意，定能成功。"

晋军主动出击，果然打了秦军一个措手不及，一时阵脚大乱，但秦军仰仗人多，立即又从四面八方、漫山遍野地围了过来。

乱军阵中，沈田子单手执剑，振臂高呼："诸君冒险远来，就为今日一战，生死一决，拜将封侯在此一举！杀吧！奋勇向前！"

晋军奋勇向前，以一当十，以十当百，奋勇杀向敌阵。

很难想象，以一千之兵敌数万之众，这个仗怎么打。

可事实是，狭路相逢勇者胜，数万秦军被千余晋军冲得七零八落。秦主姚泓从来也没有遇到过这样不要命的打法，丢下万余具尸体，狼狈地逃回灞上。

刘裕到了潼关，正担心沈田子兵少，急忙命沈林子带数千精兵，翻越秦岭增援青泥方面的晋军。沈林子的援兵到了青泥，秦主姚泓已经败退。二沈合兵一处，一同追敌。关中郡县多望风迎降。

姚泓退驻逍遥园，命姚丕屯驻渭桥、胡翼度屯驻石积、姚赞屯驻灞东，构成守卫长安的最后一道防线。

南方战局进展顺利，潼关却久攻不下。大家心里都很清楚，战局决不能这样拖下去。王镇恶向刘裕提出一个大胆的计划，避开潼关，从黄河水路进军渭水，突袭长安。这是一着险棋，没有步兵支持，水师深入敌境，只有背水一战，万一失利，将会是全军覆没。

胜利往往眷顾那些胆大心狠、出奇制胜的将领。王镇恶是名将，刘裕更是名将中的名将，北伐因为这两位名将的完美组合，变得更加灿烂辉煌，一个伟大的作战计划，就这样敲定了。

王镇恶率水师逆渭水而上，所乘坐的战舰都是蒙冲小舰，水手都在舰内，只见船行，不见人影。

秦人但见船行如飞，却不见划船的水手，非常吃惊，以为晋军有天神相助。船抵达渭桥，饱餐一顿。王镇恶站在船头，命将士带上武器上岸，后退者斩！

江南的将士刚刚踏上长安的土地，载他们来此的战舰却随着渭水漂流而走，顷刻之间便不见踪影。

王镇恶冲着将士们说："我们的亲人和家园在江南，前面是长安北门，离家万里，我们的战船、衣服和粮食，都已随船漂走。向前进，获胜，功成名就；落败，埋骨他乡。没有第三条路可走，兄弟们，前进吧！"

王镇恶身先士卒，冲在最前面，晋军士气高涨，奋勇向前，大败秦军。

秦主姚泓率兵来援，正遇败退的姚丕军，自己人自相践踏，数万兵马不战而溃。姚泓单枪匹马逃回皇宫。

王镇恶率军从平朔门杀进城去。

潼关前线的秦军听说长安失守，急忙回援，军心大乱，跑的跑，散的散，投降的投降。姚泓见大势已去，携妻子儿女、文武百官，前往王镇恶军前请降，王镇恶将他们囚禁起来，等候刘裕的处置。

几天后，刘裕大军来到长安，王镇恶到灞上迎接。刘裕当面慰劳说："成我霸业者，你当立首功！"

王镇恶拜谢说："全仗你的威灵和众将士齐心协力，我王镇恶何功之有啊！"

刘裕笑着说："你这样谦虚，是要学汉朝的冯异吗？"随即与王镇恶一起入城。

刘裕进城之后，派人搜捕司马休之、鲁宗之、韩延之等人。搜捕了几天，始终没有发现他们的踪迹，只好作罢。

原来，鲁宗之已死，司马休之见形势不妙，率子司马文思、鲁轨等人逃往北魏，做了北魏的臣子。

姚泓带着宗室一百多人来降。

刘裕对待敌人的手段极为残忍，将姚氏皇族斩尽杀绝，一个不留，姚泓押送建康，斩于闹市。羌族姚氏在刘裕的屠刀之下，几乎灭绝。

后秦共历三世，三十二年。

第十一章
北伐之殇

刘裕弃关中

晋军入关，缴获了大量的金银玉石、绫罗绸缎、稀世珍宝。刘裕保持着极度克制，全部赏给了将士。

刘裕灭秦，使东晋帝国的辉煌达到顶点。刘裕和将领们以及整个晋国都在考虑下一步该怎么办：是继续进攻扩大战果，还是见好就收，就此收兵？不仅刘裕在考虑这个问题，东晋的邻国也非常关注这个问题。

晋军北伐，刘裕入关，已经震动天下，北方各国都在猜测刘裕下一步的计划。最紧张的莫过于西北三个小国：北凉、西秦和胡夏。因为他们国力太弱，不像北魏那样有恃无恐。

北凉和西秦先后派使者向东晋称臣，伸手不打笑脸人，你总不该对我兵戎相见吧！

西秦属于游牧民族，居无定所。西秦王乞伏炽磐态度明确，无非想从东晋的北伐战争中分一杯羹，并且已经开始行动，抢走了后秦西北边疆几个州郡。

北凉国主沮渠蒙逊老奸巨猾，嘴里叫嚷着配合东晋北伐，实则按兵不动。

从内心讲，他不希望后秦灭亡，因为他与后秦是近邻，刘裕如果灭掉后秦占领关中，唇亡齿寒，将会直接威胁到凉州地区的匈奴政权。当他听说刘裕灭掉后秦后，既惧且怒，心情烦躁不安。汉人刘祥衣冠楚楚地进宫奏事，沮渠蒙逊竟然将怒火发泄到他的身上："你听说刘裕进关，心里很高兴吧？穿得如此漂亮！"于是下令将刘祥拖出去斩了。

胡夏王赫连勃勃也有些不知所措，但他手底下有一位叫王买德的高参。王买德告诉赫连勃勃，叫他不要害怕，刘裕在关中不会待太久，更不会留在关中。

"为什么呀？"赫连勃勃不相信。

"刘裕老了！"

赫连勃勃说："老骥伏枥，志在千里，老了就不能打仗了吗？况且，刘裕不是一般人，他能服老吗？"

王买德冷笑道："刘裕是不老，但也五十四岁了，最多还活十年，可他还有一件大事没有做啊！"

"什么事？"赫连勃勃吃惊地问。

"他要做江南人的皇帝。"王买德说，"继续北伐，或许能统一中国，可皇帝的宝座可能就坐不到了。所以大王不用担心，关中是我们的，是上天赐给我们的，你不想要也不行。"

除王买德外，还有一个人看透了刘裕的心思，他就是北魏大臣崔浩。崔浩对北魏皇帝说："刘裕之平祸乱，司马德宗之曹操也。"

刘裕并没有回江南的意思，而是准备在河北大干一场。他有远大的目标，先灭后秦，再收拾北魏。北魏是北方强国，同北魏打仗，必须集中全国人力、物力、财力，才能与之一搏。所以当晋廷派琅邪王司马德文、司空王恢之赶赴洛阳修谒皇陵时，刘裕提出了迁都的设想。

北伐将领们似乎都拥护迁都的决策，但被参军王仲德的一席话给否定了。王仲德说："不寻常的事，不是常人所能接受，一旦迁都，必然引起举国惊骇骚动。将士们在外作战已久，士有归心，迁都计划，暂时还是不要讨论吧！"

王仲德的"士有归心"只是托词，第一句话才是关键。迁都大事，东晋百姓一时难以接受，高门士族在江南经营近百年，怎么可能放弃江东地区的既得利益呢？

刘裕出身寒门，掌权后颇慕风流，极力往名士堆里靠，常与名士们高谈阔论。纵然如此，士族们大多还是从骨子里瞧不起他这个庶民出身的大老粗。刘裕其实也知道这一点，但高门士族的态度，他不能不考虑，只得暂时打消迁都的念头。

晋廷已加封刘裕为相国，管理百官，总掌百揆，赐给他十郡，封为宋公。刘裕上表佯装推辞。正欲进军西北时，突然从京中传来急报，刘穆之得病身亡。刘裕潸然泪下，不胜悲伤。

刘穆之是刘裕的心腹，刘裕西征后，刘穆之内揽朝政，外供军需，决策时刚毅果断，大小事都处理得恰到好处。属吏抱来的奏章堆满一屋子，刘穆之眼看耳听，手批口答，不用多长时间就处理完了。刘穆之平时喜欢结交名士，常常是宾客满座，谈论时从无倦容。但在饮食方面却很奢侈，即使是一个人吃饭，也常常是一大桌子山珍海味。一次，他对刘裕说："我出身贫贱，差点连自己都养不活，要不是遇到你，我哪有今天的荣华富贵。我知道你对我奢侈的饭食不满，但除了这一点我让你失望以外，其他地方没有一丝一毫辜负你。"

刘裕当然是笑着应允，对刘穆之深信不疑。每次出师，无论国事家事，全都委托他处理。刘穆之也尽心尽力，勉力报效。不久，晋安帝降旨，赐刘裕九锡礼。刘穆之非常惊异，因为他竟然不知道这件事情。后来了解到，原来是刘裕派行营长史王弘向晋安帝恳请的九锡礼。刘穆之因自己没有参与这事件，非常愧惧。愧惧从何而来？刘穆之是刘裕的心腹，刘裕如果称帝，他是名副其实的开国功臣。愧的是这件事本应由他来办，不应该由刘裕开口，他觉得对不住刘裕。想到与刘裕的亲密关系，刘裕还要对他有所隐瞒，也就惧意顿生。不久，既失落又愧惧，郁郁寡欢，竟一病不起，以致病亡。

刘穆之的死讯传到关中，刘裕悲痛不已，一连几天不吃不喝。悲痛是为刘穆之，震惊却是为自己。因为刘穆之死后，刘裕"以根无所托，乃决意东还"，这句话突出地表明，刘裕对建康的官员不信任。

刘裕到底有什么心思而对所有的人充满警惕呢？因为他有一个大阴谋，崔浩说得不错，刘裕是曹操，他要改朝换代，他要做皇帝，他要建立属于自己的王朝。

"八王之乱"以后，北方政权更迭频繁，五胡十六国，做皇帝的不计其数，但南方政权却一直维系着司马氏正统。刘裕出身庶族，没有惊天动地的功绩，想取而代之，绝无可能。北伐是争取人望的佳径，刘裕每次俘虏敌国君臣，总是将国君送往京城建康闹市口斩首，真实目的就是炫耀自己的战功。

刘裕以随军的次子刘义真为安西将军，都督雍、梁、秦州三州军事，镇守关中。刘义真当时只是一个年仅十三岁的小孩子，刘裕任命谘议将军王修为长史，王镇恶为司马，沈田子、毛德祖、傅弘之为参军从事，命他们辅佐刘义真。

西北狼

三秦父老听说刘裕东还的消息，来到军营前哭着挽留说："这里的汉民饱受胡人的压迫百余年，今天能有幸再睹汉仪，大家都十分高兴。长安十陵是汉室的祖墓，咸阳宫阙是汉室旧宅，刘公你舍弃这里，还能去哪里啊？"

刘裕也黯然泪下，劝慰说："我受命朝廷，不得擅留此处，我深感你们的诚意，所以让儿子刘义真及文武贤才留在这里守护你们，你们就安心地在这里生活吧！"

关中人明白地告诉刘裕，关中是你的家，你哪里也别去。刘裕并不这样想，他必须东还，那里还有更重要的事情等着他去做。

刘裕东归等于是放弃关中，抛弃关中人民。他可以抛弃关中人民，关中人民当然也可以抛弃他。后来，关中人民不仅抛弃了刘裕，甚至不惜把匈奴人引进来。

刘裕安排王修与王镇恶、沈田子、毛修之、傅弘之等将领并守关中，众将互相制约，谁也不给他们绝对权力。其实他最不放心的是王镇恶。入关中，王镇恶战功第一。王猛深得关中人心，关中百姓对王家人倍感亲切，过于倚重王镇恶。

有一件事情，反映了刘裕的微妙心理。有人告诉刘裕，说王镇恶私藏姚泓的御辇。刘裕非常吃惊，以为王镇恶有"异志"，立即派人调查这件事。发现王镇恶只是贪图御辇上的珍宝装饰，悉数剔取后，御辇早就扔弃到墙旮旯里了。刘裕虚惊一场，但也放心了。

王镇恶有一个最大的毛病：贪。每次打仗都要掠夺财物。后秦府库充盈，王镇恶让手下士兵明取暗拿，不计其数。由于他的功劳最大，只要不谋反，多搞几个钱，刘裕总是睁一只眼，闭一只眼，从不计较。

沈家是江东望族，沈田子、沈林子兄弟二人跟着刘裕南征北战，也立下汗马功劳。青泥之战，沈田子以区区千余人，大败姚泓数万大军。他认为，如果没有他摧毁后秦关中大军，王镇恶绝不可能偷袭得手，因而对王镇恶扬扬得意的做派很看不惯。

刘裕东归前，沈田子对他说："王镇恶的老家在关中，不可以完全相信他。"

刘裕是一个聪明人，他应该看出了将领之间的矛盾，为了避免矛盾进一步恶化，他完全可以调王镇恶回建康，或完全相信王镇恶，驳斥沈田子的无稽之谈，但他并没有这样做，而是对沈田子说："我留下文武将士精兵万人，王镇恶如果图谋不轨，只能自取灭亡，你们别再多说了。"

刘裕是流氓出身，做人并不厚道，而且还喜欢玩小伎俩，私下里还对沈田之说："三国时钟会之所以叛乱失败，是因为有卫瓘在。俗话说：'猛兽不如群狐'，你们十几个人，难道还怕一个王镇恶不成？"

古人有言，"疑人不用，用人不疑"，刘裕既然委任王镇恶镇守关中，却又与沈田子说那般话，显然是不明智的，真是太可惜了。

当时的后秦西北，有一座统万城，那里是夏王赫连勃勃的领地。赫连勃勃原本姓刘，父亲名叫卫辰，后来被北魏杀死，刘勃勃逃到后秦，后秦任命他为安北将军，驻扎统万城，镇守北部。秦、魏通好后，刘勃勃背叛后秦自称夏王，将姓氏改为赫连氏，并屡次侵犯后秦边境。刘裕出兵讨伐后秦，赫连勃勃对文武百官说："姚泓不是刘裕的对手，而且他们兄弟不和，怎么能抗拒别人？刘裕定能夺取关中，但不会久留。如果让儿子和将吏们留守关中的话，那么关中必是我们的囊中之物！"之后他屡次骚扰后秦边疆。

刘裕心里有数，他要安抚赫连勃勃，于是给他写了一封态度诚恳的信，派使者送给他，约为兄弟。

赫连勃勃还真能忽悠，他让中书侍郎皇甫徽准备一封回信，自己先将书信背得滚瓜烂熟，然后当着刘裕使臣的面，口授回信，让中书舍人执笔。

刘裕真被忽悠住了，看过信后，欣赏赫连勃勃的才华，叹息地说："我不如赫连勃勃啊！"

赫连勃勃听说刘裕返回江南，知道机会来了，准备出兵夺取关中，询问王买德有何良策。王买德认为关中地理位置非常重要，刘裕却让幼子镇守，自己狼狈而归，这是要急着回建康篡国，无暇经营中原。天赐良机，不可错过。因此他建议："青泥、上洛是南北险要重镇，先派游击部队切断晋军的退路和补给线，然后派兵东阻潼关，切断关中晋军与本国的水陆通道。然后向三辅地区发布檄文，恩威并举。如此一来，刘义真小儿，必将掉进网罗之中。"

赫连勃勃立即派儿子赫连璝率二万铁骑直奔长安；派另外一个儿子赫连昌屯驻潼关；任命王买德屯驻青泥，赫连勃勃自率大军为后继。

赫连璝率军到达渭阳，关中民众望风而降，这就是刘裕抛弃关中人民的回报。

关中守将沈田子与傅弘之率兵御敌，听说夏兵声势浩大，不敢前进，吓得退守留回堡。沈田子派人向王镇恶等人求援。

王镇恶对王修说："刘公将十岁幼儿托付给我们，我们应该竭力辅佐，大敌当前，我们却拥兵不前，以后怎么退敌呢？"于是呵退来使。

沈田子听了信使带回来的话，又气又怕，心里想：我们地位平等，你王镇恶凭什么对我大呼小叫，当初不是我，你进得了长安吗？

王镇恶还真不是要嘴皮子的人，呵退沈田子的信使，立即率兵前往支援。

沈田子不但不领王镇恶的情，反而对他更加愤恨，明面上对王镇恶表示欢迎，暗地里却在寻机下黑手。他派人在军中散布谣言，说王镇恶要杀尽兵营中的南方人，只留下数十人把刘义真送回江南，自己占据关中，背叛朝廷。

王镇恶对这些尚蒙在鼓里，更没有料到沈田子要暗算他。

沈田子见自己放出的谣言已经有了效果，便派人请王镇恶到傅弘之大营议事。

王镇恶毫无戒心，独自来到傅弘之大营，进营后不见傅弘之本人，只见沈田子笑脸迎了上来，很友好地搂着王镇恶的胳膊，说有要事单独相商。

王镇恶不知是计，随沈田子走进营帐，刚要问有什么事时，沈田子的亲信沈敬仁突然从幕后窜出来，一刀戳进王镇恶的胸脯。

"你……"王镇恶只说出一个字，便轰然倒下，眼睛睁得大大的，死不瞑目啊！

沈田子砍下王镇恶的脑袋提在手里，出营向士兵们宣布："奉刘太尉之命，诛杀谋反主谋王镇恶。"

傅弘之虽然也曾向刘裕进言，说王镇恶不可信，但他并无杀人之心，突然发现沈田子将王镇恶杀死在自己营中，大惊失色，骑上快马，飞奔回长安。

刘义真听完傅弘之的报告，吓坏了。因为事情来得太突然，他根本就来不及分析原因，立即召来长史王修商量应对之策。

王修反应非常迅速，立即在城外设下埋伏，以防万一。当沈田子带着数十人到了城外，他最不想看到的事情发生了：刘义真与王修一身甲胄，左右的士兵如临大敌，挡住了去路，吃惊不小，可也只是瞬间之事，他立即回过神来，冲着刘义真喊："王镇恶谋反，我把他杀了。"

王修见沈田子没带多少兵马，下令开城门放他进来。沈田子刚进城，伏兵齐出，一拥而上，将沈田子及随从全都绑了。

王修斥责沈田子擅杀国家大将，并下令将沈田子斩首。还没有与敌人交战，东晋就因窝里斗，损失了两员大将。

王修杀了沈田子，任命冠军将军毛修之为安西司马，命他与傅弘之等一起出城迎战。

东晋的将领个个都能打，先后在池阳和寡妇渡两败夏军，形势一度大好。

虎父也有犬子

刘义真毕竟是个小孩子，击败赫连璝之后，觉得强敌也不过如此，思想放松了，玩兴也上来了，成天与侍奉左右的那些佞人嬉戏、玩乐，赏赐无度。

王修为人正派，受刘裕的重托，不时对刘义真进行规劝。刘义真不得不有所收敛。如此一来却得罪了刘义真身边那班阿谀奉承的小人，因为刘义真不玩，他们的赏钱就少了，甚至刘义真答应给的赏钱也因王修的干预而泡汤。

小人只有个人利益，没有道义可言，他们合起伙来挤兑王修，向刘义真进谗言：说王修是关中人，和王镇恶是一路人。王镇恶谋反，沈田子杀了他。王修杀掉沈田子，难道他不想谋反？

虎父也有犬子，刘义真就是这样一个犬子，他不但贪玩，而且缺乏明辨是非的能力，一个人说不相信，说的人多了，就有些架不住了，信以为真，派人以议事为名，召王修进府，竟然将王修给杀了。

王修一死，关中的人心就散了，经手下人撺掇，刘义真又下令，将外驻蒲阪和渭北的晋军全部召回长安，龟缩在城里。

刘义真收缩防线，等于是示敌以弱，"关中诸郡均降于夏"，赫连勃勃接着又攻占了咸阳，导致"长安樵采路绝"。

关中闹翻了天，回到建康的刘裕却官运亨通，借北伐的声威晋升为相国，封宋公，赐九锡。王镇恶死了，他没有深究，当即奏请追封王镇恶为青州刺史，并任命彭城内史刘遵考为并州刺史，兼领河东太守，镇守蒲阪；任命荆州刺史刘道怜为徐、兖二州刺史，调任徐州刺史刘义隆为荆州刺史，命到彦之、张邵、王昙首、王华等为参佐。刘义隆年少，府里的一切公务都由张邵裁决。

刘裕又召来刘义隆，对他说："王昙首器宇深沉，是宰相之才，你记住，不管发生什么事，都要去咨询他。"刘义隆应命而去。

沈田子死了，刘裕仍然没有动心，只是当他听说王修死了以后，这才知道关中完了。此时他心里只有一个念头：我的宝贝儿子不能死。

刘裕急令辅国将军蒯恩率兵速去支援，并召回刘义真。随之关中换将，朱龄石走马上任，都督关中诸军事，代替刘义真镇守长安。临行时，刘裕又决定放弃关中，叮嘱朱龄石说："你到长安后，告诉义真，务必轻装速发，到了关外才能慢行。如果关右实在守不住，你也同义真一起回来。"

朱龄石出发后，刘裕又派中书侍郎朱超石慰劳黄河、洛水一带的军民，安定人心。

蒯恩抵达长安后，催促刘义真收拾东西东归。

刘义真入关后，搜集到的奇货异宝不计其数，足足收拾了三五天，还没有收拾完，朱龄石也赶到了，刘义真还在那里磨叽，搜刮到的财物还没收拾完。

朱龄石一再催促，刘义真才慢腾腾地从长安出发。一路上，随行的亲信们走一路，抢一路，劫财劫色，前进的速度缓慢。

赫连勃勃得知消息，派赫连璝率三万骑兵追击刘义真。

眼看晋军行军像蜗牛爬行一样，傅弘之非常着急，对刘义真说，所带辎重太多，日行不过十里，倘若匈奴人追上来，一定会人财两空。因此，他建议刘义真丢弃这些车辆，轻装疾行，如此才能免除灭顶之灾。

刘义真还未开口，身边那些人叽叽喳喳地就说开了，有的说："我们弄到这些东西多不容易啊！怎么能说扔就扔呢？"

有的说："带着这些东西回江南，我们都是富翁，扔掉后，我们不是又成了穷光蛋吗？"

"我说扔掉了吗？"刘义真吩咐，"随行车辆，一辆也不能落下，大家提起精神来，走快些。"

傅弘之重重地叹了一口气，回到后军去了。

夏兵追上来了，傅弘之、蒯恩拼死拒敌，且战且走，好不容易撤退到青泥，又遭到王买德的劫杀。

傅弘之、蒯恩力竭被擒。毛修之在乱军中寻找刘义真，结果冤家路窄，遇上了王买德，被后者活捉了。

刘义真借着夜色，趴在草丛里不敢出来，突然听到有人呼叫他，觉得声音耳熟，听出是参军段宏的声音，立即从草丛里蹿出来："段宏吗？我在这儿呢！"

段宏拍马跑来，跳下马："快，上马，我们只能乘一匹马逃走。"

刘义真倒还有些良心，说道："咱们一起走吧！如果情势危急，不要顾及我，尽可割下我的人头，带回江南，叫父亲不要再想念我。"

段宏哭着说："生死与共，下官不忍心那样做。"于是把刘义真绑在背上，两人乘一匹马逃走了。

寒风刺骨，滴水成冰。赫连勃勃脱光了傅弘之的衣服，将他丢在雪窖中，傅弘之叫骂而死；蒯恩伤重而亡；毛修之扛不住刑讯利诱，临阵降敌。

赫连勃勃在长安大摆庆功宴，把数万晋军的人头堆积在一起筑成"京观"，号称"髑髅台"，以彰其武功。

长安城内，居民愤恨晋军无道，自发起义，将朱龄石驱逐出城。

朱龄石临走时，丧心病狂地放了一把火，把后秦经营多年的华丽宫殿烧个干净，自率残兵狼狈出城，前往曹公堡投奔东晋龙骧将军王敬。

朱超石抵达蒲阪，得知哥哥朱龄石在曹公堡，也投奔到那里。

夏国前将军赫连昌进攻曹公堡，先切断曹公堡的水源，晋军缺水干渴，失去战斗力，城池将破时，朱龄石对朱超石说："我们兄弟都死在异城他乡，父母会何等伤心，你快从小路逃走，我死在这里也无遗憾了。"

"人谁无死？要死，我们也死在一起。"朱超石大哭，不愿独生。

曹公堡失陷，兄弟二人同死于关中。轰轰烈烈的北伐，最后的结局竟然如此凄惨。刘裕万万没有想到。

第十二章
刘宋初建

刘裕的心事

刘裕得知青泥惨败的消息，又不知刘义真的死活，爱子心切，下令整顿军队，准备再次北伐。侍中谢晦等大臣苦苦相劝，刘裕就是不听。不久，段宏回来了，而且还带回了刘义真。

刘裕登上悬水峭壁的石头城，遥望西北，慨然泪下。

一万多名跟随自己出生入死的将士，抛骨西北群山之中，长安得而复失，北伐大业化为泡影，此恨难消。强行北伐，能有十足把握吗？一旦有所差池，一生的心血岂不白费，自己已是五十有四的人了，折腾下去，老天爷留给自己的时间还够吗？刘裕叹了一口气，无奈地自语："此恨难消也得消，还有更重要的事情要办呢！"

刘裕所说的更重要的事情是——取东晋王朝而代之。

刘义真回到彭城，晋廷将他降为建威将军兼任司州刺史，提拔段宏为黄门郎，兼领太子右卫军。不久，刘裕又将刘氏子弟安排到各地任方面大员：刘义真为扬州刺史，镇守石头城；三儿子刘义隆为荆州刺史；弟弟刘道怜为徐、兖州刺史；刘道怜的儿子刘义庆为豫州刺史，各地军政大权牢牢地掌握在刘氏家族手中。

随之，刘裕又召回刘遵考，命毛德祖前去接替，退守虎牢关，以保潼关以东地区。

此时，赫连勃勃在关中称帝，消息传来，刘裕雄心骤增，跃跃欲试：赫连勃勃能在关中称帝，我刘裕就不能在江南当天子吗？

义熙十四年（418年）十二月，彗星从天津星穿出，进入太微星，过北斗，联结紫薇星，历时八十多天才消失。

北魏皇帝拓拔嗣相信天文术数，对这次星变惊恐万分，征召名儒、术士，问道："天下四分五裂，各自为主。这次星变所暗示的灾难，会应在哪一国？我很害怕啊！"

崔浩回答说："天灾异变的发生，通常照应人间的大事，如果人间的统治没有发生问题，又有什么值得畏惧呢？当年王莽篡汉，彗星出入的方位正与今天相同。咱们魏国主尊臣卑，百姓安分守己，应无大事，但晋室日趋没落，恐危亡不远矣！彗星出现，预示着刘裕将要篡位称帝。"

"一百五十多年的晋王朝，难道真要寿终正寝、被一个赌徒破落户接管吗？"拓跋嗣将信将疑地问，"南朝不是讲究门阀身份吗？"

崔浩："那都是老皇历了。"

"不可思议，太不可思议了。"

崔浩："那我们就拭目以待吧！"

刘裕确实要篡位，但却不敢贸然行动，因为晋王室气数未尽，不可逆天而行。刘裕所说的气数未尽，指的是当时盛传的"昌明之后有二帝"这句谶言。

昌明指的是孝武帝司马曜。上天告诉世人，司马曜死后，东晋王朝还有两任皇帝。司马曜之后是安帝司马德宗，而依谶言所示，安帝之后还有一位皇帝。

司马德宗正当壮年，简直就是一个白痴，白痴无忧无虑，寿命长得很，而他的后面，还有一位司马家的皇帝。

刘裕实在是等不及了，安排心腹王韶之贿赂内侍，让内侍找机会对晋安帝下黑手，改立皇弟司马德文。

晋安帝的弟弟司马德文，谒陵回京都后，似乎看破了刘裕的心事，成天待在皇帝哥哥身边，寸步不离左右，连皇帝的饮食，他也总是自己先尝，然后才让晋安帝进食。

王韶之等人无隙可乘，晋安帝得以多活几天。也许是晋安帝命数该绝，司马德文竟然无故生病了，不得不到宫外的府第休养。王韶之趁司马德文出宫之机，立即进宫，命跟班抓起皇帝平常穿的衣服，将晋安帝活活勒死了。

晋安帝暴毙的消息立即从宫中传出来，丧事还没有办，遗诏也随之颁布：奉请司马德文继位。

司马德文明知有变，无奈宫廷内外都是刘裕的人，想理论也找不到对象，只得无奈地接受事实。

刘裕立即依"遗诏"之命，立司马德文为帝，以应谶言帝数，司马德文就是东晋最后一个皇帝：恭帝。

第二年，司马德文改年号，称元熙元年（419年），立王妃褚氏为后，依历代故例，大赦天下，加封百官。再进封刘裕为宋王，又加给十郡采邑。

刘裕这次照单全收，并将幕府迁到寿阳，又命朝臣代他向恭帝申请加赐殊礼。

恭帝只是一个傀儡，对于刘裕的要求，不敢怠慢，立即允准刘裕佩戴帝王礼冠，建天子旌旗，拥有天子规格的仪仗。

刘裕当即封王太妃为太后、继母萧氏为太后，称世子刘义符为太子，竟然与晋廷无二。

勉强过了一年，刘裕已五十七岁了，自思时日不多了，急欲篡位，却又不好启口，只得宴集群臣，向他们暗示自己的心思。

元熙二年（420年）正月，人们熬年守岁，期待来年吉祥如意。刘裕在石头城宋王府举行了一场盛大的晚宴，文武百官该来的都来了。酒过三巡，刘裕捋着胡须，若无其事地说："当年桓玄篡位，晋国大权旁落。是我首先提倡大义，复兴皇帝宗室，南征北讨，平定了天下，可谓大功告成，业绩卓著，这才敢接受九锡礼。但是，我现在已经老了，地位又如此尊崇，无以复加，天下的事最忌讳装得太满而盈溢出来，我想将这爵位奉还给皇上，回到京师颐养天年，你们觉得怎么样？"

刘裕主动请退，大出所有人的意料，群臣没有摸清他到底想要做什么，不敢乱表态，官场上混的人，都是一些老油条，大家纷纷赞颂刘裕的功德，奉承话说了一大堆。

正话反说，刘裕心机深沉，心中的秘密隐藏得很深，满朝文武竟然无人能理解刘裕的真实意图。想做皇帝便是谋反。作为臣子，这样的事情当然说不出口。既然别人不懂他的心事，只能自己讲，要讲就得有策略。我要退休了，言外之意，如果想留我，就得加官，王上再加官，那就是皇帝了。

刘裕听到大家的奉承，不但没有一丝喜悦，反而流露出一种惆怅的情绪。

刘宋初建

酒宴罢，夜幕已降临，群臣散去，中书令傅亮刚走到门外，突然灵光一闪，恍然大悟，惊叫道："我懂了！我懂了！"

傅亮领会到了刘裕的意图，急忙返回，此时宫门已闭，傅亮叩门请见。刘裕召他入殿。傅亮进殿后，只说了一句话："我想我应该回京一趟。"

刘裕终于笑了，终于有人明白他的意思了，面露喜色。傅亮知道自己猜中了刘裕的心事，当即告辞出门。

刘裕只说了一句话："需要多少人护送你？"

"数十人就足够了。"

傅亮出宫的时候，已是半夜时分，只见彗星划过夜空，傅亮拍腿叹道："我以前不信天象，今天看来，天象真能应验啊！"

刘裕遣走傅亮后，安静地等待好消息。

几天之后，果然有圣旨召刘裕回京。刘裕命四子刘义康镇守寿阳。刘义康年纪还小，刘裕便任命参军刘湛为长史，帮助决策和处理日常军政事务，然后带着亲军，起程回京。刘湛有做宰辅之志，常以管仲、诸葛亮自比，博览书史，却不喜做文章，不爱空发议论，刘裕很器重他，将寿阳交给他打理，很放心。

这一天，司马德文在偏殿接见傅亮。傅亮行过叩拜礼后，单刀直入地说："宋王功德隆重，人心久归，愿陛下效法尧禅舜，以应天命。"

刘裕来到建康后，晋恭帝司马德文已预感到司马家的好日子就要到头了，但他心里并不慌乱，因为他心里明白，自己的皇位是捡来的，得之太易，失之也不必太过悲伤，因为本来就不属于自己。因此，很坦然地回答说："我随时都做好了准备，如果你认为时机到了，那你们就拿去吧！"

傅亮是有备而来，他从袖中取出早就起草好了的诏书，呈上，说："臣拟好了一份禅位诏书，陛下如果没意见，那就请抄一遍吧！"

该来的总是要来，不属于自己的总要失去，晋恭帝司马德文早就料到有这一天，看完傅亮呈上的禅位诏书，对左右侍臣说："桓玄之乱，我晋朝已经失去天下了，全仗刘公仗义兴师，才得以延续将近二十年，今天禅位给他，我是心甘情愿的。"于是提笔将诏书抄写一遍，随之诏示天下。

禅位诏书既下，群臣请晋恭帝司马德文出宫。

"我连天下都不恋，还恋宫吗？"晋恭帝司马德文说罢，随即退出皇宫，回到旧宅居住。

晋王朝从晋武帝司马炎代魏，到晋恭帝司马德文禅让帝位给刘裕，前后经历两晋155年的历史。

刘裕得到禅位书，装出一副谦恭的样子，假意推辞一番。然后才在南郊登坛，祭告天地。回宫后，驾临太极殿，接受百官朝贺，大赦天下。改晋元熙二年为宋永初元年（420年）。封晋帝为零陵王，迁居故秣陵城。

刘裕即帝位，定国号为宋，改年号为永初。新皇帝登基，照例要大赦天下，向天下宣布，凡行为不道德、受过舆论抨击的人，一律清除罪名，使之改过自新，这就是新皇帝的大赦天下。大赦天下是历朝历代新皇帝登基表示仁政的一项举措，但大赦的范围还是有所讲究，比如十恶不赦的死刑犯就不属于赦免对象，等等。刘裕的这项赦免，似乎欠考虑。

裴子野议论说：当年虞舜姚重华接受国家大任，流放共工、欢兜、三苗、鲧等四凶；武王征服殷商，将顽劣的遗民迁到洛阳。任何时候，天下的善恶标准都是一样的，刘裕一概免除触犯众怒的人的罪名，做得太过分了。

刘裕登上帝位，国号为宋，南朝第一个皇朝诞生，刘裕成为开国武皇帝，中国历史上正式进入南北朝时代。

英雄不长寿

刘宋开国没有发生动乱，寻常百姓为刘裕北伐中原的赫赫战功所折服，战功满足了人们的虚荣心。江南的门阀士族们也被闹市口砍杀胡人血淋淋的场面所震慑，没有人有胆量站出来唱反调。

有人将刘裕比作曹操，但曹操除诗词文章超过刘裕之外，无论是自身才干、事业、性格，还是政治、军事上的作为，都要逊刘裕一筹。就像崔浩评说的那样，刘裕出身微贱贫寒，没有一寸土地可以凭借。曹操呢？虽说是官宦之后，难与袁绍等世族豪强相比，但东汉宦党势力熏天，曹操陈留起兵，得到曹氏、夏侯氏、卫兹等地方豪强的鼎力相助，远非刘裕可比。

刘裕登基之后，追尊父亲刘翘为孝穆皇帝，母亲赵氏为孝穆皇后，奉继母萧氏为皇太后。

追封亡弟刘道规为临川王，刘道规没有子嗣，刘裕将刘道怜的次子刘义庆过继给刘道规。晋封弟弟刘道怜为长沙王。

追册亡妃臧氏为皇后。立长子刘义符为皇太子，封次子刘义真为庐陵王，三子刘义隆为宜都王，四子刘义康为彭城王。

加封尚书仆射徐羡之为镇军将军，右卫将军谢晦为中领军，领军将军檀道济为护军将军。那些迎奉新主的晋室旧吏，基本上也都得到封赏。

晋临川王司马宝降为西丰县侯。始兴、庐陵、始安、长沙、康乐五公贬为县侯，允许他们仍然供奉晋室旧臣王导、谢安、温峤、陶侃、谢玄的宗祀。

追封王镇恶为龙阳县侯，刘穆之为南康郡公。

刘穆之的儿子刘邕承袭父亲刘穆之的爵位，但却没有得到重用，有些人不理解，询问刘裕这是为什么。刘裕回答说："我不知道刘邕是刘穆之的儿子吗？但此人有奇癖，太不近人情，给他一个实职，还不知他会捅出什么大娄子呢！"

刘裕所说刘邕的奇癖，指的是刘邕嗜食疮痂的癖性。刘邕初到南康郡上任时，下属吏员有二百多人，不问有罪无罪，每人都用鞭子痛打一顿，直到见血为止，这些被打的人伤口结的痂，都要送给刘邕。刘邕要这些痂做什么呢？吃，他认为这些血痂就是人间美味，食之其味无穷。这件事传到刘裕耳朵里，觉得非常恶心，故而不重用他。

封雍州刺史赵伦之为安北将军，徐州刺史刘怀慎为平北将军，征西大将军杨盛为车骑大将军，西凉公李歆为征西大将军，西秦主乞伏炽磐为安西大将军，高句丽王高琏为征东大将军，晋升百济王扶余映为镇东大将军。

西凉公李歆，相传是汉朝将军李广的后裔，父亲名叫李暠，曾在北凉担任敦煌太守。后来，李暠自称西凉公，与北凉脱离关系，攻取沙州、秦州、凉州等地，在酒泉建立都城。李歆继位以后，曾派使者到江东向晋廷朝贡。当时，晋朝还没有灭亡，封他为酒泉公。刘裕受禅后，加封李歆为大将军。

后来，北凉主沮渠蒙逊攻打西凉，击毙李歆，李歆的弟弟敦煌太守李恂也以身殉国。李歆的儿子李重耳逃往江左，因路途遥远，便投入北魏，传到第五世，有子孙叫李渊，就是后来的唐高祖。这是后话。

刘裕是一个爱面子的人，西凉被灭，按理说应该出兵讨回面子。但事实却不是这样。因为他既是一个爱面子的人，同时还是一个明白人，他知道，自己老了，儿子们都还小，宋室初创，江山并不稳固，如果此刻出兵，有可能找回了面子，却让里子破了，只得停止远征，先巩固国内。当时晋朝虽灭，但零陵王还在，万一将来零陵王死灰复燃，岂不是贻祸子孙？刘裕左思右想，决定再下辣手，斩草除根。

晋恭帝司马德文也是一个明白人，有了兄长的教训，退位之后更加谨慎，与结发妻子褚灵媛形影不离，为防止被人毒杀，一汤一水都是褚灵媛自己动手。前面已经说过，该来的总是要来，不属于自己的总要失去。司马德文的性命，早就不属于他自己了。

琅邪郎中张伟接到刘裕的命令，让他带上一罐毒酒去给司马德文送行。张伟感叹地说："毒死君王以求自保，只能是遗臭万年，这样的事情我能干吗？"张伟不敢违抗刘裕的命令，但不愿自己背负弑君之罪而遗臭万年，于是他毅然决然地做出决定：自己"享"用了那罐毒酒。

刘裕当然不会善罢甘休。永初二年（421年）九月，刘裕再一次派褚皇后的兄弟褚淡之和褚叔度携带毒酒前往零陵。

褚淡之和褚叔度到零陵后，先把姐姐叫出来，名义上是拉家常，实际是引开褚皇后。三名随行的士兵乘机跳墙入室，向恭帝司马德文进毒酒。

司马德文是一个信佛的人，看着毒酒摇头说："佛教教义，自杀的人不能转投胎为人身，我怎么能做这种事呢？"意思是说，要我的命你们自己拿。

几个士兵听了司马德文的话，也不犹豫，抓起床上的被子，盖在司马德文身上，几个人压在上面，活活把他给闷死了。司马德文死时年仅三十六岁，只做了半年皇帝。篡位而杀前朝皇帝，从刘裕开始。一报还一报，日后南朝末帝基本都是非正常死亡，几乎都是被新皇帝派人弄死的。

把人弄死就算了，可刘裕还要假充好人，"朝率百僚举哀于朝堂"，大开"追悼会"。

刘裕篡晋自立，后世史家却极少有微言相加，什么原因呢？因为刘裕武功盖世，莫可伦比：东灭慕容超，西擒姚泓。甚至野心勃勃如赫连勃勃、觊觎得利如北魏拓跋氏这两个强悍的政权，对刘裕都怀有畏惧之心，不得不说刘裕真是个军事能力一流的人！

从刘裕起头，开始屠害前朝帝君，南朝北朝相蹈此习，龙子凤孙连根诛除，婴孩不免。以刘裕的赫赫战功，得天下也是水到渠成之事，但"其为人神所愤怒者"，则是篡位弑君的下流阴毒行为。晋恭帝"欣然"让出皇位，刘裕仍忍心诛除，而杀人者要想自己后代子孙免于被杀，就未免流于天真可笑了。

刘裕当了皇帝，一心想治理好国家，无奈岁月不饶人，精力逐渐衰退，加之在战争年代身上留下的伤痛，疾病越来越多。永初三年（422年）春，刘裕病了，卧床不起。

长沙王刘道怜、司空录尚书事徐羡之、尚书仆射傅亮、领军将军谢晦、护军檀道济等入宫探视，见刘裕经常发出呓语，请求向神灵祈祷。

刘裕不许，只派侍中谢方明到太庙焚香，把病情向祖先报告。经医官的精心诊治，加之静心调养，病情才逐渐好转。

刘裕身体痊愈之后，命檀道济镇守广陵，督管淮南各军。

太子刘义符向来喜欢与下人嬉戏亲昵，刘裕得病后，更是如此。谢晦颇为忧虑，刘裕病好之后，便对刘裕说："陛下年事已高，应为万世江山作想，好不容易得了天下，应该交给稳妥的人。"

刘裕听后问道："庐陵王怎么样？"

谢晦说："臣还不大了解，让我前去看看再说吧！"

庐陵王刘义真得知谢晦的来意，盛情接待。谢晦与其天南地北聊过之后，回来向刘裕报告："庐陵王才华有余，德量不足，没有人君之气概。"

刘裕于是命刘义真镇守历阳，督管雍、豫等州军事，兼任南豫州刺史。

不久，刘裕再次病倒，病势比上次更严重。有时蒙头睡觉，竟然看见无数冤魂前来向他索命，甚至连晋安帝、晋恭帝也常来光顾，经常被噩梦惊醒。刘裕吓得汗流浃背，暗想连鬼魂都常来光顾，看来是劫数难逃。于是将太子刘义符召到病床前交代后事："看来朕的阳寿已尽，有些事情必须向你交代清楚。"

"父皇不必多想，"刘义符安慰道，"您的身体定能康复。"

"你听着。"刘裕吩咐说，"檀道济这个人虽然有才干，精于谋略，但他没有野心，不像他的哥哥檀道韶，有一种难以驾驭的气质；徐羡之、傅亮追随朕多年，当然不会有其他企图；谢晦多次随我南征北战，善于随机应变，将来如果有问题，一定是谢晦。我死之后，你立即将他调往会稽、江州等郡，这样才能免除后患。"

随后，刘裕亲自写下遗诏："后世如果出现年幼的君主，朝中政事一概委托宰相，皇太后不得监朝。"

徐羡之、傅亮、谢晦、檀道济共同接受遗命。

永初三年（422年），纵横天下的宋武帝刘裕仅仅做了两年皇帝，便因病与世长辞，时年六十岁。

历史永远会记住这位雄图大略、用兵如神、气吞万里如虎的大英雄。

刘裕为人，本性节俭，称帝之后，也常穿着木屐，在神虎门外散步为乐。他一生中两次北伐，撑起了整个南朝时代的立国基础，对于汉民族文明最终不为鲜卑等异族君主的野蛮暴力所残灭，应该说立下奇勋。此外，由于他出身寒门，深知民间疾苦，当皇帝后采取了诸多行政措施，相对减轻了当地人民的负担，并对世家大族的横暴侵占进行了严厉打击，抑制了豪强势力。

刘裕的财产全放在国库里，宫内没有私藏。岭南曾经进贡过一种细布，一筒竟能容纳八丈长。刘裕认为这种布太精美，耗费人力，于是命有关部门弹劾岭南太守，把进贡的细布还给当地，并下令岭南禁止生产这种细布。

刘裕最大的遗憾是未能平定中原。人们把原因归结为称帝野心，这只是一面之词。东晋的北伐军激起征服地区人民的反抗才是统一大业迟迟不能完成的最根本的原因。

历史期待一位真正的英雄，一位融合天下各民族的大英雄。

太子刘义符即位，史称少帝，尊皇太后萧氏为太皇太后，生母张夫人为皇太后，册立皇妃司马氏即晋恭帝的女儿海盐公主为皇后。命尚书仆射傅亮为中书监、尚书令，命他与司空徐羡之、领军将军谢晦同心辅政。

长沙王刘道怜病逝，少帝刘义符追封他为太傅；太皇太后萧氏已八十余岁高龄，因刘裕去世，过于悲伤，没过多久，也与世长辞，新皇帝追赐谥号孝懿。

宋廷接连遇到大丧，忙得不可开交。新皇帝刘义符只有十七岁，童心未泯，只知道嬉戏玩耍，一切居丧礼仪，全都交给辅政大臣们去办。

特进致仕范泰实在看不下去了，上书规谏，却引来一顿臭骂。徐羡之、傅亮、谢晦等几位辅政大臣也是随时劝导，少帝刘义符仍然是左耳进，右耳出，根本不当一回事。大臣都认为刘义符是一个扶不起的阿斗，格外担心，不料北方强敌又乘隙入侵，河南各州郡遍遭兵革之祸。宋廷调兵遣将，又惹起一番战争。这就是刘宋和北魏交兵的开始。

第十三章
胡骑横行

漠北鲜卑人

在中国历史上，有一个非常重要的朝代，就是北魏，没有北魏，就没有后来的北周、北齐乃至隋唐。而且，正是北魏这么一个强盛王朝的包容性，才形成日后中华民族血脉大融合的根本模式。如果没有北魏，汉人与"夷狄"的天壤鸿沟，恐怕永远难以填平，中原王朝"正朔"的狭隘理念永远也得不到纠正。

北魏太祖道武帝拓跋珪是鲜卑族人。拓跋部属于鲜卑族的一支，世代远居在漠北，是个逐水草而居、过着游牧生活的小部落。拓跋部落最早活动的地区在黑龙江嫩江流域大兴安岭一带。后来，拓跋部落离开此地南迁，并进行部落重组，基本上与嫩江流域的"祖地"没有什么关系了。

北魏成为一个雄踞中国北方的王朝，是由太祖道武帝拓跋珪、太宗元帝拓跋嗣和世祖太武帝拓跋焘三人接力完成的。

晋朝初年，鲜卑人开始与晋廷通好，向晋廷朝贡。晋怀帝时，拓跋猗虚与并州刺史刘琨结为兄弟。在刘琨的恳请下，晋朝廷封拓跋猗虚为大单于，封赐代郡，号为代公。后来，晋廷又晋封他为王。传到第六世拓跋什翼犍时，拓跋氏的民众壮大到十多万，定都盛乐，威震云中。

匈奴酋长刘卫辰被拓跋什翼犍逼得走投无路，投奔了前秦，秦主苻坚大举讨伐代郡，命刘卫辰为向导。拓跋什翼犍大败，退回盛乐，被儿子拓跋寔君杀死，部落分散。

秦主苻坚又诛杀拓跋寔君，将代郡一分为二。命刘卫辰统辖西部，拓跋什翼犍的外甥刘库仁统辖东部。

拓跋什翼犍有个孙子叫拓跋珪，由刘库仁精心抚养，随着年龄的增长，拓跋珪越来越英武智勇，由于太优秀，遭到刘库仁的儿子刘显的嫉妒。拓跋珪遭到暗算，差点丢了性命，于是离开刘库仁，投靠贺兰部母舅贺兰讷。

贺兰讷的弟弟贺兰染干见拓跋珪越来越得人心，心存忌妒，想方设法除掉他，可机关算尽，就是不能得逞。

当时，前秦已经衰亡，代郡也十分混乱，拓跋珪十七岁那年，以拓跋什翼犍嫡长孙的身份，接受北方各大小部落的推荐，在牛川即代王位，改元登国。

拓跋珪即位之后，将盛乐作为都城，赶走刘显，改国号为魏，纪元天赐。史家称为后魏，也称北魏。之所以冠之以"后"或"北"，是为了与三国时期的曹魏相区别。当时，汉人崔玄伯、邓渊、王德等人帮助魏国制定国家制度、天文历法，因此，北魏的创立带有鲜明的华夏色彩。

自此以后，拓跋珪连年征战，先后击败刘显、库莫、高车各部，又记恨前仇，出兵讨伐舅舅的贺兰部。

一直与代国（魏国）有世仇的刘卫辰此时也出兵攻打贺兰部。贺兰讷自知不敌，便向拓跋珪乞降。毕竟是骨肉相连的血缘亲，拓跋珪率部调转矛头，攻打刘卫辰部并大获全胜。接着又率军征伐黜弗部。并在南床山大破柔然。

刘卫辰父子也是脑残，面对如日中天的拓跋珪，不但不选择避其锋芒，反而不断地挑起祸端，趁拓跋珪征伐柔然之际，竟然又派兵从魏国南部入侵。

拓跋珪在铁岐山击败刘卫辰的儿子直力鞮，获牛羊二十多万头，并斩杀直力鞮，最后连刘卫辰的老巢也被一窝端了。刘卫辰在逃窜途中被部下杀死，首级也献给了北魏。

刘卫辰的另一个儿子刘勃勃逃奔到后秦，后来建立夏国，并改姓氏为赫连，就是那个杀人如麻、积尸成景观的赫连勃勃。

拓跋珪将都城迁到平城，立宗庙社稷，然后称帝。

拓跋珪最初十分宠爱刘库仁的侄女，生有一个儿子，取名拓跋嗣。后燕灭亡后，燕主慕容宝的小女儿被收进北魏宫廷，拓跋珪见她姿色过人，册封为皇后。

拓跋珪晚年常服食一种叫"寒食散"的丹药，其实，这种丹药不但不能强身壮体，反而对身体产生巨大的副作用，使得这位不到四十岁的皇帝百病缠身，或数日不食或数天不睡，经常会自言自语说胡话。更要命的是因药物中毒而导致性情大变，性格变得非常暴躁，喜怒无常，追思朝臣旧恶前怨，动辄杀人，有时甚至亲自动手，将朝臣杀掉之后，将尸体摆放在天安殿前，惨不忍睹。

这样一来，朝野人心骚动，各怀忧惧。

拓跋珪年轻的时候，在贺兰部见到自己母亲贺太后的妹妹很漂亮，就对母亲说明心意，要娶小姨为妻。拓跋部起自沙漠，礼仪人伦不同于汉族，拓跋珪的这种要求，不应受到指责。

贺太后并没有答应儿子的请求，她说："不行！我这个妹妹太漂亮了。女人太漂亮不是一件好事，而是取祸之源，而且她已经嫁人，总不能夺抢别人的妻子吧！"

拓跋珪做了皇帝后，秘密派人杀掉贺兰氏的丈夫，将小姨妈纳为妃子，并生下清河王拓跋绍。拓跋绍从小凶狠无赖，喜欢打劫行人，脱光人家的衣服取乐，又常常杀猪剁狗，荒悖无常。

拓跋珪很生气，曾令人将他头朝下吊起，直到快要死了才放下来。

这一天，性格大变、喜怒无常的拓跋珪大骂贺兰氏，并把她关进冷宫，声言要杀掉她。贺兰氏无奈，派人向儿子求救。

拓跋绍继承了拓跋珪的血脉，也继承了拓跋珪暴躁的性格，知道母亲有生命危险，连夜潜入宫中，与宫人合谋，将父亲拓跋珪杀了。

拓跋珪的长子拓跋嗣被封为刘王，得知拓跋绍杀了自己的父亲，立即带兵进京，杀掉拓跋绍与贺兰氏，登上皇位。尊父亲拓跋珪为太祖道武皇帝。

拓跋嗣即位后，勤问国事，劝课农桑，任用崔浩等人，兴利除弊，国家渐渐富强起来。

北魏崛起

北魏主拓跋嗣自从与刘裕鏖战失利，失去滑台，一直把此事引为国耻。由于惧怕刘裕，只能采取忍让的态度，当听说东晋太尉刘裕攻克长安的消息，大为恐惧，立即派使臣曲意与之修好，两国每年都有使者往来，显得十分友好。

刘裕去世后，拓跋嗣像打了鸡血一样兴奋起来。当时，宋朝使者沈范正要回国，正要渡过黄河时，魏兵突然追到，将他带走了。

原来，魏主拓跋嗣想趁宋国办丧之机，大肆南侵，报复旧怨。于是捉回沈范正，调兵遣将，进攻滑台以及洛阳、虎牢关。

白马公崔浩对此十分反对，认为这样做很不道义，劝阻说："当初陛下您没有因为刘裕骤然得势而与之修好，刘裕对陛下也十分恭敬。他现在不幸去世了，我们却乘人遭丧而兴兵讨伐，即使得手也不是一件光彩的事。更何况以我们国家眼下的实力，也很难一举夺取江南，却落得个伐丧的恶名。在我看来，我们不仅不能乘人之丧，而且应派使节前往吊丧，抚慰孤儿寡妇，从而使我们仁义之声传播天下。况且刘裕刚去世，其党羽还在，一旦大军压境，他们势必会同心协力抵抗，我们不一定能成功。不如稍稍延缓，等待他们的权臣争权内讧，再坐收渔人之利。"

拓跋嗣问道："当年刘裕乘姚兴之死，一举灭掉了秦国。现在我趁刘裕去世讨伐刘宋，以其人之道还治其身，有什么不可以？"

崔浩说："姚兴死后，他的儿子们骨肉相残，刘裕看准后秦内乱，才大举兴兵，因而取得成功。但眼下江南安定，无机可乘，我们没有兴兵的机会。"

拓跋嗣不听崔浩的忠告，任命司空奚斤为大将军，命他督率交州刺史周几、广州刺史公孙表等人渡河南行，向刘宋发起进攻。

晋宗室司马楚之也召集了一万多士兵，驻扎在长社，要为故国复仇。

刘裕活着的时候，曾派刺客沐谦去刺杀司马楚之，沐谦不忍下手，且因受到司马楚之的厚待，做了司马楚之的卫士。司马楚之一直想报仇，只是苦无机会，听说北魏兵渡河讨伐刘宋，立即向北魏投降，愿做前锋。

北魏主拓跋嗣封司马楚之为征南将军，兼任荆州刺史，命他在刘宋的北边进行骚扰。并命奚斤等人攻打滑台，与司马楚之互为掎角，遥相呼应，夹攻河洛。

屯驻在虎牢的宋朝司州刺史毛德祖得知北魏犯境，立即派司马翟广率兵驰援滑台，又檄令长社令王法政率五百名士兵驻守召陵，将军刘怜率二百名骑兵驻守雍丘，防御司马楚之。

司马楚之率兵偷袭刘怜，未能得手，奚斤等人围攻滑台，也以失败告终。只有北魏尚书滑稽率兵偷袭仓垣得手。

宋陈留太守严稜自知不敌，向奚斤投降。奚斤屯兵城下，仍然无法攻下滑台。便派人回平城搬救兵。

北魏主拓跋嗣亲自率五万大军，越过恒岭支援奚斤。命太子拓跋焘屯兵塞上，并斥责奚斤攻城不力，催促他加大攻势。

奚斤畏罪思奋，冒着箭林石雨，亲自督众攻城，拿下滑台。滑台守将王景度力竭而逃。司马阳瓒尚率余众与魏兵在城内展开巷战，终因寡不敌众，被魏军俘虏，不屈而死。

奚斤乘胜奔袭虎牢，赶走翟广，直抵虎牢城东。

虎牢大战

毛德祖率军边守边战，屡次大破魏军，魏军虽然多有死伤，但人多势众，始终不肯退去。双方相持不下，随之展开一场针锋相对的调兵遣将。

北魏主拓跋嗣又遣"黑槊将军"于栗磾出兵河阳，进攻金墉。于栗磾是北魏有名的骁将，擅长用黑槊，人称黑槊将军。

毛德祖得知敌方动向，急忙命振威将军窦晃戍守河滨，堵截于栗磾。

拓跋嗣随即命将军叔孙建等东略青、兖二州，从平原渡过黄河。

宋豫州刺史刘粹随之派属将高道瑾据项城。徐州刺史王仲德亲自督兵驻守湖陆，与魏兵对峙。

北魏中领军娥清、期思侯、闾大肥等又率兵赶来与叔孙建会师，联合进军碻磝。

宋兖州刺史徐琰望风而逃。泰山、高平、金乡等郡相继被魏兵攻陷。叔孙建东入青州，镇守东阳城的青州刺史竺夔，飞使向建康求救。

宋廷令南兖州刺史檀道济统率全军，会同冀州刺史王仲德出师东援。庐陵王刘义真也派龙骧将军沈叔狸，带领步骑兵三千人支援刘粹。

双方针锋相对，你来我往，仍然是相持之势。

宋少帝刘义符即位以后，全无人君之度，只知在宫中游玩嬉戏，舞刀弄棒，不理政事。这样还不满足，又别出心裁地在后花园开凿一个大池，号称"天渊池"，造一艘龙舟置于天渊池内，在龙舟上日夜设宴游乐。刘裕好不容易积攒起来的财物，不到三个月的时间便被他挥霍得一干二净。群臣屡谏不从。

第二年，少帝又改元景平，随即赐文武百官晋官封爵，南郊祭祀，颁诏大赦。表面上看，京都似乎是一派国泰民安的景象，而此时河南的局势，一天比一天紧张。

北魏将军于栗磾渡黄河南下，与奚斤合兵一处，攻打宋军，杀退刘宋振威将军窦晃等人，乘胜进攻金墉城。河南太守王涓之弃城而逃，金墉沦陷，河洛失守。

北魏主拓跋嗣任命于栗䃅为豫州刺史，令他镇守洛阳。又命奚斤、公孙表合兵攻打虎牢，并派兵前往支援。

虎牢的形势突然紧张起来。守将毛德祖昼夜不懈，率城中军民奋力抵抗，疲于奔命。毛德祖觉得光死守也不是办法，必须寻找机会出击，于是命令士兵在城墙脚下凿通六条地道，每条地道长达六丈有余，一直通到城外。

地道挖成之后，毛德祖招募四百名勇士，组成敢死队，趁着夜色，从地道钻出去，悄悄运动到魏营后面，一声呐喊，突入魏营。魏兵正在睡梦之中，毫无防备，魏营顿时乱成一锅粥。敢死队如旋风般在魏营中刮过，数百名魏兵在睡梦中去了阴曹地府，伤残者不计其数。

毛德祖在城楼上遥见魏营大乱，知道敢死队得手，迅即大开城门，率兵杀出接应敢死队，宋兵内外夹攻，又击毙魏兵数百人。毛德祖也不恋战，召集敢死队快速撤回城内。

几天之后，魏军重新将虎牢团团围住，攻势比以前更加猛烈，大有不拿下虎牢，誓不罢休的架势。

毛德祖又心生一计，故意给北魏将军公孙表去了一封信，表示愿意与他结约交好。公孙表收到毛德祖的书信后，不知是计，直接将书信交给奚斤，表示自己没有二心。没想到奚斤却起了疑心，认为公孙表有私通宋人的嫌疑。

毛德祖见魏军没有什么动静，又写了第二封信，收信人当然是公孙表，可信并没有投到公孙表的军营，而是投到奚斤的军营。信函很快落到奚斤的手里。奚斤见信中的内容比上一封信更显得亲密，立即派人将这封信送给北魏主拓拔嗣。

北魏太史令王亮向来与公孙表不和，见信后，乘机对拓拔嗣说："公孙表这个人诡计多端，向有二心，陛下不可不防啊！"

拓拔嗣本来对这件事是将信将疑，王亮的这句话，成了公孙表的催命符。拓拔嗣听了之后，也不细想，立即派人潜入公孙表营帐，将公孙表活活地给勒死了。

公孙表足智多谋，毛德祖略施小计，便除去一劲敌，当然非常高兴，随后双方一攻一守，又相持了几个月。

拓跋嗣见战局僵持不下，亲自赶到东郡，令叔孙建加强对东阳城的攻势，又授刁雍为青州刺史，协助叔孙建攻打东阳。

刁雍为晋前豫州刺史刁逵的同族兄弟，刁逵被杀之后，家族受到株连。唯刁雍躲在柴堆里逃得性命。事后投奔后秦。后秦灭亡后，又转投北魏，北魏主拓跋嗣命他为将军。这次调他助攻叔孙建，分明是借刀杀人。

东阳守吏竺夔见魏兵来犯，查点城中将士，只有一千五百余人，急忙招集城外居民进城守城，对于那些没有入城的百姓，命他们坚壁清野。所以，魏兵虽然攻陷青州，但也无从掠食。

历城太守桓苗得知东阳告急，率兵进入东阳城，助竺夔守城，两军仍然处于相持之势。北魏兵远道而来，久攻不下，士兵已显疲态，接着又得到宋将檀道济的援兵即将到达的消息，刁雍与叔孙建只得毁掉营垒，率部向西逃遁。

檀道济率部抵达临朐，因后勤跟不上，军中粮食不济，只得放弃追击。竺夔因大战之后的东阳城几乎成为一片废墟，只得移驻不其城，青州得以保全。

拓跋嗣见东路军没有丝毫进展，索性西趋河内，将全部兵力投放到虎牢，并亲自前往督战。虎牢城外顿时杀气弥空，战云蔽日。

虎牢被围困已有二百多天，二百多天里无日不战，守城军民伤亡惨重，突然又遭北魏大军的疯狂攻击，渐觉不支，虽然拼死抵抗，勉强支撑了二十多天，由于缺医少粮，守城士兵一个个眼睛生疮，面如枯柴。

当时檀道济出军湖陆，刘粹驻军项城，沈叔狸屯军高桥，但他们都畏惧魏兵的强盛，竟然没有一个敢出兵救援虎牢。

拓跋嗣见虎牢城仍然久攻不下，命士兵在城外挖掘一道很深的壕沟，泄去城中的井水，城中水源枯竭，人渴马乏，加之这时又发生了瘟疫，军民几乎失去了战斗力，眼见得只能束手待毙了。

拓跋嗣见时机已到，命令加大攻势，魏兵一鼓作气，攻上了城墙。

宋军守城将士欲挟持毛德祖出走，毛德祖大呼："我誓与虎牢共存亡，绝不会城亡而身存！"说罢，率众继续抵抗。

拓跋嗣见毛德祖是一员虎将，下令军中活捉毛德祖，欲收为己用。

北魏将军豆代田用长矛搠倒毛德祖的坐骑，毛德祖跌落马下，被魏军生擒活捉，宋廷将士大部分做了俘虏，唯参军范道基率二百人突围南走。

魏军最终攻克虎牢。

拓跋嗣劝毛德祖投降，德祖不肯屈节，誓死不降，最后终因伤势过重，死于北魏军中。

第十四章
更扶新主

废昏庸少帝

宋廷接收到前方战败的消息，朝野震动，人心惶惶，徐羡之、傅亮、谢晦三位辅政大臣愧疚无比，先后上表自劾。宋少帝刘义符只知道游玩嬉戏，不理政事，只说了一句"毋庸议处"，便没了下文。内外朝臣担心魏兵继续进逼淮、泗，人心浮动，后来得知北魏主拓跋嗣率师北归，这才稍稍放下心来。不久，留守河南的北魏将军周几又攻陷许昌、汝阳。宋豫州刺史刘粹屯兵项城，唯恐魏兵深入，日夜戒严。

北魏主拓跋嗣回到平城，没多久便病逝了。太子拓跋焘继位，史称太武帝。拓跋焘继位之后，尊父亲拓跋嗣为太宗明元皇帝，改元始光，仍然重用崔浩。崔浩劝拓跋焘休兵息民。拓跋焘采纳了这个建议，于是命周几等暂时停战，各守疆土，战争的硝烟才渐渐散去。

宋军征战连年，早已疲于奔命，再加上刚刚战败，元气大损，巴不得相安无事，见北魏军息战，也停止了军事行动，暂免兵戈。

第二年为景平二年，宋少帝刘义符仍然不改旧态，整日嬉戏玩乐，对朝事漠不关心。徐羡之、傅亮深以为忧，对谢晦说："幼主如此胡作非为，高祖创下的基业恐将不保，这该如何是好啊！"

谢晦想了想，果断地说："幼主可辅则辅之，不可辅则废之，我等宁可负幼主，也不可负社稷。"

徐羡之、傅亮深以为然，于是三人密谋废立之事。谢晦说出了自己的担忧：如果废掉少主，按顺序应立庐陵王刘义真，但刘义真也非守成之主，废掉一个昏君，迎立一个庸者，只是换汤不换药，这件事还得再慎重考虑。

当皇帝的不把皇位当回事，觊觎皇位的却大有人在，这个人便是庐陵王刘义真。刘义真与太子左卫率谢灵运、员外常侍颜延之以及慧琳道人走得很近，他曾傲然地说："我如果得志，一定任命灵运、延之为宰相，慧琳为西豫州都督。"

世上没有不透风的墙，刘义真说的话很快就传到京城，徐羡之等人对刘义真本来就有戒心，听到这个传说，更是担忧，于是下令调谢灵运为永嘉太守，颜延之为始安太守，即时赴任，以免节外生枝。

刘义真得知谢灵运、颜延之被调离京都，知道是几位执政大臣针对自己的有意之举，十分不满，怀恨在心。刘义真性好浮华，挥霍无度，隔三差五地向朝廷索要经费。徐羡之每次也都意思一下，但与刘义真索要的数额相差甚远，刘义真因此恨上加恨，怨气冲天，上表要求回京。表文中言语多有不逊，隐含清君侧之意。

徐羡之等人正在密谋废掉刘义符，看到刘义真的表文，怒火中烧，徐羡之、傅亮、谢晦三人一合计，决定先除掉刘义真，再废黜刘义符，于是联名上奏，陈述刘义真之恶，请将其废为庶人。

刘义符与刘义真本来就不和，加之朝政本来就为徐羡之等主持，除游玩嬉戏之外，其他的事情他概不过问，三位相臣议定的事情，基本就是圣旨。诏书很快就下发，贬刘义真为庶人，移居新安郡，改授皇五弟刘义恭为冠军将军，任南豫州刺史。

宋武帝刘裕有七个儿子。长子刘义符，为张夫人所出。次子刘义真，生母为孙修华。三子刘义隆，生母为胡婕妤。四子刘义康，生母为王修容。五子刘义恭，生母为王美人。六子刘义宣，生母为孙美人。七子刘义季，生母为吕美人。以前只封刘义真、刘义隆、刘义康为王，刘义恭以下几个儿子因为年幼，未曾加封。此次刘义真被废，义隆、义康都有封邑，故将刘义恭按顺序递补。

刘义真只有十八岁，其实并没有太多的劣迹，突然被贬为庶人，未免有些令人不服。前吉阳令张约之上书谏阻，力请保全懿亲，赐还刘义真爵禄。

张约之的奏折，触怒了徐羡之等人，几天之后，张约之便接到诏令，谪往梁州。刘义真也未能幸免，诏令赐死，使者很快到了新安，一根绳索，送刘义真上了西天。

南兖州刺史檀道济、江州刺史王弘突然接到诏书，朝廷要求他们立即回京。两人不知何故，星夜赶往京师，刚刚下车，徐羡之便将他们召进密室，谋划废立的事情，两人也一致赞成。

谢晦觉得府舍狭小，将家人全部安顿到外面，调来一队士兵入住在府内，准备黎明时分起事。约好中书舍人邢安泰、潘盛为内应。夜晚，谢晦邀檀道济同宿一室，檀道济刚刚躺下，便响起了鼾声，谢晦彷徨顾虑，翻来覆去，一晚上也没有睡着，不由得暗暗佩服檀道济的胆量。

景平二年（424年）六月，正值炎热的夏天，宋少帝刘义符在华林园避暑，嬉戏。他在园中设了一个酒店，自己亲自充当酒保，以此为乐。晚上，又与亲信乘坐龙舟同游天渊池，尽兴之余，觉得十分困倦，便留宿在龙舟中。

第二天天刚亮，檀道济率兵攻入云龙门，徐羡之、傅亮、谢晦紧随其后。门内宿卫已由邢安泰等预先安排妥当，对此视而不见，皆作壁上观，任由檀道济等人闯进华林园。

此时，刘义符尚在梦乡之中，突然被一阵喧闹之声惊醒，慌忙披衣下床，惊问发生了什么事。左右回答说可能是兵变。话音未落，一群手持刀枪的士兵跳上龙舟，杀掉两个内侍，踢开舱门，冲进刘义符的卧仓，不由分说，粗暴地将刘义符拽出舱，推上一只小船，押往东阁。

徐羡之见到刘义符，二话不说，直接收缴了刘义符的玉玺，随之召集百官开会，当众宣布皇太后的命令：将刘义符废为营阳王，皇后司马氏废为营阳王妃；奉迎刘义隆继承大统。

宣读完毕，百官拜辞刘义符。

刘义符当即便被送到太子宫，收拾行装，准备送往吴郡幽禁。徐羡之一面令檀道济入守朝堂，一面令傅亮率领百官去迎奉宜都王刘义隆进京继位。

宜都王刘义隆此时远在荆州，九重一时无主，徐羡之与傅亮等人欲先稳定大局，便任命谢晦统领荆襄七州军权、荆州刺史，精兵旧将统归谢晦指挥。办妥这件事后，傅亮便率一行众人前往江陵迎请新君刘义隆。

在去江陵途中，祠部尚书蔡廓与傅亮相遇，蔡廓本是要随傅亮去江陵迎请新君，无奈身染疾病，不能同行，临别时对傅亮说："营阳王迁往吴都，要好好奉养他，如果有什么不测，恐怕大臣都会背上一个弑主的恶名，将来我们还有何面目活在人世？"

傅亮出都之前已与徐羡之议定，让邢安泰随营阳王刘义符一同前往，一到吴郡，就杀掉刘义符。听蔡廓这么一说，觉得十分有理，急忙派人前去阻止邢安泰，可惜迟了一步。

原来，邢安泰送刘义符至金昌亭，即遵照徐羡之等人的密嘱，率兵将金昌亭团团围住，持刃闯进金昌亭。刘义符颇有勇力，奋起反抗，且战且走，竟然突围而出，直奔阊门。邢安泰率兵紧追，担心他跑出阊门，随手拿起门闩砸过去，正中刘义符的腰背，刘义符受伤倒地，邢安泰赶上去，一刀结果了其性命，死时年仅十九岁。

傅亮得到使者的回报，未免羞愧和懊悔，然人死不能复生，也只能付之一叹，因为蔡廓的那句话，心存一丝隐忧。

徐羡之得知傅亮派人阻止邢安泰，心存不满，因为杀少帝是当初两个人商量确定的，傅亮不应该私下派人前去阻止，这样做，就是要他一个人背负恶名，然而事已至此，也只能将气恼埋在心里。

迎请新主

刘义隆，小字车儿，刘裕的第三个儿子，身长七尺五寸，博涉经史，善隶书，是一个典型的书生。

皇帝被弑，庐陵王遇害，朝野人心惶惶。时任荆州刺史、年仅十八岁的刘义隆惊闻两个哥哥被杀的噩耗，悲痛之情难以言状。

傅亮赶到江陵，在城南设立大司马门，进献皇帝印玺。荆州文武官员一片猜疑声。他们认为徐羡之等人擅自废立，用心险恶，已失人臣之礼，此去建康必定是凶多吉少，建议刘义隆不可东下。

司马王华独有主见，他说："先帝为天下立功，四海畏服，虽然嗣主没有先帝的雄才，但人心未改。徐羡之、傅亮出身寒微，威望不足，并非晋文帝司马昭、大将军王敦之流，且他们深受先帝托孤之重，绝对不敢违背纲常伦理。只不过因为庐陵王刘义真过于刚断严正，怕今后无法相容，才决意奉迎王爷，并借此邀功。况且，徐羡之等人的官阶一样，功劳相当，就算是图谋不轨，彼此也不肯相让，很难取得成功。再说，废主如果还活在世上，始终也是一个祸患，所以他们才下此毒手。应该不会有什么逆谋。殿下大可以放心东下建康。臣在这里大胆先向殿下贺喜！"

长史王昙首、校尉到彦之也都建议刘义隆东行。

刘义隆表面柔弱，内心刚强，早已看出高门士族与辅政大臣之间的矛盾，王华、王昙首都是琅邪王氏的人，刘义隆自信能驾驭得了错综复杂的朝局，他不动声色地对王华说："你是想成为劝汉文帝治国的宋昌吧？"

宋昌之典出自西汉，周勃除掉吕氏家族之后，宋昌曾力劝当时的代王刘恒（汉文帝）入长安称帝。

刘义隆拿定主意，决定赴建康即位，临行前召见傅亮，询问废杀皇帝与庐陵王的经过，号啕大哭，身边的侍从们也跟着流眼泪。

傅亮惊得汗流浃背，张口结舌，不能应答。

刘义隆经过一番表演之后，即刻上船东行，但仍心存戒备，命令中兵参军朱容之手持佩刀担任贴身侍卫，荆州军负责安全保卫工作，从建康来的人不得接近船队。就是晚上就寝，也是衣不解带，戒备森严。傅亮见到这些，暗自吃惊。

船队顺利抵达京师，群臣在新亭迎驾。

徐羡之私下问傅亮道："当今圣上这人怎么样？"

傅亮回答道："在晋景帝（司马师）、晋文帝（司马昭）之上。"

徐羡之松了一口气说："如果当今圣上真有这么英明，一定能明鉴我们的一片赤心。"

傅亮摇摇头说："恐怕未必！"

徐羡之也来不及细问，拜谒刘义隆之后，随即引进城。

刘义隆顺道拜谒宋武帝陵，然后乘车入宫。百官奉上玉玺，刘义隆谦让再三后才接受。

随之驾驭太极殿，坐上那把至高无上的龙椅，即皇帝位，史称宋文帝。

宋文帝即位后，改景平二年为元嘉元年（424年），追尊生母胡婕妤为太后，谥号章。恢复庐陵王刘义真的爵位，迎灵柩归京都。

加彭城王刘义康为骠骑将军，南豫州刺史刘义恭为江夏王。册封六皇弟刘义宣为竟陵王，七皇弟刘义季为衡阳王。

恢复庐陵王刘义真爵位的诏令，让徐羡之、傅亮、谢晦三人吃惊不小，似乎有大祸临头的感觉。

刘义隆也未忘徐羡之、傅亮的拥立之功，晋升司空徐羡之为司徒，卫将军王弘为司空，中书监傅亮加左光禄大夫，开府仪同三司。南兖州刺史檀道济为征北将军。

徐羡之本来兼任录尚书事，他担心刘义隆进京后将荆州重地授予他人，所以抢先一步任命谢晦为荆州刺史，好让谢晦做个外援，并令所有精兵旧将都听从谢晦的调遣。此时谢晦还没有起程，新皇上已到京城，只得跟着朝臣们一起朝贺新天子登基，没想到也被加封为抚军将军，心里当然非常高兴。

临行前避开众人，私自问蔡廓："你看我能不能躲过此劫？"

蔡廓回答说："你受先帝遗命辅佐君主，废黜昏帝，拥立明君，道义上没有错。但杀掉新主的两位兄长，而且仍然手握重权，这可不是一件什么好事，援古推今，希望你还是多加小心为是。"

谢晦听了此言，心里非常害怕，唯恐没有离京就遭遇不测，急忙打点行装，率军出城赴任。出城门回头观望渐行渐远的石头城，庆幸地说："今天总算逃过一劫。"

谢晦离京赴荆州上任后，宋文帝刘义隆立即将王华召回京都，任命为侍中，兼任骁骑将军；王昙首为侍中，兼任右卫将军；朱容子为右军将军。不久，又召到彦之进京，封为中领军，委以重任。

到彦之从襄阳回京都，经过江陵时，顺道拜访了刚刚上任的谢晦。为表示诚款，他还将自己的坐骑和宝刀赠给谢晦。谢晦也非常殷勤地为他饯别，厚结到彦之，心想朝中有个内应，从此可高枕无忧了。

深藏不露

宋文帝刘义隆虽然只有十八岁，却是器宇深沉，与两个兄长截然不同。刘义隆虽然从心里忌恨徐羡之、傅亮、谢晦三个人，但表面上不露声色，遇有军国重事，仍然要征求他们三个人的意见。册立皇后袁氏时，刘义隆将所有的事情都交给徐羡之、傅亮两人商定。徐羡之、傅亮两人受宠若惊，以为刘义隆是一位仁君，没有丝毫防备之心。

江陵参军孔宁子是刘义隆在荆州时的幕僚，刘义隆继位后随驾进京，任步军校尉。孔宁子与侍中王华乃莫逆之交，两人嫉妒徐羡之、傅亮专权，在刘义隆面前进言，说徐羡之、傅亮两人擅权，阴险狡诈，留下终究是一个隐患，建议除掉这两个人。刘义隆内心里是想除掉徐羡之、傅亮，发兵征讨谢晦，但碍于他们权重，迟迟没有动手，听了二人之言，更加信任他们，于是引为心腹。

转眼已是元嘉二年（425年），徐羡之、傅亮上表请求归政于皇上，刘义隆假意不准。经徐羡之和傅亮再三奏请，刘义隆这才准奏。

刘义隆亲政之后，积蓄在心中的怨气便慢慢发泄出来，首当其冲的便是徐羡之、傅亮以及荆州刺史谢晦。

谢晦有两个女儿，一个许配给彭城王刘义康，一个许配给新野侯刘义宾。当时，谢晦的妻子曹氏在大儿子谢世休的陪伴下，送女儿进京完婚。

刘义隆随即任命谢世休为秘书郎，让他留住京都，其实是软禁在京师作为人质。然后宣称要讨伐北魏。

王华得到消息，急忙进宫问道："陛下召檀道济进京，真的要讨伐北魏吗？"

刘义隆让左右退下，对王华说："你难道还不知道朕的意思吗？"

"臣也知道陛下的用意，但檀道济与徐羡之等三个人是一伙的，这样的人怎么能重用呢？"

刘义隆微笑着说："檀道济只是胁从，并非罪魁祸首，况且杀害营阳王这件事，根本就与他无关。如果先招抚他，推诚相待，他必定会为朕所用，相信他绝对不会有二心。"

不久，刘义隆又授王昙首的兄长王弘为车骑大将军，目的很明确，就是笼络王昙首。

徐羡之、傅亮二人虽然在朝堂辅政，却仍然被蒙在鼓里，认为刘义隆是信任他们的，对刘义隆的真正用意一无所知，他们不赞成北伐，并且还联合百官上奏劝谏。

刘义隆将奏折搁置一边，不置可否，弄得徐羡之、傅亮二人云里雾里，摸不着头脑。随后，从宫中传出消息，说皇上派外监万幼宗去荆州征询谢晦的意见，然后再决定是否北伐。

傅亮连忙给谢晦写了一封信，派心腹骑快马送往江陵。信中的内容就是告诉谢晦朝廷最近发生的一些事情，并说如果万幼宗到了江陵，千万不要附和他。谢晦自然是一一应承。

转眼已是元嘉三年（426年），刘义隆还没有动手，但他与王华密谋的事情已有所风闻。谢晦的弟弟黄门侍郎谢㬭听到了风声，派人去江陵给谢晦报信。

谢晦不相信这是真的，召来参军何承天，给他看傅亮的信，并说："万幼宗想必就要来了，傅公怕我坏好事，所以预先通报我。"

何承天说："外间都在说陛下决定北征，既然朝廷即将出师，还要让万幼宗来做什么？"

"谣传不足为信，傅公怎么可能骗我？"谢晦随即命何承天起草奏章，劝皇上来年再讨伐胡虏。

忽然，江夏参军乐冏奉内史程道惠之命，前来投送密函。谢晦展开一看，见是寻阳人写给程道惠的信，信中说朝廷不久将会有大动作。谢晦这才有些不安起来，急忙召来何承天商量，又给他看了程道惠的信，问道："万幼宗来这里，莫非朝廷真的有什么变化？"

何承天说："万幼宗来江陵，本来就没有道理，看了这封信，事已确凿，刺史就不要再疑虑了。"

谢晦急了，问道："如果朝廷真要对我不利，我该怎么办？"

何承天感慨地说："承蒙将军厚爱，我一直想要报答将军，如今事已至此，只怕一言难尽！"

谢晦大惊失色，问道："难道你要我自裁吗？"

何承天道："事情还不至于到这个地步，只是江陵一镇的兵力，不足以抵挡六军，如果将军出逃以求自保，那是最好不过的了。不然的话，就派心腹将士屯驻义阳，将军亲自率大军在夏口迎战，万一战败，可从义阳出逃，也不失为一条好退路。"

谢晦踌躇良久才说："荆州是用武之地，粮饷容易筹措，我们还是先决战，如果真的战败，再逃应该也不迟。"

当下，江陵全城戒严，谢晦与谘议参军颜邵商议起兵的事情。颜邵劝谢晦忠心事主，不要自寻死路。

"你算什么东西？"谢晦怒斥，"我请你来是商量起事的，不是请你来教训我的！"

颜邵自知再说无益，悄然退出，随之服毒自尽。

谢晦召见司马庾登之，对他说："我打算举兵东下，想请你率三千人守城。"

庾登之忙说："下官的家人都在京都，而且下官只是一介书生，从未带兵打仗，你还是另请他人吧！"

谢晦更加怅闷不已，又传问部属将领，有谁愿意镇守江陵城。问了半天，无人答应，谢晦几乎快要绝望了。正在这时，突然有一人闪出来答道："末将不才，愿担当此任！"

谢晦看过去，原来是南蛮司马周超，问道："给你三千人，够用吗？"

周超答道："三千人已足够守城，就算是外寇来犯，也可与之决一死战。"

庾登之听了周超之言，忙接口说："周超一定行，事成之后，下官愿将官职让给他。"

谢晦随即任命周超为行军司马，领南义阳太守，贬司马庾登之为长史。

谢晦正在江陵筹备起兵之事，刘义隆在京师已经动手了。

第十五章
檀道济平逆

铲除权臣

刘义隆皇位坐稳之后，秋后算账也就开始了。最先遭殃的是徐羡之、傅亮二人。因为他们就在刘义隆身边，便于动手，也必须先除掉，否则对后面计划的实施将会形成阻碍。刘义隆下诏，列举徐羡之、傅亮、谢晦三人擅杀二王之罪，召徐羡之、傅亮二人进宫，接受审查。并说："谢晦居长江上游，如果不服罪，朕将亲率六军，讨伐不臣。"

谢晦的弟弟黄门侍郎谢曤不知从哪里得到了消息，派人给傅亮透露了讯息，叫他不要应召入宫。傅亮接诏后，正同内使进宫，刚走到宫门口，便托言家里嫂嫂病重，需要料理一下，稍后便到。退出之后，一面派人通知徐羡之，自己乘轻车逃跑。

徐羡之奉命赴朝，正走到西明门外，突然接到傅亮派人送来的急报，立即返回家中，改乘内人的问讯车，微服出都，跑到新林时，见后面有人骑马追上来，自知难以脱身，慌忙跑到城郭烧陶的洞子里，上吊自杀了。

傅亮乘车出郭门，被屯骑校尉郭泓追上来抓获。刘义隆派中使告诉傅亮说："你参与弑逆，罪在不赦，念你到江陵迎驾，诚意可嘉，当使你诸子无恙。"

傅亮仰天长叹："我受先帝宠眷，受托孤之重，黜昏立明，无非是为社稷作想，并非私欲，更无篡逆之心，欲加之罪，何患无辞啊！"

不久，刘义隆下诏：傅亮斩首，妻儿赦免，流放建安；收捕徐羡之之子徐乔之、徐乞奴，谢晦之子谢世休，一并斩首；谢晦弟谢曘逮捕下狱。

谢晦正在江陵紧锣密鼓地筹备起兵之事，忽然有人来报，说司徒徐羡之、左光禄大夫傅亮，都已在京城杀身毁家。

"这是真的吗？"谢晦吓得跳了起来。话音未落，又有人闯进来报告一个更坏的消息：黄门侍郎二相公（谢曘）、秘书郎大公子（谢世休）也都被杀。

谢晦"哎哟"一声，晕倒在座椅上。左右急忙施救，灌他喝了一碗姜汤，醒过来之后，放声大哭。左右知道他心里悲痛，也不劝阻，索性让他痛哭一场。

谢晦平静下来之后，先令江陵将士为徐羡之、傅亮举哀，然后发布亲人的讣告，办理丧事。不久，朝廷声讨的谕旨传到江陵，谢晦看过之后，撕得粉碎，扔到地上，当即调集三万精兵，准备东下。出发前，谢晦亲自写了一本奏章，先是表明自己的赤胆忠心，天地可鉴，然后惋惜徐羡之、傅亮两位遇害的忠臣，最后劝宋文帝不要亲近像王弘兄弟以及王华这样擅弄权术的佞臣，不要误国害民。

檀道济平逆

刘义隆看了谢晦的奏章，怒不可遏，当即传令讨伐谢晦。此时檀道济已经进京。

刘义隆虽然年轻，二十岁刚过，就已经明察善任。他认为王弘、檀道济是武将，废立弑帝之谋原也不是由他俩兴起，因此决定对这两个人进行安抚。于是召见檀道济，安慰道："弑逆之事，你没有参与，你不要有任何顾虑。"

檀道济知道皇上召见自己的用意，不待他开口，便请求亲自率领大军征讨谢晦。

刘义隆笑道："看来你已是成竹在胸了。"

檀道济道："臣昔年曾与谢晦一同北伐，那些入关的策略，十有八九都出自谢晦。谢晦确实谋略过人，少有敌手。但谢晦从未单独带兵打仗，打仗不是他的强项。我佩服谢晦的才智，谢晦也知道我的骁勇。今奉王命讨伐他，以顺诛逆，谢晦必败无疑。"

刘义隆大喜，当即召入江州刺史王弘，任命为侍中司徒，兼任扬州刺史；又命彭城王刘义康督管荆、襄等八州军事，兼任荆州长史，留守京都。部署妥当之后，刘义隆率六军亲征，命到彦之为前锋，檀道济为统帅。大军陆续出都，逆流而上。

之前，袁皇后产下一个男婴，相貌十分凶恶。皇后善于相面，令人禀报刘义隆，说这个孩子相貌异常，将来必定破国亡家，决不可育，臣妾愿意杀了他，以绝后患！刘义隆不胜惊异，连忙赶到皇后的寝殿，阻止了皇后。这个孩子便留了下来，取名刘劭。

刘义隆要率兵出征，小皇子还没有满月，刘义隆特意命皇姐会稽公主进宫总管六宫之事。这位会稽长公主是宋武帝刘裕皇后臧氏的女儿，下嫁给振威将军徐逵之。徐逵之战死江夏，会稽公主寡居守节，经常出入宫中，所以刘义隆命她暂时管理后宫。后宫安排妥当后，刘义隆便可放心地率军西征了。

谢晦命令弟弟谢遁率万名士兵，与侄儿谢世猷、司马周超、参军何承天等人留守江陵，自己携同司马庾登之，率兵三万，从江津直达破冢。见江面上舳舻相接，旌旗蔽空。谢晦长叹道："恨我不能以这支军队为国效力啊！"

大军乘船顺流而下，到达江口，进踞巴陵。前哨探得宋军即将到达，大军随即准备迎战。当时正值雨季，总参军庾登之却一令不发，只在船中闲坐。参军刘和之不解其意，对谢晦说："现在正值雨季，我们这里降雨，宋军那里也一样，为何不进兵速战呢？"

谢晦也有同感，催促庾登之进军。庾登之解释说："水战不如火攻，现在天还没有放晴，等天晴了再发兵。"

谢晦觉得有理，于是下令停船休整。拖延了十五天，天气终于放晴，庾登之这才命中兵参军孔延秀率兵进攻彭城洲。

彭城洲守将是到彦之的部将萧欣，见敌兵来犯，萧欣怯懦无能，无奈之下，只得率兵应战，他命士兵冲锋在前，自己躲在阵后吓得浑身发抖。见孔延秀驱兵杀到，前军阵脚已乱，吓得丢下部队，独自乘船逃走了。主将临阵脱逃，士兵成了无头的苍蝇，顿时溃不成军。孔延秀乘胜采用火攻，烧毁营栅，攻克彭城洲。

到彦之得知前方战败的消息，不免心惊。众将也不敢应战，请求退守夏口，以待援军。到彦之害怕宋文帝怪罪下来，派人催促檀道济速速前来会师。道济率众赶到后，军心这才稳定下来。

谢晦得知孔延秀初战告捷，再一次向宋文帝刘义隆上表，声明自己和檀道济无罪。他以为檀道济也受到惩罚，没有想到辅助刘义隆西征的大元帅，正是南兖州刺史檀道济。

奏章刚刚发出去，军报已到，说是檀道济与到彦之会师，渡江而来。惊得谢晦仓皇失措，不知如何应对。正在焦急之时，孔延秀大败而归，报称彭城洲得而复失。

谢晦慌忙出船观望，远远看见前方大约有一二十艘战舰驶来，以为来兵不多，没有放在心上，命令各舰列阵以待，只是呐喊扬威，不要主动出击。那些来舰停泊在江心，并未再进，谢晦也按兵不进。

傍晚时分，东风大起，来舰四集，前后绵亘，看不出有多少兵船，且处处都悬着一个"檀"字旗号。突然，鼓声大震，敌船如飞而至。谢晦这一惊非同小可，慌忙下令迎战。

仗还没有打，部众却不战而溃。谢晦只好撤兵退守巴陵。后又觉得巴陵无险可守，索性连夜乘小船逃往江陵。

周超镇守江陵，得知雍州刺史刘粹奉旨攻打江陵，率兵应战，两军在沙桥交战，刘粹军大败，后退数十里。周超收军回城，见谢晦狼狈而归，料知全军溃败，不由得忧惧交加。

谢晦羞惭难当，除了拜谢周超外，并嘱咐他全力守城。周超知道江陵非久留之地，佯装答应，晚上却偷偷潜出城，投靠到彦之去了。

谢晦失去周超，焦急万分，又听说守兵也溃散了，忙与弟弟谢遁及哥哥的儿子谢世基、谢世猷出城北逃。谢遁身体肥壮，无法骑马，谢晦沿途守候，行走速度非常慢，走到安陆，被安陆守将光顺之抓获。七个人无一走脱，全部被塞进囚车，解送到宋文帝刘义隆军前。庾登之、何承天、孔延秀等人也全部投降。

刘义隆凯旋，将谢晦、谢遁、谢世基、谢世猷全部推出斩首，一同斩首的还有刚从大牢中提出来的谢嚼。

谢晦素有文才，侄子谢世基也善吟诗，临刑时，谢世基尚吟诗道：

> 伟哉横海鳞，壮矣垂天翼！
> 一旦失风水，翻为蝼蚁食！

谢晦不觉技痒，随口续道：

> 功遂侔昔人，保退无智力。
> 既涉太行险，斯路信难陟。

叔侄俩吟罢，伸头待刑。

忽有一少妇披发跣足，号啕而来，见到谢晦，抱住他大哭。因时间已到，监斩官劝少妇让开，少妇与谢晦永诀道："大丈夫当横尸战场，奈何凌籍都市？"

谢晦凄然地说："事已至此，不必多说。"话音未落，一声炮响，刽子手手起刀落，谢晦等人头落地。少妇晕倒在地，经从人抢救才苏醒过来，被随从拥入车中，疾行而去。少妇不是别人，正是谢晦之女、彭城王妃。

谢晦既诛，同党周超、孔延秀等人虽然投降，终究是抗拒王师，罪不可赦，均被赐死，但给他们留了一个全尸。唯庾登之、何承天得以幸免。

刘义隆铲除了权臣，从此政由己出，于是下令，加封平逆有功的檀道济为征南大将军，兼任江州刺史，到彦之为南豫州刺史。永嘉太守谢灵运为秘书监，始兴太守颜延之为中书侍郎，左卫将军殷景仁、右卫将军刘湛与王华、王昙首同为侍中，镇西谘议参军谢弘微为黄门侍郎。

云中之战

太武帝拓跋焘继位之后，采纳崔浩的建议，采取与民休息的政策，国内安定无事，忽然传来柔然国入侵、攻陷云中的消息。

这里有必要将柔然国的来龙去脉作一个简要交代。

柔然国是匈奴人的一个分支，先辈中有一个叫木骨间的人，曾是魏太武帝远祖的骑兵，因为受牵连，要被处以死刑。木骨间摆脱魏人的控制，从大西北逃往大草原。魏人虽曾追杀，但无果而终。

木骨间在大西北定居，生下一个儿子，名叫车鹿会。车鹿会智勇双全，他招集番人，自成部落，建国柔然。以木骨间作为姓氏，转音读作郁久闾。传到第六世孙社仑，柔然人看到了复兴的希望。因为社仑狡诈凶残，胆大心细，有勇有谋，乃大西北一代枭雄。社仑与魏太祖拓跋珪同时代，两雄相遇，终有一战，最终的结果是大西北的一代枭雄，不敌北魏雄主拓跋珪。大败之后的柔然人，退到漠北。

社仑退到漠北后，吞并了高车国，又兼并匈奴的其他几个小分支。这时候的社仑气焰嚣张，自号豆代可汗。"可汗"就是中国人所称的皇帝，"豆代"二字则是"驾驭"的意思。社仑死后，他的兄弟们为篡夺皇位自相残杀，大打出手，最终由堂弟大檀胜出。

大檀先后征服西部各部落，平定国乱，自称纥升盖可汗。"纥升盖"有"制胜"的意思。纥升盖可汗继承社仑的遗志，又想攻打北魏。听说北魏换了一代国君，便想在南方邻国的新君面前立威，柔然人几乎是倾巢而出，六万骑兵越过大漠，黑压压地扑向大草原，直奔云中，逼近北魏旧都盛乐宫。

年轻气盛的拓跋焘得知柔然人入侵，哪里咽得下这口气，立即率兵日夜兼程赶到已被纥升盖可汗郁久闾大檀夺去的盛乐。

纥升盖可汗郁久闾大檀万没料到魏国皇帝会亲自率兵来战，虽然觉吃惊，但也没有将他放在眼里，率领柔然骑兵将北魏骑兵团团围住，密密匝匝围了五十余层，犹如铜墙铁壁一般。

北魏士兵大为恐惧，拓跋焘却神色自若，毫不惊慌，从容地指挥魏军列阵应战。魏军依靠密集的箭阵射杀敌兵。柔然骑兵纷纷中箭落马。可汗的侄子，大将郁久闾陟斤亲自率兵冲阵，拓跋焘在阵中看得真切，一箭将郁久闾陟斤射落马下，被乱军踏为肉泥。柔然兵不战自乱，拓跋焘乘机率兵出击，柔然兵顿作鸟兽散。

纥升盖可汗郁久闾大檀实在不是什么狠角色，攻打周边小部落时如狼似虎，遇到南方强大的魏军，竟然如此不堪一击，夹在溃逃士兵的洪流中逃走了。

拓跋焘收复盛乐，回到平城，又派出五路大军齐头并进，将纥升盖可汗郁久闾大檀逐出漠北。经过这一战，拓跋焘认清了纥升盖可汗这个人，不仅狂妄，而且很无知，于是将"柔然"改为"蠕蠕"。

奇袭统万城

打掉柔然人的威风，北魏的精英们开始讨论下一个对手。恰好这时夏主赫连勃勃病逝，儿子赫连昌嗣位。

赫连勃勃是一个狠角色，北魏太武帝拓跋焘曾称赫连勃勃为"屈丐"，意在羞辱于他，其实内心对赫连勃勃十分忌惮。原因是赫连勃勃不但凶狠狡猾，而且善于用兵，这样的对手，没有人敢轻视。拓跋焘得到赫连勃勃的死讯，松了一口气，欲将胡夏当成下一个要吃的瓜，并征求鲜卑贵族们的意见。

群臣建议先伐蠕蠕国，然后再西征，认为蠕蠕国是手下败将，软柿子好捏。太常博士崔浩却持不同意见，他提议先讨伐西夏。

魏相长孙嵩问道："先讨伐西夏，如果大檀乘虚而入，那时该怎么办？"

崔浩反驳说："赫连氏残虐，人神共弃，且西夏的国土不过千里，我军一到，夏朝势必瓦解。蠕蠕刚刚吃了一场败仗，元气未复，一时还不敢侵犯我国，等他们袭击时，我军早已凯旋了！"

崔浩的想法与太武帝拓跋焘的想法不谋而合，得到了拓跋焘的认可。西征的决策很快就确定下来。

拓跋焘下令：司空奚斤率四万五千人马袭击蒲阪；将军周几率兵攻打陕城，用河东太守薛谨为向导，向西进发；拓跋焘则亲率大军为后应。

拓跋焘率领的大军行走到君子津时，气温突然下降，河面上结了一层厚厚的冰。拓跋焘随即率二万名轻骑踏冰过河，偷袭夏国国都统万城。

夏主赫连昌正在统万城宫中大宴群臣，突然得知魏军兵临城下，大惊失色，慌忙撤掉筵席，召集将士迎敌，并亲自领兵出城督战。然而，在仓促之间召集起来的部众，进退毫无章法，怎敌得过北魏的两万精骑，两军刚一交锋，夏军立即便溃败下来。

赫连昌随败军退回统万城，慌乱之间，连城门都来不及关闭，魏将豆代田便率一队轻骑尾追而入，直逼西宫。赫连昌退入宫中，紧闭宫门。豆代田命士兵在城内纵火，统万城中顿时火光冲天。豆代田由于是孤军深入，担心夏人清醒过来后关闭城门，截断后路而陷入巷战，在城内冲杀一阵之后，迅速退到城外，返回大营。拓跋焘当即封豆代田为勇武将军。

次日，统万城四门紧闭，夏军不敢出战。魏军乘机四处抢掠，俘获夏国军民万余人，得牛马十余万头。拓跋焘仰望高大的统万城高墙，对众将说："这次统万城恐怕拿不下来了，且待明年再来吧！"随即收兵回朝，顺带掠走万余名夏民。

拓跋焘退回平城，奇袭统万城的军事目的没有达到，进攻关中的魏军却取得出人意料的战果。

周几受命攻打弘农，夏军弘农守将曹达得知北魏军来攻，闻风丧胆，弃城而逃，魏军不战而得弘农。北魏军兵不血刃地进入弘农城，周几或许是有些兴奋过度，突然暴疾而亡。

奚斤代周几统率各军，继续进攻蒲阪。蒲阪守将赫连乙斗在魏军到达之前，派人骑快马向统万城告急，请求派兵支援。使者逃到统万城城外，登高一望，见城外旌旗飘扬，人喊马嘶，到处都是魏军，以为统万城已是不保，慌忙快马加鞭返回，报告说："统万城失陷了！"赫连乙斗大惊失色，都城都丢了，蒲阪还守得住吗？守又有什么意义呢？想也不想，立即弃城而走，逃奔长安去了。

长安留守赫连助兴是夏主赫连昌的弟弟，见赫连乙斗逃来长安，问道："你这是怎么回事？仗还没有打，人怎么就跑回来了？"

赫连乙斗道："统万城都没了，蒲阪、长安还守得住吗？"

两人一合计，长安也不要了，马上集合队伍，一路狂奔，逃往安定。

奚斤率领魏军又兵不血刃地攻克蒲阪，直入长安。魏军第一次起兵伐夏，战果辉煌。

赫连昌见赫连乙斗、赫连助兴放弃蒲阪、长安，气得暴跳如雷，大骂赫连乙斗、赫连助兴是饭桶，随即命五弟平原公赫连定领兵二万杀向长安，发誓要夺回失去的城市。

北魏太武帝拓跋焘收复关中之后，对统万城仍耿耿于怀，他派人前往阴山砍伐木材，打造攻城器械：云梯、攻城槌、攻城塔、投石机……发誓要拿下统万城。

赫连定率兵进攻长安，北魏统帅奚斤率军迎战，两军相持了数月，难分胜负。

拓跋焘见夏军攻打长安，欲乘虚攻打统万城，他命司徒长孙翰和常山王拓跋素等率兵陆续出发。拓跋焘亲自统领骑兵跟进。魏军先头部队越过君子津，直抵拔邻山（今内蒙古准格尔旗境），但打造的攻城器械尚未准备就绪，拓跋焘突然做出一个惊人的决定，故技重演，率三万轻骑再次偷袭统万城。

将领们劝阻说："上一次偷袭侥幸得手，这一次匈奴人肯定有防备，统万城城高墙厚，非旦夕可下。大军轻装而进，如果久攻不下，粮草得不到补给，将会陷入进退两难的境地。"

众将的担忧是有道理的，三万人如何攻城，何况是天下最坚固的统万城！

拓跋焘笑着说："夏军分兵攻打关中，我们带着一大批攻城器械去，声势浩大，他们敢出来应战吗？如果统万城久攻不下，到时粮尽兵疲，恐怕真的就陷入进退两难的境地了。用先头部队攻城，有前车之鉴，敌人一定不以为意。我们再装出羸弱不堪的样子，诱敌出击，只要他们出城，我就有把握击败他们。"

虽然有人觉得皇上说得有理，但大多数人从心里还是不赞成。

拓跋焘知道大家的心思，继续说："你们知道为什么吗？我们的将士离家两千余里，又有大河相隔，这就是所谓'置之死地而后生'的道理。三万轻骑，攻城虽然无必胜把握，用于决战，却是绰绰有余。"

众将再无话可说。拓跋焘于是率军急进，到达黑水之后，将精兵埋伏在周围山谷中，只领数千人马直逼统万城。

夏主赫连昌得知北魏军大举来犯，急令攻打长安的赫连定回师救援。

赫连定正在长安与魏军处于胶着状态，以为自己有必胜的把握，派人回复，说统万城易守难攻，待生擒魏将奚斤后，再回师统万城，内外夹攻，必能大破敌军。赫连昌无奈，只得下令将士坚守城池，以待援军。

拓跋焘见夏军坚守不出，继续进行此前的表演。军中本有粮食，他不让动，让士兵们满山遍野地挖野菜，并派士兵四处抢夺夏民的粮食。意在说明，魏营军中无粮。拓跋焘又使苦肉计，故意重罚士兵，遭罚的士兵心存不满，逃往统万城。

受罚的北魏士兵逃进统万城，信誓旦旦地向赫连昌报告：魏军孤军深入，没有后续部队，也没有辎重，补给跟不上，军中已经断粮，士兵只能挖野菜充饥，此时正是歼灭魏军的大好时机。

赫连昌大喜，当即决定督众出击。

拓跋焘率兵且战且走，夏兵从两翼追来。退了约五六里，突然风雨大作，霎时，扬沙走石，天地晦冥，北魏宦官赵倪颇晓方术，对拓跋焘道："风雨从贼人方向而来，我们处于逆风，天不助人，还请陛下速避贼锋！"

话还没有说完，崔浩在一旁呵斥道："乱说什么？我军千里远来，全靠这一仗决胜负。贼人大意轻敌，追了过来，他们又没有援军，我们正好将他们引进埋伏圈，杀他个片甲不留。天道无常，全凭人力。"

拓跋焘连声称善，继续将夏兵向深谷诱进。夏兵刚进入深谷，四周伏兵齐出。

拓跋焘将士兵分成两队抵挡夏兵，自己身先士卒，一马当先杀入敌阵。夏国尚书斛黎文手举长矛杀过来，拓跋焘手握缰绳纵马一跃，突然马失前蹄，拓跋焘重重地坠落马下。

斛黎文立即纵身下马，欲活捉拓跋焘。紧要关头，魏将拓跋齐冲上前来，大叫"勿伤我主！"，拦住斛黎文，拼死力斗。

斛黎文来不及上马，拓跋焘已腾身跃起，拔刀闪电般刺向斛黎文。斛黎文猝不及防，狂喷一口鲜血，倒地而亡。

拓跋焘重新上马，立杀夏兵十余人，虽然身中数箭，仍然奋击不止。魏兵一齐杀上，夏兵大败。

夏主赫连昌欲逃回城中，不料拓跋焘已绕到他的前面，截住了去路。无奈之下，只得率残部逃往上封。

拓跋焘乘胜攻打统万城。城中无主，军民立即溃散，魏兵攻克统万城。

第十六章
元嘉北伐

赫连氏称臣

匈奴人的失败不可避免，皇帝逃跑了，统万城群龙无首，成千上万的鲜卑骑兵涌进统万城。夏国的王、公、卿、将以及后妃、公主、宫女及军民，都成了鲜卑人的俘虏，马匹三十余万，牛羊数千万，国库中的珍宝、车辆，还有数不胜数的精美器物，都成了鲜卑人的战利品。

拓跋焘登上城楼，巡视统万城，俯瞰全城，见夏宫城高墙厚，就连宫墙也备极崇隆，宫内的台榭雕镂刻画，饰以绮绣，不禁感叹地说："这么一个蕞尔小国，竟有如此浩繁的建筑，劳民伤财，挥霍无度，怎么会不灭亡呢？"

拓跋焘生性俭朴，平常的衣服饮食够用就行，从不轻易浪费一草一木，但对将士们的赏赐却很大方，攻占统万城后，他将所得的战利品全都分赏给有功将士和死难将士的家属，那些皇亲贵族、达官贵人以及宠臣中，很少有人无缘无故得到赏赐。

拓跋焘在统万城只待了两天，便留下常山王拓跋素镇守统万城，自己率大队人马，押着俘虏，返回平城。

夏国太史令张渊、徐辩颇有才学，拓跋焘惜才，命他们仍为太史令。原晋将军毛修之，之前被夏国俘虏，如今又成了北魏的俘虏，因为他善于烹饪，拓跋焘便任命他为大官令。

夏国的皇后、嫔妃全部收入后宫。夏国公主中有三人天生绝色，都是赫连勃勃的女儿，拓跋焘将她们收入后宫，迫令她们侍寝。三位美人虽然不愿意，但人在屋檐下，不得不低头，除了娇容之外，她们什么也没有，无奈之下，只好勉抱衾裯，轮流给拓跋焘陪睡，随后被拓跋焘封为贵人。不久，赫连勃勃的大女儿被封为皇后。

拓跋焘体谅下情，因奚斤率军在外作战时间较长，特地召他回京休息。奚斤立功心切，不但不同意回京，反而还要求增兵，说要乘胜追击，一举歼灭夏国的残余势力。拓跋焘只得拨给他战马三千匹，增派宗正娥清和太仆邱堆率一万人马与之会师。

赫连定听说统万城失守，又见大量魏兵援军到来，率众逃往上邽。

奚斤虽然率兵追赶，但还是让赫连定跑掉了。于是进军安定，与娥清、邱堆会师，打算进取上邽。后来的战局却超出了奚斤的预料。

匈奴皇帝赫连昌坚守平凉，魏军长途跋涉，水土不服，马匹得了瘟疫，大批死亡。对于善于马战的鲜卑人来说，没有战马，就意味着丧失了战斗力。更要命的是军中粮草不继，部队很难继续前进。奚斤只得下令安营扎寨，加固营垒，以求自保。并派邱堆率兵到民间向百姓强行征收粮草，又派士兵四出劫掠，如此一来，戒备就有所放松。

赫连昌伺机偷袭，杀败邱堆军。邱堆带残骑回到安定城。此后夏兵经常到城下抢掠，魏军很难筹到粮食，奚斤忧心忡忡。

危难之时，一个叫安颉的鲜卑军官站出来，对奚斤说："赫连昌做事轻率，少谋寡断，常常亲自出阵挑战。军中士兵都认识他的模样，如果设伏兵袭击，赫连昌可擒。"

奚斤一脸疲倦地说："没有战马，用步兵攻击骑兵，这仗怎么打？还是等待朝廷援军吧！援军一到，内外夹击，才有胜算。"

安颉急了，说："今天不战，明日又不战，粮食只会越来越少，战马也只会越来越缺乏，到时连性命都保不住，还怎么破敌？"

奚斤面有难色，不置可否。

安颉料知奚斤无能，去找另一个将军尉眷密议，两人一拍即合，挑选百余名精骑，躲藏在城门口，静候夏军来攻。

天刚破晓，夏兵果然前来攻城，冲在前面的正是赫连昌。安颉和尉眷突然大开城门，率精骑从城中杀出，直扑赫连昌。此时老天爷也来凑热闹，突然狂风大作，尘土飞扬，且恰恰魏兵是顺风，匈奴人是逆风。

赫连昌料知抵挡不住，掉头就跑。安颉拍马穷追不舍，挥矛刺伤了赫连昌的坐骑，战马负痛，乱蹦乱跳，将赫连昌抛落马下，安颉率魏兵一拥而上，活捉了赫连昌。

安颉、尉眷押着赫连昌回到平城。拓跋焘封安颉为建威将军，兼平西公；封尉眷为宁北将军，兼渔阳公。

拓跋焘对赫连昌很礼遇，封他为会稽公，让他居住在西宫门内。

赫连昌仪容俊伟，擅长骑射，拓跋焘越来越欣赏他，竟将妹子始平公主嫁给他为妻，还经常和他一起去深山打猎。

群臣担心赫连昌有异心，一再劝谏拓跋焘不要过分礼待赫连昌。拓跋焘道："一切自有天数，不必顾虑太多。"对赫连昌依然如旧。

奚斤因属下违逆自己，荣立大功而受奖，引为耻辱，探知夏主的弟弟赫连定在平凉称帝，下令全军带足三天的粮草，攻打赫连定。不但未立寸功，反而中了匈奴人的埋伏，奚斤、娥清、刘拔等人都被匈奴人活捉了。

太仆邱堆刚刚将粮草运送到安定，听说奚斤等人战败被俘，丢弃辎重，千里奔败，从安定逃往长安，又从长安逃往蒲阪。

拓跋焘闻报，怒不可遏，下令安颉斩杀邱堆，并提拔安颉为主将，镇守蒲阪以抵抗夏军。并且准备亲自督军讨伐赫连定，不料此时柔然人突然趁机侵边。考虑再三，还是决定先攻打柔然。

北魏军渡过漠南，轻骑奔袭，日夜兼程到达栗水（今蒙古国翁金河）。柔然部落毫无防备，满山遍野的牧民与牛羊四处逃散，柔然纥升盖可汗大檀大惊失色，焚毁了穹庐帐篷，率部众向西仓皇逃窜。

拓跋焘率军沿栗水西行追击，抵达菟园水（今蒙古国杭爱山图音河），所到之处，将柔然汗国的人口、牲畜、帐篷洗劫一空。一直追击到涿邪山（今阿尔泰山东段），因担心继续深入会中埋伏，意犹未尽地收兵返回平城。

后来听说纥升盖可汗大檀就藏在距涿邪山一百八十里处的南山，魏军撤走后，才侥幸逃得性命。凉州的匈奴商人告诉鲜卑人说："如果魏军再向西进军两天，柔然汗国就彻底完蛋了！"

拓跋焘想起崔浩的话，后悔不迭。

纥升盖可汗大檀眼睁睁地看着鲜卑骑兵蹂躏汗国的大漠草原，抢掠牲畜和财物，自己毫无抵抗之力，忧愤交加，吐血而亡。他的儿子郁久闾吴提嗣位，自称敕连可汗。"敕连"是"神圣"的意思。

敕连可汗自知国势衰弱，于是派人到平城，向北魏太武帝拓跋焘称臣纳贡。

拓跋焘当然愿意，两国于是休兵，北方兵戈也告平息。

元嘉北伐

宋文帝刘义隆继位的时候，曾派使者去北魏示好，北魏太武帝拓跋焘也派使者与刘宋修好。就在拓跋焘即将讨伐柔然的时候，北魏使者正好回国，带回宋文帝刘义隆索取国土的要求："黄河以南是宋国领土，被魏国无理占有，宋国要求恢复旧日疆界，如不归还，将兵戎相见。"

拓跋焘大笑道："龟鳖小儿，有什么能耐？等我先行北伐，灭蠕蠕后，再行南征，大战一场。"

崔浩也赞成拓跋焘的决策。拓跋焘毅然率兵北伐，先收拾不安分的柔然人，然后与宋朝解决领土纠纷。

刘义隆没有吓住拓跋焘，拓跋焘也没有吓住刘义隆，南北两大帝国皇帝争霸的序幕即将拉开，好戏在后头。

拓跋焘北伐，征服了柔然人。凯旋之后，加授崔浩为侍中，晋封为抚军大将军，从此以后，凡是有军国大事，拓跋焘都要先征求崔浩的意见，然后才下令施行。

元嘉七年三月，刘义隆兵分两路，任命右将军到彦之为主帅，安北将军王仲德、兖州刺史竺灵秀为副将，挑选精兵五万，乘船自清水（今济水）进入黄河，溯流西进；又命骁骑将军段宏率八千名骑兵直指虎牢关，豫州刺史刘德武领兵一万人为后应。命堂弟长沙王刘义欣（刘道怜长子）统兵三万坐镇彭城，负责后勤。第一次元嘉北伐的序幕就此拉开。出征前，刘义隆派殿前将军田奇出使北魏。

田奇到达平城，向太武帝拓跋焘转达刘义隆之意："黄河南岸是刘宋属地，我国将派兵收复旧地，这件事与魏国无关。"

拓跋焘气得暴跳如雷，冲着宋使大吼："告诉你家皇帝，自打我从娘胎里爬出来，就听说黄河南岸是大魏的疆土，你们怎么能随意侵犯？如果宋主一定要出兵，悉听尊便，我倒要看看，你们有没有能耐抢走大魏的土地！"

宋使田奇早就料到会是这样的结果，也不多说，告退返回。

拓跋焘召集群臣商议对策。很多大臣都建议先发制人，并杀尽黄河北岸的流民，免得他们做宋军的向导。

崔浩再次站出来力排众议，他说："入夏以后，河水暴涨，南方草木茂盛，地气郁结蒸发，容易滋生瘟疫，不利于行军。如果宋军真的北来，我军正好以逸待劳，等到宋军疲倦，再突然出击。那时秋高马肥，还能取食于敌军，才不失为万全计策！"

拓跋焘向来听信崔浩的话，自然采纳他的意见，按兵不动。

不久，南方诸将一再上表，请求派兵支援，并恳请在漳水修造战舰，以抵御敌军。朝臣对此都十分赞成,并想让司马楚之、鲁轨、韩延之等人去招降宋军。

崔浩又站出来反对,他说:"司马楚之等人深为宋人憎恨。一旦宋人听说我国派发精兵,大造战舰,想诛灭刘氏而存立司马氏,一定十分震骇,定会拼死相搏。我国虚张声势,反招祸害,岂不是自找麻烦?况且司马楚之这种人只能招来无赖之徒,成不了大事。帮助这种人,只会使我国兵祸不断,这不是陛下愿意看到的结果,也不是百姓愿意看到的结果。"

拓跋焘未免有些踌躇。

崔浩接着说:"今年不适合用兵,宋朝今年发兵,一定出师不利,陛下尽可高枕无忧。"

这一次,拓跋焘不想拂众人之意,下令修造三千艘战舰,将幽州以南的守军全部调集河上;并授司马楚之为安南大将军,封为琅邪王,命他驻守颍川。

宋右将军到彦之所部自淮河进入泗水,正碰上淮水暴涨,逆流而上,每天只能行进十里,走了三个多月,才到达须昌,进入黄河水道。逆流而上,到达碻磝(今山东茌平西南古黄河南岸),魏兵早已撤走;再进滑台,也是一座空城;接着进军洛阳、虎牢,全都是城门大开,不见一兵一卒。到彦之大喜,以为魏军怕了,望风而逃,于是命朱修之驻守滑台,尹冲驻守虎牢,杜冀驻守金墉,其他部将屯居灵昌津。

宋军兵不血刃平定河南,收复洛阳,将士们喜气洋洋,唯独王仲德面有忧色。众人不理解。王仲德说:"你们没有看清局势,说不定我们已经中了鲜卑人的圈套。鲜卑人仁义不足,狡猾有余,今天他们弃城北归,待到天寒地冰时,一定会卷土重来,怎能不让人担心?"

到彦之等不信,都说王仲德多心了。

唱筹量沙

转眼到了初冬，天气转寒，魏军开始反击，将军安颉率军卷土重来，宋将姚耸夫率兵渡河接战，竟然一击而溃。安颉不仅顺利渡过黄河，而且还乘势攻占了金墉、洛阳，接着移军攻打虎牢关。

虎牢关守将尹冲得知魏军来犯，立即向到彦之求援。到彦之命裨将王蟠龙率军援应。王蟠龙率军行至七女津（今山东东平西北岸），被魏将杜超截击，王蟠龙战死。尹冲听说援军大败，王蟠龙阵亡，便与荥阳太守崔模一同投降了魏军，虎牢关再次被北魏占领。

刘义隆命征南将军檀道济率兵讨伐北魏。北魏也派寿光侯叔孙建、汝阴公长孙道生渡黄河南下，接应安颉。

到彦之听说北魏大军即将杀到，檀道济的兵马却不见踪影，惶恐之下，便想率军撤退。将军垣护之写信劝谏说："当前最好是派竺灵秀协助守滑台，将军不但不应撤军，反而要率大军向黄河北岸进军。"

到彦之不但不听，甚至还想焚毁战船，改走陆路。

王仲德进言道："洛阳沦陷，虎牢肯定守不住，将军不必过于忧惧。现在胡虏与我军相距不下千里，滑台还有强兵驻守，如果我军突然舍舟撤军，军心必定动摇。"

"那该怎么办？"到彦之没了主意。

王仲德建议道："还是先乘船去历城，再决定是否撤兵吧！"

到彦之采纳了王仲德的建议，当即率军乘战船，自清河赶往历城。刚走到历城，便传来魏兵追来的消息，慌忙焚舟弃甲，登岸步行，一溜风似的逃回彭城。驻守须昌的竺灵秀也弃城率军南逃，青、兖二州大震。

长沙王刘义欣誓众戒严，部将害怕北魏大军杀来，都劝他退回都城。刘义欣慷慨激昂地说："天子命我镇守彭城，我应与彭城共存亡，怎能弃城而逃？"城内人心因此稍稍安定。

北魏大将叔孙建、长孙道生的大队骑兵趁机渡过黄河南下，围攻历城。

历城城内兵不满千，面对北魏大队人马，恐怕是不堪一击，历城太守萧承之急中生智，使了一招空城计，下令偃旗息鼓，大开城门。

魏军疑有伏兵，在城外探望多时，始终不敢进城，终究还是不敢冒险，放弃历城，继续南下追击逃跑的宋军，在兖州击败竺灵秀，杀死宋军五千余人。

各路兵败的消息陆续传到建康，刘义隆大怒，将到彦之、王仲德二人逮捕入狱，竺灵秀就地正法，垣护之劝阻有功，升任北高平太守。并催促檀道济驰援滑台。

檀道济自清水出兵，向滑台进发，途中不断遭到魏将叔孙建、长孙道生所部阻截，两军先后三十余战，宋军胜多败少，边战边走，一直打到历城。叔孙建突发奇招，派轻骑袭击宋军粮道，烧毁了宋军粮草，切断宋军粮道。宋军军中乏粮，檀道济难以继续前进。

魏军一面在清河截击檀道济，一面猛攻滑台。刘宋滑台守将朱修之坚守孤城已有数月，城中断粮，士兵以老鼠肉充饥，最终因难抗北魏各路大军的围攻而沦陷，朱修之成了魏军的俘虏。

滑台失守，军中断粮，檀道济只得下令撤军，危难之中，士兵有的当了逃兵，有的投降了魏军。更要命的是，降军把宋军粮尽的消息报告魏军。叔孙建得到情报，立即集合魏军南下追击。

魏军越来越近，宋军疲惫不堪，无论是心理上还是生理上，都接近极限，随时都有溃散的危险，檀道济只得下令部队安营扎寨，并放出侦探，随时注意魏军的动向。

夜幕降临，宋军军营内灯火通明，一袋一袋粮食堆积在营帐里，管粮官手持竹筹唱着计数，士兵们一斗一斗地量着粮食，军营里一片繁忙景象。

天刚破晓，魏军侦骑将宋营军粮充足的消息迅速向主将报告。叔孙建以为前来告密的宋兵诈降，一怒之下，把降兵全都杀了。其实，魏军上下都被檀道济骗了，因为那一袋一袋的"粮食"，其实都是沙子，那一斗一斗的"粮食"，其实只有面上一层是白米，里面也全是沙子，宋军真的断粮了。

叔孙建似乎不甘心，仗着人多势众，直逼宋军营前。

檀道济从容不迫，按部就班，下令将士们拔寨起行，自己身着白衣，乘坐轻车，在左右的前呼后拥下缓缓出营，向南行进。

魏军铁骑站在远处观望，见宋军主将气定神闲，队伍行进整齐有序，谁也不敢轻举妄动。叔孙建见檀道济如此淡定，自己不淡定了：宋军粮尽军疲，实在是一种假象，再加上主将的这番表演，一定藏着更大的阴谋，诱敌进攻？一定设有伏兵。叔孙建庆幸自己见识得早，没有中檀道济的阴谋诡计，下令全军不可轻举妄动。

檀道济凭借大智大勇，率领濒临崩溃的宋军安全撤回。"唱筹量沙"成为军事史上的一大传奇。

第十七章
自毁长城

夏国灭亡

魏主拓跋焘见已经攻克了河南，便命安颉班师回朝。此前被俘的朱修之也被押到平城。鉴于朱修之坚守滑台数月，拓跋焘敬佩他是一员猛将，于是封朱修之为侍中，并挑选一位宗室之女赐给他为妻。司马楚之恳请拓跋焘趁机讨伐刘宋，拓跋焘并没有同意，但封司马楚之为散骑常侍。

夏主赫连定擒获奚斤等北魏将帅后，占据关中，声势浩大。他还派人出使刘宋，约请宋文帝刘义隆共同出兵攻打北魏，许诺事成之后平分北魏疆土。

拓跋焘正准备出兵讨伐夏朝，得到这个消息后，怒火中烧，当即率兵赶到统万城，直捣匈奴人的老巢平凉。

赫连定刚在安定落脚，得知魏军奔袭平凉，慌忙率兵回援，途中在鹑觚原（今甘肃灵台东北）被魏军打了埋伏，一场激战，匈奴人伤亡惨重，赫连定在亲信的保护下冲出重围，率残部逃往上邽。

夏将东平公赫连乙斗竟然弃了安定城，逃往长安，不久又西奔上邽，依附赫连定去了。

拓跋焘率军攻打平凉，夏朝上谷公赫连杜干、广阳公度洛弧率城中军民严防死守，拼命抵抗，双方一攻一守，相持十余天，谁也奈何不了谁。

拓跋焘让已经投靠北魏的赫连昌前往平凉招降，赫连杜干等人誓死不从。

拓跋焘于是下令在平凉城外掘深壕，筑营垒，将平凉城围得水泄不通。双方又相持一月有余。赫连杜干等人已身疲力尽，听说夏主赫连定败奔上邽，平凉已成弃子，无奈之下，只得率众开城投降。

北魏将军豆代田最先进入平凉，进城之后，命人将夏宫中的皇后、嫔妃全部拘拿。从狱中放出被俘的奚斤等人。并派人报告魏主拓跋焘。拓跋焘大喜，进城后发榜安民，设宴庆祝。

庆功宴上，拓跋焘让豆代田坐在左席上首，把奚斤叫到面前，对他说："你的命是豆代田将军救的，按理说，你应膝行向豆代田将军敬酒，以感谢他的救命之恩。"

奚斤不敢违命，只得双手捧一杯酒，来到豆代田面前，屈膝敬酒。

豆代田离座接过奚斤的敬酒，一饮而尽。

拓跋焘又命将夏后释放，叫她侑宴，给豆代田将军斟酒。

豆代田见夏后低眉半蹙，泪眼微红，娇愁之态让人生怜，起身对拓跋焘说："陛下，她也曾是一国主母，请稍稍给她留一点体面吧！"

"怎么？你看上她了吗？"拓跋焘笑着说，"那我就把她赐给你好了。"

豆代田将军喜出望外，出座拜谢。宴会散了之后，将夏后领走了。

第二天，拓跋焘下诏，晋封豆代田为井陉侯，加散骑常侍、右卫将军。

平凉既下，长安一带重新为北魏所有，拓跋焘留巴东公延普镇守安定，镇西将军王斤镇守长安，然后率军回了平城。

夏主赫连定仅保留上邽一隅之地，国土多半失去，自思东隅难复，决定向西边发展，打算等待时机成熟，再报仇雪恨。

当时陇西有个鲜卑族建立的西秦国。东晋时苻坚战败身亡之后，乞伏国仁占据凉州、临洮、河州，自称大单于，统领秦、河二州。乞伏国仁死后，他的弟弟乞伏乾归继位。

乞伏乾归占据陇西，自称秦王，历史上称为西秦。后来，乞伏乾归被哥哥的儿子乞伏公府杀死，不久，乞伏乾归的儿子乞伏炽磐反过来又杀了乞伏公府。

乞伏炽磐吞并南凉秃发氏，广拓疆土，儿子乞伏暮末继位后，经常与北凉开战，劳民伤财，导致国势衰弱，众叛亲离。无奈之下，乞伏暮末投降了北魏。

北魏主拓跋焘派人迎接乞伏暮末。乞伏暮末焚城邑，毁宝器，带领族人东行，不料在上邽遭到夏主赫连定的截杀。乞伏氏宗族五百余人被杀得一个不剩。

赫连定驱赶十多万秦民，自治城渡河，欲夺占北凉疆土作为根据地。不料吐谷浑王慕璝率三万劲旅突袭赫连定，赫连定兵败被俘。

吐谷浑也是鲜卑族的一支，远祖吐谷浑是晋初鲜卑都督慕容廆的兄弟，原先居住在辽西，迁到阴山后，出了一个名叫叶延的子孙。叶延用王父的字作为姓氏，建国号为吐谷浑。历经三世之后，传承到阿豺手里。阿豺兼并氐、羌等方圆数千里的地盘，自称骁骑将军、沙州刺史。宋景平初年，阿豺派使者去江南建康朝贡，宋少帝刘义符封他为浇河公，直到宋文帝刘义隆继位，阿豺才正式接受册封。阿豺有二十个儿子，临终前，他让每一个儿子献上一支箭，共得二十支。然后把胞弟慕利延召进营帐，让他从中任意取出一支箭，折一折试试，慕利延不费吹灰之力，便把这支箭断了。阿豺让人把另外十九支箭绑在一起，让慕利延再折。慕利延费了九牛二虎之力，也不能把一捆箭折断。

"你们都看到了吧！"阿豺对弟弟和儿子们说："一支箭很容易被折断，一捆箭难动分毫。这说明了一个道理，孤单易折，众厚难摧，我希望你们以后要勠力同心，保全社稷！"言罢，安详地闭上了眼睛。

阿豺去世后，弟弟慕璝继位，继续向刘宋称臣纳贡，宋文帝刘义隆封他为陇西公。慕璝又派使者去北魏上贡，魏主拓跋焘封他为大将军。

慕璝听说夏主赫连定率兵西进，当即命慕利延率三万劲旅沿河截击。慕利延杀败夏军，活捉赫连定。慕璝随后派侍郎谢太宁将赫连定押送到平城。魏主拓跋焘下令斩杀赫连定，加封慕璝为西秦王。

不久，赫连昌背叛北魏，向西逃窜，途中被河西军击毙。赫连昌的儿子以及兄弟全部被诛杀。夏朝只传承三世，便族灭国亡。

萧承之灭氏众

关陇之南有一个地方叫仇池，据说是一块胜地，方圆百顷，平地凸起，高约七里，四面陡峭险峻，山间羊肠小道环绕，须经过三十六座回峰，才能登上仇池顶峰。仇池山顶上水草丰美，可以煮盐，为氏族部落占据。

东汉末年，有一个名叫杨腾的氏族头目占据了仇池。其子孙杨千万曾向曹魏称臣，受封为百顷王。

传到杨飞龙这一代，氏族势力逐渐强盛起来，晋王朝封杨飞龙为平西将军。杨飞龙没有子嗣，只有一个外甥名叫令狐茂搜，杨飞龙让令狐茂搜改姓杨，又传三代至杨初。

杨初自称仇池公，其曾孙杨纂为苻秦所灭。苻秦亡国后，杨氏遗族杨定逃到陇右，召集一千多名氏族旧众，继续据守仇池。后来，杨定迁到距离仇池二十里地的历城（非山东历城），夺取上邽、略阳等地，自称陇西王。后来被西秦王乞伏乾归所杀。杨定的堂弟杨盛留守仇池，自称仇池公，出兵汉中，向晋朝称臣。晋主封杨盛为征西大将军，兼仇池王。宋武帝刘裕篡夺晋朝后，又封杨盛为车骑将军，晋爵武都王。

元嘉二年，杨盛病重，临终前嘱咐儿子杨玄要善事宋帝。杨盛病逝后，杨玄向刘宋告哀。宋文帝刘义隆命杨玄承袭父爵。杨玄又与北魏通好，拓跋焘封杨玄为征南大将军兼南秦王。才过了四年时间，杨玄也病倒了，临终前将弟弟杨难当叫到床边，对他说："眼下国家还没有安定下来，需要励精图治。我的儿子保宗年幼无知，劳烦弟弟你继承大统，不要辜负先父的重望！"

杨难当立即推辞，说他愿意辅立侄儿杨保宗。杨玄死后，杨难当果然拥立杨保宗为嗣主。偏偏杨难当的老婆姚氏有想法，不停地给杨难当吹枕头风，说："现在国势衰弱，应该由一个年长能主事的人当国君，才能稳定人心，你怎么去辅佐一个乳臭未干的小孩子呢？"

杨难当先尚不在意，听多了，却也动了心，于是废黜杨保宗，取而代之，自称征西大将军、秦州刺史、武都王，主管雍、凉、秦三州的军事。

那时赫连氏已经灭亡，上邽空虚，杨难当便命儿子杨顺占据上邽。又任命杨保宗为镇南将军，令他驻守宕昌。

杨保宗想重新夺回王位，不料处事不密，被杨难当察觉，被逮捕入狱。

当时，刘宋的梁州刺史甄法护政事懈怠，宋文帝刘义隆特意派刺史萧思话前去接任。萧思话还没有到任，觊觎汉中的杨难当乘机发难，偷袭梁州。甄法护本就是一个庸人，没有做任何抵抗，带着妻儿弃城出逃，奔往洋州去了。

萧思话前往梁州赴任。刚走到襄阳，听说梁州已失守，忙令行军司马萧承之率五百人为前锋，长史萧汪之率五百人为后应，兵发梁州，夺回失地。

萧承之就是后来齐高帝萧道成的父亲，曾任济南太守，此次调任汉中太守，和萧思话同行，兼任行军司马。萧承之奉令率兵打头阵，自思所带士兵太少，沿途又招募了一千多名壮丁，进据磜头。

杨难当在汉中大肆抢掠一番后，命将军赵温留守梁州，率部众返回仇池。

赵温命魏兴太守薛健据守黄金山，副守姜宝据守铁城。铁城与黄金山相隔仅一里之遥。

萧承之派阴平太守萧坦攻打黄金山与铁城两地。萧坦率兵长驱直入，先攻克铁城，随后拿下黄金山，薛健、姜宝大败而逃。

赵温见薛健、姜宝战败，亲自率兵来攻，满怀信心地以为能讨回一点面子，不料捉鸡不成反蚀把米，自己也被杀得落荒而逃。

萧坦在战斗中也身负重伤，退回大营养伤，萧承之另派司马锡文祖镇守黄金山。此时，后队的萧汪之也率兵赶到。将军裴方明奉临川王刘义庆之命，也率军赶来助战。萧承之率各军一路追击，在汉津杀败杨难当的儿子杨和与赵温。

不久，萧思话也率兵赶到，与萧承之合兵一处，奋力进攻，连战皆捷，不但将退守大桃的敌众全部赶走，也顺势夺回梁州。以前被杨盛攻占的魏兴、上庸、新城三郡，也都被宋军收复。汉中全境已经没有一个氐族人。

杨难当害怕宋军入境，慌忙上表赔罪。宋文帝刘义隆见好就收，赦免杨难当的死罪；令萧思话镇守汉中，加封宁朔将军；召回萧承之，任命为太子屯骑校尉；将甄法护收入大牢，赐自尽。

不为五斗米折腰

北魏太武帝拓跋焘得到河南后，分兵镇守，接着又加封崔浩为司徒，长孙道生为司空。这两个人堪称拓跋焘的左膀右臂，不可或缺。

崔浩劝拓跋焘偃武修文，招纳贤士，于是一群贤才如范阳人卢玄、赵郡人李灵、河间人邢颖、渤海人高允、广平人游雅、太原人张伟等，都得以入朝辅政。

崔浩又修改律令：除四岁、五岁这两个年龄段的刑律不变外，其他各年龄层都增加一年刑罚；如果妇女在刑罚前怀孕，则缓期执行刑罚，待婴儿百日之后，再按律处置，这些规定，充满了人性化色彩。

崔浩又建议在宫门前悬挂登闻鼓，百姓有冤情，可以击鼓鸣冤。这些政策深得人心，北魏国内安定承平，国势也蒸蒸日上。

崔浩想与江左修好，息兵安民，在他的一再恳请下，太武帝拓跋焘派散骑侍郎周绍出使建康，并乞求与刘宋和亲。

宋文帝刘义隆只是含糊其词，并没有作出明确答复，但也派魏道生为使，前往平城与北魏通好，此后两国和平相处，互通使节，往来不绝。

不久，拓跋焘册立儿子拓跋晃为太子，再次派散骑常侍宋宣到建康为太子求婚。宋文帝刘义隆仍然是支吾对付。虽然亲事始终没有定下来，但南北和平相处了十多年，两国百姓也都从中受益。

宋主刘义隆听说北魏太武帝拓跋焘求贤恤民，于是也学着干，下了几道劝农务商和招揽贤才的诏书，无奈亲贵擅权，吏胥徇私枉法，即使有那么几位博学遗老，也不敢贸然出力给朝廷办事，其中最著名的是寻阳陶渊明。

陶渊明名潜，字元亮，晋朝大司马陶侃的曾孙，在晋朝时曾为彭泽县令。有一次，上级派督邮来彭泽县考核治绩。有人告诉陶渊明：那是上级派来的人，县令应穿戴整齐、恭恭敬敬地去迎接。陶渊明听后，长长叹了一口气说："我岂能为五斗米折腰！"五斗米是县令的薪俸，陶渊明的意思是不愿为区区五斗米的薪俸，就低声下气去向这些家伙献殷勤。既然不循惯例，官场当然就混不下去，陶渊明于是辞官归田。

陶渊明回归田园，写了一篇《归去来兮辞》，自明志趣。他家门前种有五棵柳树，因而作《五柳先生传》。其妻翟氏与他志同道合，二人一同隐居乡里，陶渊明耕种，翟氏锄地，二人安心于耕作，享受清贫，不慕名利。

刘宋司徒王弘担任江州刺史时，曾让陶渊明的朋友庞通之准备了一桌酒宴，邀请陶渊明共饮。陶渊明嗜酒，欣然前往，入座便饮。不久，王弘到了，陶渊明仍然只顾自斟自饮，既不通姓名，也不打招呼，等到微有醉意，即告辞而去。

陶渊明每次写文章，都会署上具体时间，到宋初时，他改变了这个习惯，每次完稿后，只署"甲子"二字，隐喻不会给宋室办事之意。

宋文帝刘义隆对此很不满，正拟对陶渊明有所惩戒，恰好陶渊明此时病逝，也就不再追究了。后世称陶渊明为靖节先生。

王弘听说陶渊明病逝，也叹息不已。

元嘉九年（432年），王弘晋爵太保，才过了一个多月，突然逝世。王华、王昙首随后也相继病亡。

自毁长城

彭城王刘义康出任司徒，兼任尚书事，独揽朝政大权。刘义康是刘义隆的二弟，为人也很聪明，曾为徐州刺史。

领军将军刘湛与尚书仆射殷景仁乃莫逆之交，刘湛能够入朝为官，多亏殷景仁推荐，刘湛是一个小人，不思报德，却对殷景仁心存忌妒，一心想把殷景仁排挤出去。由于殷景仁深得刘义隆的宠信，不但没有被朝廷疏远，反而被任命为中书令兼中护军。刘湛未能升官，只是兼任太子詹事。

如此一来，刘湛更加憎恨殷景仁，仗着彭城王刘义康对他的宠信，大肆挑拨离间，诋毁殷景仁。刘义隆不但不信，反而更加恩宠殷景仁。殷景仁也知道刘湛排斥自己，时间一久，不禁感叹地说："引虎入室，终将噬人啊！"随之称病请求辞官。

刘义隆不答应，只是让殷景仁在家养病。刘湛心里更是不平，拟令兵士装成强盗，乘夜刺杀殷景仁。尚未行动，就有人向刘义隆告了密。为安全起见，刘义隆命殷景仁迁到西掖门，住在宫禁附近，刘湛的阴谋才没有得逞。

后将军司马庾炳之颇有才华，他和殷景仁、刘湛的私交都不错，但更忠于文帝刘义隆。刘义隆与殷景仁之间的密函来往，都是经过庾炳之暗中传递。刘湛对此全然不知。听说庾炳之出入殷家，以为只是探病，丝毫不起疑心。

不久，恃才傲物的谢灵运因郁郁不得志，对政务有所懈怠，遭到刘湛等人的弹劾。刘义隆派人将谢灵运抓回来治罪。谢灵运抗旨不服，竟捉了来使，并赋诗说：

> 韩亡子房奋，秦帝鲁连耻。
> 本自江海人，忠义感君子。

于是，有人说谢灵运逆迹昭著，当即兴兵逮捕了谢灵运。

刘义隆怜谢灵运是个人才，力排众议，免去他的死罪，将他流放到广州。

不料又有人诬陷谢灵运，说他私买兵器，纠结壮士，要在三江口起事。刘义隆只好割爱，将谢灵运就地正法。

谢灵运只是个文人，怎么能造反？无非是文辞狂放，触怒当道权贵，落得身首异处，遗恨千秋！

不久，刘湛一群佞臣又将矛头指向檀道济。

宋室良将首推檀道济。檀道济自历城回来后，升任司空，仍然镇守寻阳。檀道济自身地位非常显赫，再加上跟随左右的心腹，个个都是身经百战的猛将，几个儿子也都在朝中任高官，如给事黄门侍郎檀植，司徒从事中郎檀粲，太子舍人檀隰，征北主簿檀承伯，秘书郎檀遵等，都是秉受家传，才具卓绝之士。如此一来，檀家便有功高震主之嫌，遭到某些人的中伤。

当时，刘义隆卧病在床，刘湛私下对彭城王刘义康说："皇上要是有什么不测，其他人不足为虑，唯檀道济让人不放心。"

刘义康问道："你说的也有道理，我们该怎么办呢？"

刘湛献计说："不如召檀道济进京，到时便容易下手了。"

"他肯进京吗？"

刘湛说："可以假借胡虏侵犯边界，请他进京商议对策，他不会有疑心，一定会来。"

刘义康点头称是，忙进宫向刘义隆禀报，请旨召檀道济进京。

刘义隆身在病中，神疲意懒，无暇问明原因，含含糊糊地便同意了。刘义康立即飞诏召檀道济进京。

檀道济接到诏书，当即准备起程，妻子向氏劝说道："你功高位尊，遭人嫉恨，如今朝廷无故召你进京，吉凶难料啊！"

檀道济安慰地说："我刚全师保境，未负国家，有何不测？且诏书上说有边患，我去京城一趟，应该没什么问题，你大可以放心。"

檀道济到建康后，询问胡虏侵边之事。刘义康支支吾吾地说："胡虏已经退走，这件事不用忧心了，只是陛下最近病情加重，真的很棘手啊！"

檀道济得知皇上病重，连忙辞别刘义康，进宫探望皇上，见刘义隆果然十分虚弱，略略慰问便退出。

后来，刘义隆的病日见沉重，檀道济便留在建康，随时进宫请安。直到第二年（元嘉十三年）春季，刘义隆的病情终于好转，檀道济这才辞行，起程回寻阳。刚上船，突然中使赶上来，说皇上病情加重，命他返回议事。

檀道济不敢不从，立即返回建康。刚到宫门前，就被刘义康手下的禁军拘拿，跪听刘湛宣读圣旨。圣旨说：檀道济潜散金货，招诱不逞之徒，因朕寝疾，规肆祸心，收付廷尉，等等。

檀道济至此才明白，这次奉诏进京，其实就是一个陷阱，目的就是要除掉自己。想到这里，心中大怒，怒目注视着刘湛。转念又一想，自己已落入奸人之手，多言无益，索性摘下冠帽，丢在地上，愤愤地说："就是你们这些奸佞小人，毁了宋室的万里长城！"说罢，自己走向大牢，随之被处死。

阴险狠毒的刘湛杀了檀道济还不甘心，竟然怂恿刘义康，将檀道济的十一个儿子全都杀了，只留下小孙子檀孺，算是给檀家留了一支香火。跟从檀道济多年的参军薛肜、高进，也一并处死。

刘义康与刘湛冤杀檀道济，刘义隆尚在病中，毫不知情，病愈之后，深感惋惜，质问刘义康："你们为何擅杀檀道济，毁我长城？"

刘义康回答说："刘湛对臣说，不杀道济，后必有患，故臣诛之。"

北魏太武帝拓跋焘听说檀道济被杀，高兴地说："檀道济一死，吴人均不足畏也！"

第十八章

北魏灭燕凉

北燕兴亡

　　燕主冯弘是后燕中卫将军冯跋的弟弟。冯跋得罪后燕，亡命山泽。后燕主慕容熙（即慕容宝之叔）淫荒失德，冯跋趁势讨伐后燕，拥立慕容熙的养子高云为主，杀掉慕容熙。不久，冯跋又杀掉高云，取而代之，成为新的燕主，定都龙城。史家称为北燕。

　　北魏太武帝拓跋焘派使臣于什门到龙城，令北燕主冯跋向北魏称臣，冯跋不仅大骂拓跋焘狂妄，而且还拘禁了于什门，迫令他投降。于什门忠于北魏，宁死不屈。冯跋于是将他扣押在北燕，不让他回国。从此，北魏与北燕两国成了冤家对头，战火不断。

　　没过多久，北燕发生内乱。冯跋病重，命太子冯翼摄政。冯跋的妃子宋氏欲立自己的亲生儿子，迫使太子冯翼退居东宫。冯跋的弟弟冯弘却趁机进宫篡夺了帝位，冯跋受惊吓而死，太子冯翼及其兄弟全部被杀。

　　拓跋焘见北燕发生内乱，再次督兵讨伐北燕，连连告捷。

　　北燕尚书郭渊劝燕主冯弘向北魏朝贡求和。冯弘摇头说："两国结怨已久，就算我屈身乞降，也未必能保全性命，还是奋力抗敌吧！"于是调兵遣将，仍与北魏相抗。

刘宋降将朱修之心系故国，趁拓跋焘出征之机，联络前时被北魏俘虏的刘宋将士，约定一起袭击拓跋焘，事成之后，一起回归故国。另外一位刘宋旧将毛修之，由于被俘多年，已经习惯了北魏的生活，不愿意背叛北魏。

朱修之担心毛修之泄密，逃往北燕。燕主冯弘随之请朱修之回宋国求援。朱修之乘船走海路，返回建康。

当时，彭城王刘义康及领军将军刘湛正忙于自毁长城，冤杀良将，根本就没有心思支援北燕，讨伐北魏。朱修之没有请到援兵，在北燕也就失去了获得高官的本钱，燕主冯弘只是给了他一个黄门侍郎的官职。

太武帝拓跋焘听说国内的宋人谋变，担心老巢出事，立即率兵返回平城。

北燕刚经历过内乱，尚未恢复元气，谁知下一轮内讧又开始了，而这一次内讧，直接成了北燕的催命符。

原来，冯弘的妻子王氏生有三个儿子，长子冯崇，次子冯朗，三子冯邈。此外，宠妾慕容氏也生有一个儿子，名叫冯王仁。冯弘篡位之后，没有册立妻子为皇后，而是册立慕容氏为皇后，立冯王仁为太子。冯崇受封为长乐公，镇守辽西。冯弘的次子冯朗对弟弟冯邈说："国家将亡，父皇只听信慕容氏的谗言，只怕没有等到国家灭亡，我们兄弟就要先遭惨祸了。"

冯邈也有同感，问道："哥哥有什么好办法吗？"

冯朗不假思索地说："三十六计，走为上策。"

二人一合计，随即前往辽西，劝大哥冯崇投奔北魏。冯崇对自己未被立为太子耿耿于怀，一肚子怨气，两个弟弟的到来，如同火上浇油，当即便让冯邈向北魏请降。

冯弘听说三个儿子卖国，勃然大怒，立即派部将封羽征讨三个不肖子。冯崇新归降北魏，当然要向北魏求救。

太武帝拓跋焘封冯崇为车骑大将军，兼辽西王。并派永昌王拓跋健、左仆射安原率兵支援辽西，进攻龙城。拓跋健杀到辽西，燕将封羽不战即降。

冯弘大惊失色，忙向北魏示弱，表示愿意献上女儿，以求和解。

拓跋焘则要求冯弘放还扣押在北燕的于什门，并将北燕太子冯王仁送到北魏充当人质，答应这个条件，休兵言和，否则，兵戎相见。

冯弘当即释放于什门归国。

于什门被北燕拘禁长达二十一年之久，始终不肯屈节，拓跋焘将他比作苏武，回国后，封为治书御史。

冯弘舍不得儿子，再加上宠后慕容氏又是哭又是闹，没有送太子冯王仁到北魏充当人质，当拓跋焘派使臣前来催促的时候，他竟然赶走了北魏使臣。

散骑常侍刘滋极力劝谏，说太子只是暂时去魏国充当人质，只要陛下修政治，抚百姓，赈饥穷，劝农桑，省赋役，维持国本，使燕国转弱为强，到时魏主就不敢轻视燕国，太子自然就可以回来了。

冯弘大怒，拍案道："你也有父子情谊，难道叫朕送儿子就死吗？"

"陛下派太子去魏国，未必就死，国家却可保平安；否则，国家危在旦夕，到时不但太子不保，国家也要灭亡了啊！"

"大胆狂徒，竟敢咒诅朕！"冯弘暴跳如雷，喝令左右将刘滋绑出去斩了。

冯弘赶走北魏使臣，转头派人到建康向刘宋称臣，请求军事援助。

宋文帝刘义隆只是封冯弘为燕王，称北燕为黄龙国，并未出兵救援。

冯弘知道刘宋不可靠，忙又派部将汤烛带着贡品前往平城，向太武帝拓跋焘说明，说太子染病，暂时不能前往北魏。

拓跋焘也不是好糊弄的，知道这是借口，当即下了逐客令，并命永昌王拓跋健率兵讨伐北燕，顺带将北燕田地里成熟的庄稼收回来，做到打仗筹粮两不误。接着又命骠骑大将军乐平王拓跋丕，镇东大将军徒河、屈垣等，率四万骑兵直捣龙城。

冯弘大惊失色，急忙派太常卿杨崏牵羊担酒前去犒劳魏兵，向北魏屈膝求和。

屈垣直白地说："燕国不送太子，我军就前来问候一下，如果诚心悔罪投降，速将太子献出，这才是唯一解决问题的办法。"

杨崛说这得请示皇上，自己作不了主，唯唯而退。

屈垣等了一天，北燕没有任何音讯，于是纵兵大肆抢掠，给北燕施加压力。不久，拓跋丕也率兵赶到，直捣龙城。

冯弘大惊失色，只得再派杨崛前往魏营乞求。

拓跋丕给冯弘一个月的期限，考虑是否交出太子，然后率四万大军，押着六千名俘虏，带着抢掠的财物，从容退去。

一个月的期限转眼即到，冯弘仍然没有交出太子的意思。杨崛一再劝谏。冯弘却说："我舍不得儿子啊！万一事情紧迫，咱就先投奔东边的高丽，然后再作打算吧！"

杨崛着急地说："如果再不交出太子，北魏将要出动倾国之兵，到时恐怕很难招架。陛下要投奔高丽，但高丽也是异族。刚开始可能会接纳我们，最终一定会抛弃我们，不可不防啊！"

冯弘不听劝告，秘密派尚书阳伊前往高丽，请求高丽发兵护送。

阳伊请的援兵未到，北魏已是大军压境。冯弘故技重演，向魏营送去酒肉等贡物，谎称愿意将太子送往北魏。

拓跋焘看透了冯弘，不受冯弘的蒙骗，命平东将军娥清、安西将军古弼率万余名精兵杀入燕境；再命平州刺史拓跋婴调集辽西各路兵马，大张旗鼓地杀奔北燕，攻克白狼城后，直捣龙城。

恰在此时，北燕尚书阳伊搬请的高丽救兵到了，将士达数万人之多，驻扎在临川。北燕尚书令郭生不愿意东迁，率兵打开城门，请魏兵进龙城。

魏兵怀疑北燕有诈，只在城外徘徊，不敢进城。郭生见魏军不敢进城，竟然亲自勒兵攻打冯弘。

冯弘急了，请高丽主将葛卢、孟光率军进城。高丽军进城与郭生率领的部众展开巷战，混战之中，郭生中箭身亡。蛇无头不走，部众随之逃散。

葛卢、孟光击败郭生之后，乘势将北燕武库中的兵器、甲胄全部搬出来，分给高丽的兵士。高丽兵脱去旧衣换上新装，焕然一新。

高丽人见北燕城中百姓生活殷实，见财起心，任意打劫，彻夜不休。冯弘竟然睁一只眼，闭一只眼，只求迅速迁往高丽。可怜的龙城百姓，不仅财物被洗劫一空，还要离乡背井。

北魏安西将军古弼见高丽兵马数倍于己，不敢出战，只是坚守营垒，作壁上观。北燕主冯弘率众东行的时候，古弼正在营中喝酒。部将高苟子进帐报告，说燕人大批出逃，请古弼出兵追敌。古弼已有醉意，拔刀劈案，大吼：
"谁敢打断老子的酒兴，老子宰了他！"

高苟子吓得伸了伸舌头，慌忙退出。

古弼第二天酒醒后，听说燕主已经逃远，后悔莫及，忙率兵进入龙城，可此时的龙城只是一座空城，只得据实奏报皇上，等待他的是惩罚。

几天之后，一辆囚车从龙城缓缓驶出，囚车里的人正是古弼。平东将军娥清也被召回平城，二人被削去官职，贬为看守城门的士兵。

拓跋焘随即派散骑常侍封拨前往高丽，令高丽王将冯弘交给北魏。

高丽王高琏不但不肯交出冯弘，甚至要求北魏向高丽称臣。

拓跋焘恨得牙痒，拟发兵东征，将高丽国夷为平地。幸亏乐平王拓跋丕苦苦相劝，才打消了这个念头。

冯弘一行到了高丽京城郊外，高琏派人前去慰问。

冯弘既愧又恨，以北燕皇帝的名义，给高琏送去一封禅位诏书。

高琏见冯弘居然摆臭架子，不免动怒，下令不许冯弘进城，先是让他居住在平郭，随后又让他迁往北丰。

冯弘到了北丰，仍然像在龙城一样，政刑赏罚，独行独断。高琏得知后，更是怒上加怒，派兵到北丰将太子冯王仁和冯弘的亲信大臣一并拘拿，送往其他地方关押。

冯弘原本是为了爱子娇妻，才甘心弃国，远投高丽，没想到仍然弄得父子生离，悲愤交集，又秘密派人到建康，向宋廷求援。

宋文帝刘义隆接到冯弘的求援信，派王白驹去高丽迎接冯弘，并要求高琏负担冯弘一行前往建康的费用。

高琏非常恼火，索性派孙漱、高仇两将带数百兵士到北丰，将冯弘及全家十余口全都杀了。

北燕自冯跋篡立以来，仅传一代而亡，成为历史的匆匆过客。高琏杀了冯弘及家人，却还假惺惺地追封冯弘谥号为昭成皇帝，然后向刘宋朝廷通报，谎称冯弘暴病而亡。

宋文帝刘义隆听说冯弘病故，也就罢休，没有再追究。

北魏灭凉

太武帝拓跋焘灭掉北燕后，又打起了北凉的主意。

北凉沮渠氏，世代都是匈奴左沮渠王，他们以官职为姓氏。后凉主吕光背着西秦自立，任命沮渠罗仇为尚书，然后率兵讨伐西秦，不料大败而归。吕光将战败之责归罪于沮渠罗仇兄弟，将他们处斩了。

沮渠罗仇的侄子沮渠蒙逊，推举太守段业为凉州牧，自为部将，率兵为叔父报仇，并一举击败后凉，活捉后凉主吕光和他的侄儿吕纯。

段业自称凉王，用沮渠蒙逊为尚书左丞，历史上称为北凉。

由于沮渠蒙逊功高权重，段业对他有所忌惮，于是任命沮渠蒙逊出任西平太守，将他调离凉州。

沮渠蒙逊也是一个有野心的人，当然不会任由段业摆布，于是率兵杀进凉州，杀了段业，自称凉州牧，兼张掖公。

后来，后秦灭掉后凉，南凉主秃发傉檀奉命据守姑臧。沮渠蒙逊赶走秃发傉檀，攻占姑臧作为国都，将全族的人都迁到姑臧，又自封河西王。

西凉灭亡后，北凉的国土更广阔。沮渠蒙逊派人到建康向刘宋朝贡，接受宋文帝的册封。然后又将儿子沮渠安周派到北魏，让他在拓跋焘身边当差，获得北魏太武帝的封赏。两头讨好，可见沮渠蒙逊非常狡猾。

治国二十多年，沮渠蒙逊不免骄淫起来。北魏大臣李顺屡次出使北凉，刚开始，沮渠蒙逊尚能以礼相待，时间一长，便露出了原形，对李顺的态度逐渐冷淡，直至狂傲，箕踞上坐，受书不拜。

李顺正色地说："齐桓公九合诸侯，一匡天下，周天子赐胙，命他不拜。齐桓公犹谨守臣道，下拜登受。今凉王功不及齐桓公，我朝皇帝也没有让你免拜，你竟然骄蹇无礼，莫非轻视我朝不成！"

沮渠蒙逊这才神色悚惶，下拜受诏。

李顺回国后，太武帝拓跋焘问起北凉的事情。李顺回答说："沮渠蒙逊控制河右将近三十年，应当有些谋略。虽然没有为后代留下什么治国之策，但仍足以传承一代。然而，礼为德舆，敬为德基，沮渠蒙逊非但无礼，而且不敬，离死期也不远了，不出两年，恐怕就是他的大限。"

拓跋焘问道："沮渠蒙逊死后，北凉何时当灭？"

李顺想了想说："沮渠蒙逊的几个儿子，臣都见过，全都是庸才，只有敦煌太守牧犍稍有见识，皇位一定非他莫属。但牧犍始终不及其父，这是上天要将北凉送给陛下啊！"

拓跋焘大喜，说道："如果事情真的如你所料，朕一定为你记功。"

一年之后，果然有北凉使者来到平城向北魏告丧，说沮渠蒙逊去世，世子沮渠牧犍嗣位。

拓跋焘高兴地对李顺说："你的话果真应验了，看来朕取北凉是时候了。"

拓跋焘随即封李顺为安西将军，让他带着诏书去北凉，封沮渠牧犍为凉州刺史兼河西王。

拓跋焘曾向沮渠蒙逊提亲，请他将女儿兴平公主嫁给自己为夫人，沮渠蒙逊生前也答应了，只是还没有把女儿送到北魏，自己就归天了。沮渠牧犍奉父亲遗命，特派右丞李紇将妹妹兴平公主送到北魏。

拓跋焘也愿意将亲妹妹武威公主嫁给沮渠牧犍。沮渠牧犍仍派李顺迎归。彼此联姻，本以为是亲上加亲，可以无虞。偏偏拓跋焘想让沮渠牧犍的儿子沮渠封坛来自己身边做事。沮渠牧犍虽然不愿意，也不敢抗命。

拓跋焘本想依李顺之前所言，发兵攻占北凉，由于李顺的劝阻，才暂免了兵戈。李顺为何又要替北凉说话呢？说穿了也不难理解，因为他收了北凉人的巨额贿赂，得人钱财，替人消灾。

一天，忽然有一位老人在敦煌东门投入信函，里面写着："凉王三十年如七年。"看守城门的士兵看了信函后，觉得很奇怪，四处寻找，始终没有找到投送信函的人。于是将信函上交，最后到了沮渠牧犍的手里。沮渠牧犍也看不懂，随即召来宦官张慎询问。张慎说："听说虢国将亡时，有神人启示。如果陛下崇德修政，就会保有三十年的福运；如果陛下痴迷狩猎，沉迷酒色，恐怕七年之后，国家必有大变。"

张慎之言，其实是忠告，沮渠牧犍听了，却很不高兴。

原来，北凉王沮渠牧犍与他的嫂子李氏通奸，他们兄弟三人都轮流和她相好。北凉王后拓跋氏即拓跋焘的妹妹武威公主对此颇有怨言。李氏与沮渠牧犍的姐姐合谋下毒害北魏武威公主。幸亏武威公主稍稍进食便感到腹中痛疼，自知中毒，立即派内侍飞报北魏太武帝。拓跋焘派出解毒医生乘坐驿站的马车驰往救治，才救了武威公主一命。拓跋焘勒令沮渠牧犍将李氏交给北魏，沮渠牧犍不肯交出，只是给李氏很多财物，命她迁居酒泉。

张慎之言戳到了沮渠牧犍的痛处，沮渠牧犍当然就不高兴了。

拓跋焘派尚书贺多罗出使北凉观察虚实。贺多罗回来后，也说沮渠牧犍虽然表面上对魏称臣纳贡，内心却叛离乖张。拓跋焘打算出兵北凉，向崔浩询问对策。

崔浩说："沮渠牧犍叛逆之心，早已显露，不能不杀。我军前几年北伐，虽说没有取得太大的胜利，实际上也没遭受什么损失。战马共三十万匹，算起来在征途中死伤的不满八千。平时每年正常死亡的也不少于一万匹。而远方借此便说我们的国力消耗殆尽，难以恢复。如果我军出其不意，突然出现在他们面前，他们必惊恐万状，不知所措，我军一定可以大获全胜。"

"太好了。"拓跋焘说，"我也是这样想的。"于是，召集公卿在太极殿西堂讨论。

弘农王奚斤等三十余人都说："沮渠牧犍是西方边陲归附的下等小国，虽然对我国不太臣服，但是自从继位以后，每年进贡从不间断减少。朝廷也把他作为藩臣来看待，嫁公主给他为妻。如今，他的罪行还不十分明显，应该加以宽恕。我国讨伐柔然汗国归来不久，人马疲惫，不能够再大举兴兵征讨了。况且，听说凉国的土地贫瘠，盐碱地居多，水草也不多。如果大军兵临城下，他们一定环城固守。我军久攻不克，荒郊野外也没有什么可劫掠，这可是个危险的策略。"

李顺曾出使北凉，拓跋焘认为李顺有才能，又向李顺询问北凉的情况。

北凉沮渠蒙逊时，李顺曾多次出使北凉，沮渠蒙逊常与李顺一起游乐宴饮，曾说了一些骄傲无礼的大话，害怕李顺向北魏朝廷报告，便把金银财宝塞进李顺的怀里，李顺乐而受之，当然也就替沮渠蒙逊隐瞒了。

李顺见问，仍然是过去的态度，回答说："从温圉水以西直到姑臧，遍地都是枯石，绝对没有水草。当地人说：姑臧城南的天梯山上，冬天有积雪，深达几丈。春季和夏季的时候，积雪融化，从山上流下来，形成河流，当地居民就是引雪水入渠，灌溉农田。如果凉州人听说我们大军开到，一定会掘开渠口，让水流尽，我军的人马就无水可用。姑臧城方圆百里之内，土地因无水杂草不生，我军人马饥渴，也难以久留。奚斤他们的意见是正确的。"

拓跋焘于是让崔浩和李顺进行辩论，自己退到后面去了。众人无话可说，只是声称"凉州没有水草"，出兵大不利。

崔浩振振有词地说："《汉书·地理志》中说：'凉州的畜产，天下最为富饶。'如果那里没有水草，牲畜怎么繁殖？汉朝也绝不会在没有水草的土地上兴筑城郭，设置郡县。况且，高山冰雪融化以后，只能浸湿地皮，收敛尘土，怎么能够挖通渠道，灌溉农田呢！这种话实在太荒谬，不可信。"

李顺驳斥说："耳闻不如眼见。我曾亲眼看到，你有什么资格和我辩论？"

崔浩不客气地说："你接受了人家的金钱贿赂，得人钱财，替人消灾，当然要替人家说话，你以为我没有亲眼看到，就能被你蒙在鼓里吗？"

李顺被崔浩戳中了心病，羞惭满面，低头退下。拓跋焘从屏风后走出来，表情十分严厉，群臣不敢再说什么，唯唯听命而已。

众人散去之后，振威将军、代郡人伊𫠆对拓跋焘说："凉州如果真的没有水草，他们怎么能建立王国？大多数人说的都不可信，陛下应该相信崔浩之言。"

拓跋焘赞同伊𫠆的说法。

拓跋焘随之便在平城西郊练兵，下诏亲征：命太子拓跋晃监国，宜都王穆寿辅政；又命大将军稽敬率领二万人马屯驻漠南，防备柔然汗国乘虚而入。同时发布文告，历数北凉王沮渠牧犍十二项罪状，并警告沮渠牧犍说："你如果亲率群臣，伏地迎接，在我马前跪拜请罪，这是上策；军临城下，你反绑双手，携带空棺出城迎接，这是中策；如果困守孤城，执迷不悟，就要身死族灭，受到天下最酷烈的惩罚！"

沮渠牧犍接到诏书，没有理会。拓跋焘立即率兵亲征。

大军从云中渡过黄河，抵达上郡属国城。留下辎重，分派各军，命永昌王、抚军大将军拓跋健与常山王拓跋素为前锋，兵分两路，同时进发；又命乐平王拓跋丕、阳平王杜超为后备军，平西将军源贺为向导。

拓跋焘曾向源贺询问攻取北凉的作战方略。源贺说姑臧城外有四个鲜卑族部落，都是他祖父的老部下，他愿意在大军到达之前，向四个鲜卑族部落宣扬北魏的威信，分析利害关系，劝他们归降。四个鲜卑族部落一旦脱离北凉，姑臧城就成了一座孤城，攻打就易如反掌了。

拓跋焘大喜，批准了源贺的建议。

源贺沿途招慰，收得各部落三万余人，魏军得以专攻姑臧。永昌王拓跋健缴获北凉的各种牲畜达二十余万头，北凉大震。

北凉王沮渠牧犍听说北魏大军前来的消息，急忙向柔然汗国求救兵。柔然人因路途遥远不肯发兵。沮渠牧犍只得督兵守城。

拓跋焘率兵抵达姑臧城下，见姑臧城外的水草十分茂盛，不禁有些愤恨，对崔浩说："还是你说得对，可恨这个李顺，竟敢欺骗朕！"

崔浩回答说："我不敢讲假话，向来如此。"

拓跋焘派使者进城，令沮渠牧犍投降。

沮渠牧犍开始不肯听命，等到城中守兵溃散，侄儿沮渠万年举白旗率众出城降魏后，只得让人把自己捆起来，出城请降。从沮渠牧犍即位到此时自绑出降，正好是七年时间。

拓跋焘只是责备了沮渠牧犍几句，便命人给他松绑，以妹婿之礼相待。并让沮渠牧犍带着宗族及吏民三万户，随大军回平城。乐平王拓跋丕及征西将军贺多罗奉命镇守凉州。

后来，沮渠牧犍的弟弟沮渠无讳等人因叛变而被剿杀，沮渠牧犍因暗藏毒药而被赐死，沮渠牧犍的弟弟沮渠万年以及嫁到北魏的妹妹也都因坐罪而被赐死。沮渠氏宗族死了数百人，唯独沮渠牧犍的妻子武威公主，因是拓跋焘的亲妹妹而得以幸存，在此一笔带过。

拓跋焘灭掉北凉后，大河南北尽为北魏所有，只有氐帅杨难当还占据上邽一隅之地。

第十九章
南北对峙

南北对峙

氐帅杨难当自从梁州兵败之后，一心只想保守自己的领土，不敢向外扩张，而且每年准时向宋、魏两国朝贡。一年后，杨难当又不安分了，自称大秦王，册立妻子为王后，世子为太子，并大赦改元。杨难当的侄子杨保宗也因大赦而被释放出狱，奉命镇守薰亭。

太武帝拓跋焘得知杨难当又称王，立即派平东将军崔颐前往仇池，斥责杨难当胆大妄为，并命乐平王拓跋丕、尚书令刘絜等率军征讨。

杨难当大为惊恐，情愿将上邽送给北魏，命儿子杨顺率部众返回仇池。

拓跋焘这才作罢，命拓跋丕入驻上邽城，抚慰百姓，然后大军还朝。

东晋时代，五胡并起，中国大地先后出现了十六国，分别是二赵（前赵、后赵）、四燕（前燕、后燕、南燕、北燕）、三秦（前秦、后秦、西秦）、五凉（前凉、后凉、南凉、西凉、北凉）、成汉以及胡夏。到了晋亡宋兴之时，只有夏赫连氏，北燕冯氏，北凉沮渠氏三胡尚存。北魏太武帝拓跋焘连灭夏朝、北燕、北凉三国。十六国中，唯独李雄踞蜀称王，传三代被晋朝灭亡，后来被刘裕收复。刘裕篡晋称帝后，蜀地归刘宋所有，此外其他国家都被北魏吞并。当时，中国的疆域，刘宋得三四成，北魏得六七成，两国对峙，划分南北，后世因此称为南北朝。

此时，北魏国力最为强盛，威震塞外。西域诸国如龟兹、疏勒、乌孙、悦般、渴槃陀、鄯善、焉耆、车师、粟特九大部落，都先后向北魏朝贡；远者如一万五千里之外的破落那、者舌二国，也派使者来平城，向北魏太武帝称臣朝贡；就连西方的波斯、东方的高丽，也都臣服于北魏，唯独柔然人不服，屡次侵扰北魏。后来在太武帝拓跋焘的高压之下，柔然才迁出漠北，部落也逐渐离散，无力再犯。

北魏太武帝拓跋焘是一代雄主，一心想治理好国家，命司徒崔浩、侍郎高允纂修国史，订定律历；令尚书李顺考核百官，制定严格的考核制度。李顺贪财，收受贿赂如家常便饭，因而在考核百官时就显得有失公平。拓跋焘得知后，勃然大怒，以欺君误国之罪，赐李顺自尽。

拓跋焘也有一大失误。当时，有个名叫寇谦之的嵩山道士，宗尚道教。自称自己遇到老子的玄孙李谱文，得到图籍真经，受李谱文的点拨，特地来辅佐北方太平真君，并将神书献给北魏皇帝。

拓跋焘将寇谦之献上的图籍真经拿给崔浩看。崔浩竟将其视为河图洛书，并极力向拓跋焘推荐说："这正是天人相契！陛下应顺承上天的旨意。"

拓跋焘欣慰无比，下诏改元，称为太平真君元年（刘宋元嘉十七年），尊寇谦之为天师。随后，拓跋焘又是立道场，又是筑道坛，准备亲自领受神谕。

寇谦之奏请修建静轮宫，要求越高越好，说只有站在很高的地方，听不见地上的鸡犬之声，才可以感应到天神的声音。崔浩也在一旁怂恿。

拓跋焘当即拨巨款修建静轮宫。由于工程浩大，数年都没有完工。

太子拓跋晃一再进宫劝谏说："天人道殊，高下有定，凡人怎么能与天神相接呢？建筑静轮宫，劳民伤财，无益有损，请陛下停工吧！"

拓跋焘不听，仍然一心听从寇谦之。

捕杀奸党

宋文帝刘义隆身体本来就羸弱，自从迷上绝色的潘淑妃之后，精神更加恍惚，病体越发虚弱，于是将一切军国大事都交给彭城王刘义康处理。

刘义康一面处理国事，一面侍奉生病的刘义隆，药物非经自己亲口尝过，绝不让刘义隆服用，有时一连几夜都不睡觉。朝廷内外的大小事务，他都一个人决定施行。因为生性就喜爱办理公务，所以阅读公文、处理诉讼等政务，他都处理得无不精密妥善。刘义隆因此把很多大事都委派给他。刘义康只要有奏请，立即就被批准。州刺史以下官员的人选，刘义隆都授权刘义康选拔任用。至于赦免和诛杀这类大事，有时刘义康就以录尚书事的身份裁决。因而，刘义康的势力倾动远近，朝野各方人士，都集中在他的周围。每天早晨，刘义康府第前常有车数百辆，刘义康对来访客人都亲自接待，从不懈怠。刘义康记忆力极强，一经耳闻目睹，终生不忘，他喜好在大庭广众之下，提起自己记忆中的事情，用来显示自己的聪明才干。许多有才能的士大夫，都被他委以重任。

刘义康曾对刘湛说："王敬弘、王球这些人有什么能力？坐享荣华富贵，真让人费解！"然而，刘义康一向没有学问，不识大体，朝中有才干的士大夫都被他延聘到府中来，府中没有才能的，或冒犯他的幕僚，都被贬斥到朝廷机构任职。他以为兄弟之间是手足至亲，因此不严格用君臣礼节约束自己，任性行事，从不考虑自己的行为是否会触犯禁忌。在府中私养僮仆六千多人，未曾上奏朝廷。各地进贡的物品，都是上等品呈献给刘义康，次等品呈献给皇上。

有一年冬天，刘义隆吃柑橘，感叹柑橘的外形不好，味道太差。刘义康笑着说："今年的柑橘也有好的啊！"于是派人到府中去取，取来的柑橘比进贡给皇上的个头大得多。

刘义康或许是想让刘义隆尝尝好柑橘的味道，或许是有些得意忘形，不管出于何种目的，他都走了一着臭棋，因为刘义隆起疑心了：老弟，不错啊！

家里的柑橘比皇宫里的柑橘还要大，长本事了啊！

刘义康的亲信领军刘湛，也是一个得意忘形的人，倚仗刘义康之势，越来越傲慢，甚至在刘义隆面前也少了人臣之礼。刘义隆因此而对刘义康更加起疑，认为刘湛这是狗仗人势。

殷景仁虽然没有上朝，对朝中之事却了如指掌，密奏刘义隆，说彭城王刘义康权势过重，为社稷着想，应稍加抑制。殷景仁的密奏引起刘义隆的共鸣。

当时，长史刘斌、王履、刘敬文、孔胤秀等人见刘义隆多病，都在背后给刘义康灌迷魂汤："皇上驾崩之后，皇位应该是王爷的了。"

刘义康也有些飘飘然了。

正好这时候袁皇后病逝，刘义隆悲伤过度，不能上朝理事。

原来，袁皇后家境贫寒，嫁给文帝刘义隆后，常给父母贴补一些家用，刘义隆生性节俭，所赐钱不过三五万，帛不过三五十匹。后因潘妃得宠，对袁后变得更冷淡。有一次，袁后向文帝要钱，文帝给的很少，宫女们愤愤地说："皇后有求，皇上不肯给，如果是潘妃求之，虽多必获。"袁后有些不信，故意托潘妃代求，文帝出手就是三十万钱，袁后深以为恨，抑郁成疾。袁皇后死后，刘义隆觉得对不起她，悲悔交加，病情也随之更加沉重，好几天没有进食，于是召彭城王刘义康进宫商量后事，并草拟了一份遗诏。

刘义康回府后，将遗诏的意思转告刘湛。刘湛愤愤地说："国势如此艰难，幼主怎么能稳定大局呢？"

刘义康显得很伤心，只是流眼泪，没有回话。刘湛竟然背着刘义康，私自与孔胤秀等人串通，阴谋拥立刘义康为帝。

出乎意料的是，刘义隆的病情竟然逐渐好转，有人向他密报刘湛等人的小动作。刘义隆以为刘义康也参与其中，因而对刘义康更是疑上加疑。

不久，刘义康奏请任命刘斌为丹阳尹，刘义隆没有同意。刘义康并未在意，反倒是刘湛从中嗅到了危险的气息。不巧的是，刘湛的母亲突然病逝，不得不辞官回家守孝。

刘湛自知罪行已经暴露，已没有再保全性命的可能，于是对亲近的人说："今年一定失败！过去只靠口舌为自己争辩，所以得以支吾拖延而已。如今人情事理发展到了尽头，就要遭受荼毒，不再有什么希望了，离祸患到来的时间不会太久了！"

刘义隆认为刘义康的猜忌怨恨已经明显，时间拖得太久，恐会酿成祸乱，决定对刘义康一伙采取行动。

当初，殷景仁卧病五年，虽然不与刘义隆相见，密信往来却从未间断，朝廷大事小事，刘义隆都征求他的意见，行踪十分隐秘，竟没有人发现蛛丝马迹。

这一天，殷景仁命令家人整理衣冠，家人都不明白他的用意。黄昏时分，文帝的密使来到殷景仁府上，请殷景仁进宫，说文帝在华林园延贤堂召见。

殷景仁仍然声称患有脚病，被用小椅子抬进宫。刘义隆知道殷景仁这是掩人耳目，也不多问，命侍从给殷景仁看座。

"陛下！"殷景仁明知故问，"召老臣进宫，有何吩咐？"

"该收网了。"刘义隆说，"毒瘤不除，终究是隐患。"

经过一阵密商，刘义隆把讨伐诛杀刘湛党羽的所有事情，全都委托殷景仁处理。

殷景仁一力担承，出谋划策。当天晚上，替文帝下敕召刘义康进宫值班，把他软禁在中书省。

随即，文帝开启宫门，召见沈庆之。庆之全副武装，束紧裤管进门见君。文帝说："你为什么这般装束？"

沈庆之说："夜半召见队主，定有急事，不能宽服大袖。"

文帝知沈庆之不附刘湛，命令他抓捕刘湛，斩首。并下诏公布刘湛的罪行，同时斩杀的还有刘湛的儿子刘黯、刘亮、刘俨及其党羽刘斌、刘敬文、孔胤秀等八人。

最后，刘义隆派人把刘湛等人的罪状传达给刘义康。

刘义康慌忙上疏请求辞职。文帝下诏，将刘义康贬为江州刺史，令他出京镇守豫章。其司徒、录尚书事之职，由江夏王刘义恭接替。

刘义康进宫辞行，刘义隆只是痛哭，什么话也没说。刘义康也是泣涕而出。刘义隆派佛门僧人慧琳给刘义康送行。刘义康抱着一线希望问道："弟子还能回来吗？"

慧琳感叹地说："只恨你未曾读数百卷书啊！"

刘义康将信将疑，惆怅而去。

骁骑将军徐湛之是徐逵之的儿子，也是文帝的外甥，他与刘义康关系亲密，刘义隆心里恼恨他。刘义康失败后，徐湛之被捕，罪当处死。他的母亲会稽公主是敬皇后所生，在兄弟姊妹中年龄最大，一向受文帝礼遇。皇室事务不论大小，一定征求她的意见后再作决定。刘裕贫贱的时候，曾经到新洲砍割荻草，身上穿的打了补丁的布衫棉袄，都是敬皇后亲手缝制，即皇帝位后，他把穿过的旧衣服拿给公主看，说："后世子孙，如有人骄傲奢侈，不知节俭，你可以把衣服拿给他们看。"

现在因为徐湛之，会稽公主进宫晋见皇上，大声啼哭，也不再向文帝行臣妾礼，把用绸缎包裹的破衣服抛在地上，哭着说："你们刘家本来就出身贫贱，这是我母亲为你父亲做的衣裳，才吃了几天饱饭，就要杀我的儿子了！"

文帝于是赦免了徐湛之的死罪。

殷景仁设计除掉刘湛，任为扬州刺史，仆射、吏部尚书如故。徐湛之因会稽长公主的关系，又被任为中护军，兼丹阳尹。

不久，文帝驾临会稽公主家赴宴，兄弟姐妹在一起非常愉快。突然，会稽公主起身跪在地上，再拜叩头，不胜悲伤。文帝不明其意，亲自把她扶起来。会稽公主说："车子（义康的小名）到了晚年，陛下一定不能容他，今天特地求你饶他一命。"说罢痛哭不止。

文帝也泪流满面地说："你不必担心。我如果违背今天的誓言，就是辜负了高帝。"于是，把正在饮用的酒封起来，派人送给刘义康，并附一封信，说："我与会稽姐宴饮，想起了你，把剩下的酒封起来送给你。"

因此，会稽公主在世的日子里，刘义康得以平安。

扬州刺史殷景仁到任后，病情愈加严重。文帝下令，禁止西州道上有车马经过，以免发出声音。不久，殷景仁还是病逝了。文帝追授殷景仁为司空，赐谥文成，随即任命二皇子始兴王刘浚为扬州刺史。

诛除叛逆

刘义隆的长子刘劭已被立为太子，因二皇子刘浚年幼又肩负重任，刘义隆便命后军长史范晔、主簿沈璞二人辅佐幼主。

范晔字蔚宗，此人才华横溢，是《后汉书》的作者，几度与司马迁、班固齐名。可惜这么一个大才之人，治史之贤，人情世故权力斗争什么都懂，仍旧忍不住投身政治旋涡，无非为名利所累。

范晔为人不仅轻薄放荡，多次触犯礼教人伦规范，受到士大夫们的鄙视，而且还热衷于名利，急于进取，自以为才能无法充分发挥，常常闷闷不乐。

吏部尚书何尚之对文帝说："范晔野心太大，志趣与常人不同，不应该将他留在京城，最好派他出任广州刺史。如果留在朝廷，一旦犯下罪行，就不能不诛灭。到那时，陛下本是爱才，反而害了他。"

文帝说："刚杀了刘湛，又把范晔赶出京师，别人会议论你们不能包容有才能的人，说我听信谗言。只要我们都知道范晔的问题，他就不能为害朝廷了。"

何尚之不好再多说，只好退了出去。

彭城王刘义康奉命镇守江州，上任后的第二年，便上表辞官。文帝没有答应，令他都督江州、处州、广州三州军事，但始终对他充满疑忌。因会稽长公主从中周旋，才保得平安无事。竟陵王刘义宣、衡阳王刘义季已长大成人，会稽长公主恳请文帝重用他们。文帝于是任命刘义宣为荆州刺史，刘义季为南兖州刺史，不久，又调刘义季镇守徐州。

此前，广州刺史孔默之因收受贿赂被治罪，幸亏刘义康代他求情，才免受刑罚。孔默之病死后，儿子孔熙先深念刘义康救父之恩，总想有所报答。孔熙先博学文史，兼通天文、历法、占卜，担任员外散骑侍郎。他曾观察天象，预测出因骨肉相残，文帝的皇位不会长久，江州将出一位天子。他看好刘义康，想趁江州起事之际，趁机效命，这样一来，既能报恩，又能立功。

待了两三年，江州仍然平安无事。孔熙先自知孤掌难鸣，决定联络几位朝中重臣，才能干一番大事。左瞻右瞩，只有范晔自命不凡，并且满腹牢骚，于是决定从范晔身上下手。

孔熙先确定先拉拢范晔的外甥谢综。谢综官居太子中书舍人，与范晔同为京官，两人天天见面，当然乐意为孔熙先引见。

范晔与孔熙先第一次见面，两人谈论今古，孔熙先对答如流，深得范晔青睐。范晔好赌，孔熙先投其所好，常约他赌博，并故意输给范晔，更是让范晔欢喜，时间一长，两人竟成为莫逆之交。

孔熙先见时机成熟，从容地对范晔说："彭城王英明聪敏，神人所归，没想到竟被调到遥远的南方，真让人愤慨。我受先父遗命，愿誓死效忠彭城王。最近，我发现天显异象，百姓似乎有些骚动不安。只要是识时务的人，都知道利用这个机会建功立业。如果我们能顺从天意，广结英豪，里应外合，肯定能铲除异己，拥立明君，不知大人意下如何？"

范晔一听，大惊失色。

孔熙先又说："大人没有看到刘湛刘领军的下场吗？他手握大权千日，最后竟被处斩。大人现在的权位虽然不及刘领军，但说不定哪一天，也会沦落到相似的境地。所以，不如我们一同顺应天意，建立奇功。这样不仅可转危为安，还能名利双收！"

范晔虽然心有所动，但仍沉默不语。

孔熙先继续下猛药："有些话，我不敢不对大人直说。大人父辈几代官位显赫，却一直未能与皇室联姻，不是范家不愿，而是皇家不耻啊！这样的昏君，大人还为他效忠吗？"

这几句话，果然激起了范晔的怨恨。

原来，范晔的父亲范泰曾任车骑将军，叔叔范弘之袭封武兴县五等侯，只因在朝中没有靠山，范家没能与皇室联姻，范晔一直引以为耻。

孔熙先察言观色，知道范晔心动了，便与范晔耳语几句，范晔频频点头。孔熙先说罢便起身告辞。

谢综曾是刘义康的记室参军，他的弟弟谢约娶刘义康的女儿为妻，借着这层关系，谢综常与刘义康来往。

道人法略、女尼法静，也都受过刘义康的恩惠，也都想着要报恩。

这几个人都与孔熙先有往来。

孔熙先约法静的妹夫许曜做内应。中护军丹阳尹徐湛之本来就是刘义康的亲信，孔熙先也与他商议共同起事，并将前彭城府史仲承祖拉进来，天天密谋废立之事。"三个臭皮匠，顶个诸葛亮"，何况是十几个人一起想办法。大家想出一条妙计，拟嫁祸领军将军赵伯符，诬陷他逞凶行弑皇上，然后，范晔、孔熙先等人托词进京平乱，迎立彭城王刘义康。

主意一定，孔熙先立即派奴婢采藻随女尼法静前往豫章与刘义康接洽。

法静和采藻回来后，孔熙先害怕采藻泄密，竟然把她毒死了。起事之前，孔熙先又以刘义康的名义，给徐湛之发去一封信，让他做内应。

适逢衡阳王刘义季出任徐州刺史，武陵王刘骏出任雍州刺史，南平王刘铄出任南豫州刺史，三人同一天起程。

文帝刘义隆亲自在武帐冈为他们饯行。

孔熙先与范晔约定文帝给三位王爷饯行时动手。酒席间，范晔、许曜两人站在文帝身边佩刀护驾。当文帝与刘义季等共饮之时，许曜再三暗示范晔动手，范晔终究是一个文人，胆小如鼠，始终不敢动手。

没过多久，宴席散了，刘义季等离去，文帝也回宫。刺杀行动以失败告终。

徐湛之害怕引火烧身，便向文帝告了密。

文帝大惊失色，立即命徐湛之搜集证据，搜出范晔等人预先写好的檄文。文帝大怒，下令拘拿范晔、孔熙先、谢综等一众人犯，严加审讯。

孔熙先受不得皮肉之苦，刚上刑就竹筒倒豆子，招供了。

范晔刚开始不承认，大叫冤枉。

文帝命与孔熙先当面对质，孔熙先笑着说："檄文是你一人所为，怎么能诬陷别人呢？"

范晔仍然矢口否认。直到文帝命人出示由他签名的檄文，才不敢再分辩。

文帝欣赏孔熙先的才干，责问吏部尚书何尚之说："让孔熙先到了三十岁仍作散骑郎官，怎么不造反！"

范晔开始时的想法，以为一到监狱便会被处死，但是文帝要把他们的案子追查到底，用了二十几天，范晔以为自己可能不会被处死。

狱吏跟他开玩笑说："外面传闻说詹事你有可能被长期关起来。"

范晔听了这话，惊喜不已。

谢综和孔熙先讽刺他说："詹事你先前共同筹划此事时，举手叫喊，昂头瞪眼，在西池射堂上，骑在马上扬扬得意，以为自己是当世最了不起的英雄，怎么怕死到这步田地。即使允许你活下去，做臣子的谋害皇上，还有脸活下去吗？"

范晔嘻嘻一笑，不以为然。

绑赴刑场时，范晔走在最前面，他回头对谢综说："今日行走的次序，是按官职的高低排的吗？"

谢综讽刺说："谋反的头头走在最前面。"

在路上他们有说有笑，到了刑场，范晔问谢综："行刑的时候快到了没有？"

谢综说："估计不会太久。"

范晔吃完断头饭，劝谢综也吃一些。谢综说："这跟病重时不同，有什么必要非吃饭不可呢？"

范晔的亲人都到了刑场，监斩官问他是否见一面。范晔点点头，表示同意。

于是范晔叫他的亲人到前面来。

　　范晔的妻子先下来，她摸着儿子，回头骂范晔："你不顾百岁老母，不感激皇上大恩，你自己死了倒没有什么，只是冤枉害杀子孙。"

　　范晔尴尬地笑着说："有罪有罪。"

　　范晔的生母哭着说："皇上对你那么好，你竟然一点也不想到这一点，也不管我已年老，今天还将怎么样！"说罢打了范晔一耳光。

　　范晔脸无愧色，像没事一样。

　　范晔的妹妹和姬妾前来道别，范晔却满面流泪。

　　谢综说："舅舅的表现远远不如夏侯玄。"

　　范晔顿时便不流泪了。

　　随之，范晔等一众人犯一同被斩首。

第二十章
宋魏交锋

反目成仇

文帝刘义隆余怒未息，削夺彭城王刘义康的官爵，将他贬为庶人，迁居安成郡。并任命宁朔将军沈邵为安成相，率兵监管刘义康的言行举止。

刘义康到安成后，这才想起离京时慧琳对他说的话，于是打开了书箱，静下心来读书。当读到汉朝淮南厉王刘长的故事时，合上书，自言自语地说：原来古时候早就出现过这类事情，我竟然一点也不知道，怪不得会受到重罚，这是读书太少的缘故啊！

衡阳王刘义季听说刘义康被废，也不禁心灰意冷起来，终日饮酒，借酒精来麻痹自己。两三年之后，竟病魔缠身，一命呜呼了，年仅二十三岁。文帝追封他为侍中、司空，又调任三子武陵王刘骏为徐州刺史，令他捍卫京畿，遏制入侵的北虏。

宋、魏之前已经修和，为何又要开战呢？

原来，氐王杨难当投降北魏之前，派杨保宗守薰亭。杨保宗到薰亭后，竟然悄悄投靠北魏，北魏太武帝拓跋焘封杨保宗为征西大将军、都督陇西军事，兼秦州牧、武都王，镇守上邽，还将公主嫁给他为妻。拓跋焘还封杨难当为征南大将军，任秦、凉二州牧，兼南秦王。

杨难当受职之后，竟然又野心勃勃，打起了刘宋四川的主意，竟然派兵偷袭益州，攻拔葭萌关，围攻涪城。因涪城久攻不下，便移师寇巴西，掠去维州人口七千余家。

宋文帝迅即派龙骧将军裴方明同梁、秦二州刺史刘真道会师，出兵应敌。杨难当其实是高估了自己，上一次获胜，胜在偷袭，一旦宋大军一到，其实不堪一击，大败而逃。宋军乘胜追击，直捣杨难当的老巢仇池。杨难当连家都不敢回，逃往上邽，儿子杨虎和侄子杨保炽，成了宋军的俘虏。杨难当逃走，仇池无主，宋军让杨保炽守仇池，将杨虎押到建康，杀死了事。

宋文帝刘义隆命辅国司马胡崇之为北秦州刺史，监管杨保炽，助守仇池。

北魏太武帝拓跋焘派人迎杨难当到平城，并任命古弼为统帅，命他与杨保宗等出兵祁山，向仇池进军。

宋将胡崇之督军应战，不但军队战败，自己也成了鲜卑人的俘虏。杨保炽乘乱逃走，仇池又被北魏军夺走。

北魏太武帝派河间公拓跋齐与杨保宗一起镇守骆谷。弟弟杨文德劝杨保宗乘机脱离北魏，收复故国。杨保宗虽然心有所动，但担心妻子魏公主不同意，一直不敢采取行动。

杨保宗的妻子魏公主窥透其中隐情，竟然说"出嫁从夫"。有人劝公主不要忘本，公主却说："事成之后，我就是国母，不再是一个小小公主了。"看来，魏公主也是一个有野心的女人。

杨保宗听了老婆的一番话，决心背叛北魏。

世上没有不透风的墙，魏公主的话传到北魏河间公拓跋齐的耳里，拓跋齐不敢怠慢，立即设计活捉了杨保宗，押往平城。

杨文德见事情败露，立即占据白崖山，随之进军仇池，自号仇池公，声称要为杨保宗报仇。

北魏将军古弼率军击败杨文德。

杨文德忙派人到建康向宋文帝乞援。刘义隆封杨文德为武都王，并派将军姜道盛前往增援杨文德，与杨文德会师，攻打北魏的浊水城。

魏将拓跋齐率兵迎战，斩姜道盛于马下，击败宋军。杨文德退守葭芦。拓跋齐趁杨文德立脚未稳，对葭芦发起猛烈攻击，杨文德自知不敌，率部连夜逃往汉中，妻子和部吏全都未能逃出，为魏军所杀。杨保宗的妻子魏公主也被押到平城，被赐自尽。

宋文帝因杨文德败师失土，将他削职罢官。自此以后，刘宋和北魏再次反目成仇。

偏偏一波未平，一波又起。原先向北魏称臣的卢水胡盖吴在关中举行反魏大起义，不料被魏军打败，转向刘宋称臣，请求宋军支援。

宋文帝似乎忘了不久前杨文德的事情，给了胡盖吴一纸委任状，封他为北地公，虽然未派出兵马增援，但也派了雍、梁的兵马驻扎在边境，对胡盖吴给以声援。

胡盖吴没有得到宋军的军事支援，只得自己硬撑，可他根本就没有与魏军抗衡的本钱，不久再次遭到重创，胡盖吴付出了生命的代价。拓跋焘率军击杀胡盖吴后，乘胜渡过黄河，进军河南。

刘宋南顿太守郑琨、颍川太守郑道得知拓跋焘亲自率大军来犯，吓得望风而逃。豫州刺史南平王刘铄正镇守寿阳，急派参军陈宪前往悬瓠城驻守。当时悬瓠城的士兵不足一千，面对大举来犯的魏兵，却丝毫没有惧色。陈宪下令在城内设女墙，在城外立木栅，督兵力拒，誓死不退。

拓跋焘几次亲自督军攻城，都以失败告终，且伤亡数千人。强大的拓跋焘对悬瓠城一隅之地，竟然束手无策，只得下令暂时撤退。

北魏永昌王拓跋仁沿途掳掠，驻扎汝阳。

刘宋徐州刺史武陵王刘骏奉文帝之命，派参军刘泰之、垣谦之、臧肇之，左常侍杜幼文，殿中将程天祚等人率兵袭击拓跋仁。结果五千人马中，只有杜幼文带九百余人逃回，其余全部阵亡。

刘义隆收到兵败的消息，下令把杜幼文打入大牢，将武陵王刘骏贬为镇军将军，又令南平内史臧质、司马刘康祖率一万兵马驰援悬瓠城。

拓跋焘见招拆招，立即派大将乞地真率兵半途阻击，不料乞地真在与宋军交战过程中，被坐骑蹶落马下，为乱兵所杀。

拓跋焘围困悬瓠城四十二天了，正在忧虑何时才能攻克悬瓠城，突然接到派出的援军大败，乞地真败亡的消息，异常震惊，只得下令撤军。

陈宪因守城有功，被提拔为龙骧将军，兼汝南、新蔡两郡太守。

元嘉北伐

刘宋自元嘉七年举兵北伐之后，至今已有二十年，刘义隆励精图治，二十年间宋朝的国力达到鼎盛，号称元嘉之治。刘义隆毕生有一个宏大的目标，就是收复河南失地。河南是中原的象征，洛阳是晋朝国都所在地，对于宋朝人来说，河南沦为敌占区是国耻。

大臣们也知道皇上的心思，纷纷迎合圣意，上表请求经略中原，其中言辞最为激烈的有三个人：丹阳尹徐湛之，吏部尚书江湛，彭城（今徐州）太守王玄谟。彭城与河南接壤，属边关重镇，王玄谟官职虽然不大，提议北伐最为卖力。

王玄谟的慷慨陈词，激起了刘义隆的雄心，他指着王玄谟的表章对群臣说："观玄谟所陈，让人有封狼居胥之心。"

封狼居胥，是指西汉骠骑将军霍去病深入漠北，大败匈奴军，追击到狼居胥山（今蒙古国境内）祭天封禅之事。刘义隆自比汉武帝，开打是板上钉钉的了。

一个国家进行战争，唱主角的原本是武将，刘宋朝廷则不然，力主北伐的竟然是文官，太子刘劭、以步兵校尉沈庆之为首的武将反而持反对意见。

沈庆之虽为武将，却不赞成北伐，他分析说："宋朝军队的主力是步兵，鲜卑人则是骑兵，平原作战，宋军不占优势，元嘉第一次北伐，到彦之失利败退，檀道济两次无功而返。现在我朝不过有王玄谟等几员大将而已，兵力也不强，贸然出战，恐怕王师会再次蒙羞。"

宋文帝一听到檀道济和到彦之的名字就来气："王师两败，另有原因，檀道济是因为纵容敌寇，到彦之是因为生病才中途折返，所以才没有成功。朕想北虏所倚仗的就是战马，现在是盛夏季节，河水盛涨，河道流通，如果我军泛舟北进，碻磝守敌定会望风而逃，滑台也不难攻下，攻克两城，我军可就地取粮，安抚百姓，虎牢、洛阳自然也就唾手可得。等到了冬天，我们再踏冰过河，这一片就是我们的了。那时，就算鲜卑人的骑兵过河，也无能为力，说不定还会为我所擒。这可是千载难逢的好机会啊！"

沈庆之再三反对。文帝有些不耐烦了，大袖一挥："和徐湛之、江湛讨论去吧！"

沈庆之瞟了一眼两位弱不禁风的书生，振振有词地说："治国有如治家，耕田种地当问农夫，纺织女红去问婢女。陛下现在是要发动战争，却和一帮白面书生商讨方略，这唱的是哪一曲啊！"

江湛、徐湛之二人听罢，面红耳赤，难以应对。刘义隆却哈哈大笑，不置可否。笑归笑，但北伐的决心没有变。

太子刘劭及护军将军萧思话也奏称不宜出师，仍然没有改变刘义隆的主意。

北魏太武帝拓跋焘正在为崔浩的事情烦恼（崔浩之事后补述），听说宋文帝又要北伐，便给这位老朋友写了一封信，揶揄地说："魏、宋两国和好已久，老朋友你却贪得无厌，诱我边民，听说还打算亲自北来，好哇，如果你能走到中山城及桑干川，就请随便走，来不迎，走亦不送。如果厌倦所居国土，你不妨到平城来住一段时间，我可以去扬州。你年已五十，未尝出远门，即使能来，不过如同三岁婴儿，与我生长于马背上的鲜卑人如何能比？我没有多的东西送给你，今送猎马十二匹及毛毡、草药若干。从建康到平城，路途遥远，马力不足，可乘我送给你的马；水土不服，可吃我送给你的药，千万不要在半路上就病倒了。"

刘义隆看罢拓跋焘的信，一笑置之，真正的较量不是要嘴皮子，凭的是真功夫。为了这次北伐，刘义隆准备了二十年，元嘉之治使宋朝上下祥和，兵精粮足，决非第一次北伐可比。

为了筹措北伐军费，刘义隆下令，凡王公、王妃、公主及朝廷官员、牧守，都要量力捐资，接济军费；扬州、南徐州、南兖州、江州四州，凡富户人家资产超过五十万钱的四成中要硬借一成，僧侣尼姑的积蓄有满二十万的，借出四分之一供军队急用，战事结束后即可归还。

正在这时，突然从北边传来消息，北魏名臣崔浩被杀，刘义隆认为有机可乘，立即下诏，宋军兵分东、西两路，出师北伐。

东线：由青、冀二州刺史萧斌统一指挥，王玄谟升任宁朔将军，与步兵校尉沈庆之、谘议参军申坦，率水军北渡黄河；太子左卫率臧质、骁骑将军王方回率步兵向许昌、洛阳进发；徐州刺史武陵王刘骏、豫州刺史南平王刘铄，各率部众分路出兵。

西线：由随王刘诞为雍州刺史镇守襄阳，并暂时停办江州军府事务，所有文武官吏转移到雍州，归刘诞调拨。刘诞派中兵参军柳元景、振威将军尹显祖、奋武将军曾方平、建武将军薛安都、略阳太守庞法起等人从西北进兵。梁、秦二州刺史刘秀之出汉中策应。

江夏王刘义恭坐镇彭城，调度各军。

北魏的军事力量集中在河北和都城平城一带，中原物资屯集在黄河两岸重要戍口碻磝和滑台。攻取碻磝和滑台，切断黄河南北联系，成为第一仗的关键。

建武司马申元吉率兵赶到碻磝，北魏刺史王买德弃城北逃；将军崔猛率兵赶到安乐，北魏刺史张淮之也弃城遁去。随后，萧斌与沈庆之留守碻磝，前锋王玄谟率领大军继续西进，剑指滑台。

宋军进展迅速，并不是宋军有多强大，而是北魏太武帝拓跋焘实施了战略撤退的谋略。早在宋军发动进攻之前，北魏将领就请求增派兵力，抢救黄河沿岸储存的物资的时候，拓跋焘不以为然地说："现在战马还不够强壮，天气也很炎热，此时出击，未必能成功。如果宋兵继续前进，我们就退避阴山，到了冬天，我们再大举出兵。"

拓跋焘的战略是一种大气魄，大开大阖，不计较一城一地之得失，可以千里出击，也可以千里退守。但他还是高看了宋文帝刘义隆，因为刘义隆并不是他认为的那种强劲的对手，此后战局的发展，也让拓跋焘认清了这个事实。

兵败滑台

滑台被宋兵围困的时候已是暮秋，拓跋焘命太子拓跋晃屯兵漠南，防御柔然人乘虚而入，又命庶子南安王拓跋余留守平城，自己则率兵南行，驰援滑台。

滑台是这次北伐的重点，刘义隆的作战方略就是攻占碻磝和滑台，对河南形成包围之势，就地取粮，安抚百姓，构筑黄河防线，坚持到初冬。

宋将王玄谟率领的军队约有三万人，士气旺盛，武器也精良，是宋军的王牌部队。可惜王玄谟并非帅才，不会用兵，他命钟离太守垣护之率一百艘战舰为前锋，去攻打石济。石济距滑台西南一百二十里，王玄谟打算在此扼截北魏援军，作为掎角。王玄谟则自领各军驻扎在滑台城下，四面环攻。

由于宋军来得迅速，滑台城中成片的茅屋尚未拆除，将士们提议用火攻。王玄谟却不同意，信心满满地说："城中一草一木都很值钱，早晚都是我们的，哪有放火烧毁自家东西的道理呢？"

战机稍纵即逝，智者往往能抓住战机，一击而中，庸者却视而不见。王玄谟就是这样的庸者。

一天之后，滑台城中的居民带着家产转移到地穴中，原来的茅屋很快就被拆得干干净净。为了防御宋军攻城，城内将士加强防备，日夜严阵以待。

刘义隆预料得不错，北魏太武帝拓跋焘杀掉崔浩之后，果然引起境内汉民的恐慌。北方汉人每天都有数千人带着武器前来宋军军前投军。王玄谟目光短浅，不但没有乘机笼络人心，反而还向这些投军者敲诈。当地著名的土特产大梨，在市场上能卖到好价钱，王玄谟给每一位投军者发一匹布，让他们上交八百枚大梨，不愿意便强征。结果，北方汉人对宋军大失所望，致使军心涣散。滑台城围了两个多月，也没有攻下来。

一天，垣护之派人给王玄谟送信，说北魏皇帝拓跋焘率大军即将杀到，叫王玄谟速速督军攻城，抢在北魏援军到来之前拿下滑台。

王玄谟并没有把垣护之送来的情报放在心上。又过了十多天，派出的探子闯进营帐，惊慌地报告：北魏皇帝拓跋焘亲率百万大军杀来，先头部队已到枋头。

王玄谟吓得面如土色，急忙召集众部将商议对策。众将建议结车为阵，构筑防御工事，做好迎战准备，王玄谟没有采纳。

王玄谟并非不想攻下滑台，只因他为人太刻薄，只想立威，不愿施恩。宋军官兵中流传着这样一句话："宁作五年徒，不逐王玄谟"，意思是说，宁愿服五年劳役，也不愿在王玄谟手下当兵。滑台久攻不下，原因大概就在这里。

北魏大军驻扎在黄河北岸，牙将陆真奉拓跋焘之命，先到滑台抚慰城中军民，带给他们援军即将到来的消息。陆真所率只不过数名骁骑，来到滑台城外。王玄谟竟然不敢下令截击。陆真见宋军毫无反应，拍马驰入滑台城。

第二天晚上，号称百万的北魏大军杀到，鼓声大作，震耳欲聋。

王玄谟彻底傻眼了，区区三万宋军，怎能与北魏大军相抗？王玄谟的心情一下子从天堂跌进了地狱，慌忙传令撤军。

宋军将士早就没了斗志，一听撤军，争先恐后地逃跑，只恨爹娘少生了两只翅膀，不能飞回江东。

北魏军从后面追杀，犹如群狼驱羊，一路上，尸横遍野，血流成河，宋军沿途丢下的粮草器械堆积如山，魏军满载而归。

垣护之在石济得知北魏军渡过了黄河，正打算通知王玄谟，约请一同抗敌，不料王玄谟未战先溃，连招呼也不打，自个儿率军逃走了。

魏军用从王玄谟那里夺来的战舰拦住黄河水道，截断垣护之水军的归路。垣护之既惊且怒，只得拼死一搏，下令百艘战舰列成一排，顺流而下，遇船撞船，遇人杀人。北魏军见宋军来势凶猛，却也不敢以命相搏，只得让开了一条通道，目送垣护之的水军顺流远去。

驻守碻磝的萧斌听说拓跋焘率大军支援滑台，急命沈庆之率五千人驰援王玄谟。沈庆之不支，振振有词地说："王玄谟久攻滑台不下，士劳兵疲，不足一战，敌军号称百万，区区五千人马，去了也是送死。"

萧斌发火了："指挥不动你了，我手下只有三万人马，都给你，碻磝、山东怎么办？"

沈庆之当然知道违抗军令的后果，极不情愿地率军出城。刚走了几里路，王玄谟已经溃败下来，也就中途折返，带着王玄谟去见萧斌。

萧斌将王玄谟痛骂一顿，喝令推出去斩首，吓得王玄谟闭住了眼睛。

沈庆之出面打圆场说："佛狸（拓跋焘小名）威震天下，号称率兵百万，岂是王玄谟所能抵挡？况且，临阵杀将，只能是示弱，决非良策，请慎重为是！"

王玄谟的命算是保住了。滑台丢了，碻磝怎么办？守吧，不能撤军，到彦之就是例子，撤回去就得蹲大牢，甚至连命都保不住。

沈庆之提出异议，他说："山东防务空虚，我们却坐守穷城，实非良策。如果胡虏越过我们向东进军，清水以东非宋廷所有，会重蹈朱修之困守滑台的覆辙。"

萧斌心有所动，正准备撤军。偏偏此时诏书到了，命萧斌留守碻磝，再图进取。

沈庆之劝说道："将在外，君命有所不受。陛下远在建康，不明战局，所以才下达这样的命令。我们身在战场，应该更明白局势，更能做出正确的决策！"

萧斌叹道："还是先召集众将商议一下，再作决定吧！"

沈庆之抗声道："眼下有一范增就在将军眼皮底下，你却不用，非要召集众将商议，空议又有什么用呢？"

萧斌笑着对左右说："没想到沈公这等有学问啊！"

沈庆之更加生气，厉声说："众人肚子里的古今，都不如下官用耳朵听来的东西管用。"

萧斌想想有道理，河南算完了，自己管辖的山东不能丢，于是留王玄谟守碻磝，申坦、垣护之守清口，自己和沈庆之等将领退回历城（今济南）去了。

再说西线的宋军从西北进军，大军先后攻克卢氏县、弘农，捷报频传。宋文帝封柳元景为弘农太守。柳元景派庞法起、薛安都、尹显祖等继续向西进军，自己在弘农督办军饷。

庞法起等人又攻克陕城，攻入潼关。宋军军威大振。关中豪杰以及附近的羌胡纷纷将粮食送到军前，情愿投降。

柳元景正欲继续进军，不料圣旨已到，让他回军，只得奉命，率军返回襄阳。

第二十一章
饮马长江

唇枪舌剑

宋廷召回柳元景大军，是因为王玄谟溃败，柳元景军不宜独自深入，所以命他们东归。柳元景不便违命，下令全军折返，前军变后队，后队变前军，令薛安都率部断后，徐徐退归襄阳。

魏军见宋军全线后退，趁机全力南下，攻克尉武，直逼寿阳城下。宋南平王刘铄固守寿阳。魏主拓跋焘将豫州军事交托魏永昌王拓跋仁，自己率精骑赶赴徐州，直抵萧城。

萧城距彭城只有十多里路程。彭城城内兵多粮少，江夏王刘义恭担心城池不保，欲弃城南归。

长史何勖建议二王东奔郁州（今江苏连云港），再由海路回建康。从前线退回彭城的沈庆之说历城粮草充足，建议二王及王妃、子女去历城，让护军萧思话留守彭城。

沛郡太守张畅见沈庆之、何勖争执不下，便对刘义恭说："历城、郁州两地都去不得，现在城中缺粮，百姓都想逃离，只因全城戒严，城门紧闭，他们才待在这里。一旦主帅离此而去，民众一定溃散。到那里，胡虏从后面追来，谁也走不了，能安全抵达历城、郁州吗？"

刘义恭犹豫了。张畅继续说："彭城粮食虽少，但还可以维持一个多月。哪有舍安就危，自寻死路的道理？如果他们的建议行得通，下官愿割下自己的头颅，血溅当场。"

张畅的话音刚落，武陵王刘骏也进来了，接过张畅的话头说："叔父调度全军，是去是留，不是我所能干预。我身为彭城守将，连箭都没有放一支，便弃城逃走，实在无颜回建康。城存我存，城亡我亡，愿依张太守所言，死守此城。"

刘骏决定死守彭城的决策，起到了一锤定音的作用，也决定了整个战局的走向。刘义恭不再提出城之事。

北魏铁骑风卷残云般杀到彭城，拓跋焘命人在南山戏马台上叠毡为屋，站在屋顶向城中眺望，见城中守兵行列整齐，器械精利，不由得倒吸了一口凉气，攻城拔寨非魏军强项，面对如此阵势，更不敢掉以轻心。为了探明虚实，拓跋焘玩起了攻心战。双方唇枪舌剑，你来我往，让彭城见证了一场精彩的外交战。

北魏尚书李孝伯奉拓跋焘之命，带着礼品来到彭城南门，代魏主向刘义恭赠送貂裘一袭，赠送给刘骏囊驼、骡各数头，并传话说："魏主吩咐我向安北将军致意，想请将军暂时出城相见，我主不过到此巡阅，无意攻城，将军也不必剑拔弩张，劳苦将士们如此严守。"

武陵王刘骏曾受封为安北将军，因此北魏尚书李孝伯称他为安北将军。

刘骏担心拓跋焘不怀好意，于是派张畅出城答话。张畅出城后，冲着李孝伯说："安北将军也很想拜见魏主，但身为人臣，未经圣上允许，不得擅与别国结交。守城是城主的职责所在，谈不上劳苦，也非针对魏主，请不要多疑了。"

李孝伯随即返回，向拓跋焘报告了与宋军对话的情况。

　　李孝伯走后不久，被魏军俘虏的宋将蒯应来到彭城小市门外，向城上守军喊话："魏主致意安北将军，远来疲乏，如果有橘子、甘蔗和美酒，可否分一些来？军中娱乐器具甚少，可否借赌博器具一用？"

　　守军有认识蒯应的，立即向刘骏做了汇报。

　　刘骏不动声色，淡淡地说："给他美酒两器，甘蔗百挺，赌博器具也给他们一些，算是昨天魏主馈赠的回报吧！"

　　蒯应带着宋军送出城外的器物，向拓跋焘交差去了。

　　拓跋焘倒也客气，立即又派人送来毛毡、豆豉和盐，并提出借用乐器的要求。刘义恭派张畅出城答话。

　　张畅刚出城，城中守将见北魏尚书李孝伯率数骑人马前来，忙拽起吊桥，关上城门。

　　李孝伯刚刚靠近，张畅喊话说："我和二位王爷奉命镇守彭城，并没有带乐器，还请见谅。"

　　李孝伯道："这也没什么关系。倒是将军一出城，城内就立即闭门绝桥，我还真有些不明白……"

　　张畅不待说完，便接口道："那是因为二位王爷顾及魏主初来乍到，营垒还没有扎好，将士也十分劳累，担心城内十万精甲挟怒出城，冒犯了魏主，所以才下令闭门阻止。待魏主将士们士气恢复之后，双方再下战书，指定战场，一决胜负。"

　　李孝伯正要答话，忽然又有一人奉拓跋焘之命赶来，对张畅说："向太尉和安北将军致意。我主想问一下，大人为何不派人前往魏营看一看？就算彼此不能畅所欲言，也可以认识一下我主的相貌、年龄，了解我主的为人。如果部将不能随意调遣，可以派身边的侍僮来呀！"

　　张畅从容地说："魏主的相貌才力，久有耳闻，李尚书亲自前来，彼此已是尽兴畅谈，派使前往，那就免了吧！"

　　李孝伯接着说："王玄谟是一个庸才，南国怎么会用这样的人呢？莫非是无人可用，以致大败亏输？我军入境七百里，魏主有点遗憾，担心连亲自动手的机会都没有。区区一座彭城，未必守得住！"

张畅立即反驳说："王玄谟只是一员偏将，非国之才士，不过是个前锋而已。我大军未至，主将让王玄谟连夜回军，共商大计。将士们不知实情，撤军时才稍稍有些慌乱。至于魏军入境七百里，不见我军抵抗，此乃太尉神机妙算，安北将军的神算。"

"什么神算？"

张畅道："天机不可泄露，李大人怎么问这样低级的问题呢？"

李孝伯见张畅说得滴水不漏，于是换了一个话题："魏主原本无意围彭城，像这样长驱直入的话，说不定过几天就能率军直抵瓜步。如果一路顺利，哪还用得着攻打彭城呢？即便出师不捷，彭城也不是我主想要的。就当是南饮江水，聊以解渴罢了。"

张畅微笑道："去留悉听尊便，不过北方之马饮南方之江水，恐怕会触犯天忌；如果鲜卑人的马真能喝下南方之江水，那就没有天理了！"

此言一出，李孝伯大吃一惊。为什么呢？原来，从前有一童谣说："虏马饮江水，佛狸死卯年。"而拓跋焘出征这一年，正是辛卯年，而"佛狸"即拓跋焘的小名。

李孝伯自以为言辞敏锐，是北方著名的辩士，而张畅在鲜卑人的铁骑面前，神色自若，随机应答，风度翩翩，丝毫不落下风。

李孝伯对张畅由衷地佩服，加之心里有事，匆匆与张畅告别说："大人真是一个让人敬佩的贤能之人，在下自叹不如，请多加保重，就此别过。"

张畅接口说："李尚书也多加保重，他日平定中原，尚书原本是汉人，回到我朝，我们还会再相聚！"

随之一揖而散。

双方唇枪舌剑打了个平手，拓跋焘未能从张畅的口中得到任何有价值的军事讯息。

饮马长江

第二天，拓跋焘亲自督兵攻城。城上矢石雨下，击伤了许多魏兵，无奈之下，拓跋焘下令停止攻城。

宋军顽强抵抗，挫败魏军第一次进攻。将士们严阵以待，神色紧张地等待魏军下一次疯狂进攻，第二天天刚亮，却意外地发现数十万魏军在一夜之间消失得无影无踪。

原来，拓跋焘并不知道彭城缺粮，攻城只是试探性的进攻，遇到宋军顽强抵抗之后，唯恐再遭悬瓠之败，放弃攻城，修改作战方略，不与宋军在彭城寿阳一带纠缠，越过重点防御的大城市，直接杀向宋朝国都建康。

拓跋焘是一个军事天才，命令魏军三路南下：中书郎鲁秀攻打广陵（今江苏扬州），高凉王拓跋那攻打山阳（今江苏淮安），永昌王拓跋仁攻打横江（今安徽和县）。魏军所过之处，犹如摧枯拉朽，将城邑洗劫一空。江淮为之震动。

宋文帝刘义隆慌忙任命臧质为辅国将军，率一万精兵援救彭城。宋军走到盱眙时，听说魏兵已渡过淮河，臧质急忙命令部将臧澄之、毛熙祚分别屯驻东山及前浦，然后大军在城南扎营，依托有利地形，形成掎角之势阻挡魏军。

臧质立脚未稳，臧澄之、毛熙祚已败下阵来。魏燕王拓跋谭驱兵直进，直逼臧质的大营。

宋军惊散，只剩得七百人，随臧质逃往盱眙城。

盱眙是一座小城，太守沈璞却是一个很有远见的官员。上任时，王玄谟正在围攻滑台，江、淮无警。沈璞认为盱眙是冲要之地，于是修城墙、积粮草、储箭石，积极备战。有些僚属还说他多事。

魏军南下江、淮，各地官员毫无准备，纷纷望风弃城而逃。众人又劝沈璞退回建康。沈璞傲然道："此前筹备守具，正是为了今日，如果敌寇认为盱眙城郭甚小，不屑来攻，我刚好省些力气。如果放马攻城，正是我精忠报国的时候，也是你们建功立业的好机会。听说过昆阳、合肥的故事吗？新莽、苻秦拥兵数十万，却在昆阳、合肥两个小城被打得一败涂地。我们的条件比他们好，还有什么好怕的呢？"

众部下这才有了斗志。

沈璞招来二千精兵，闭城待敌。臧质叩关之时，僚属又劝沈璞不要放臧质进城。沈璞叹道："同舟共济，胡越一心，况且人越多，越容易击退胡虏，我们怎么可以将臧将军拒之城外呢？"

随即打开城门，迎臧质众人进城。臧质进城之后，见城中守备充足，顿时喜出望外，当即与沈璞誓同坚守，众皆踊跃，高呼万岁。

魏兵出征从来不带粮草，专靠沿途打劫粮草补充军需。这一次南下，魏军却吃了大亏。因为南方的百姓不等魏军过河，早就坚壁清野。魏军渡过黄河，继续南下，沿途一无所获，累得人困马乏。听说盱眙粮草充足，便想攻下盱眙，拿城里的粮草补充军需。谁知攻打许久，却难以攻下。拓跋焘无计可施，只得留下数千人驻扎盱眙，自率大军继续南下，抵达瓜步。

拓跋焘命魏军拆掉民房，砍伐芦苇，扎成木筏，扬言打过长江，到建康城里去喝酒。

建康城内上下震惊。刘义隆急忙传令：领军将军刘遵考率兵扼守进津要隘，从采石至暨阳，陈舰列营，绵亘六七百里，严加防备；太子刘劭镇守石头城，指挥水师，一排排战舰停泊在江面，从采石矶到暨阳，绵亘六七百里；丹阳尹徐湛之驻守石头仓城；吏部尚书江湛兼职领军，调度各路陆军。

刘义隆亲自登上石头城，遥望江对岸奔驰的鲜卑骑兵，不禁面有忧色，转头见江湛在身边，深深自责道："北伐之事，本来就没有几个人赞成。如今百姓怨苦，百官忧虑，回想起来，这都是朕的过失，真是后悔啊！"

江湛不禁脸红，低头无语。

刘义隆再次叹道："如果檀道济还在，岂容胡马嚣张至此呀？"

刘义隆随后又转登幕府山，观望形势，自思重赏之下，当有勇夫，于是张榜告示：有得魏主拓跋焘首级者，封万户侯；献北魏王公首级者，赏万金。并招募一批人潜到江北，大搞间谍战，在村落投放野葛毒酒，诱令魏军取饮。点子虽然不错，其实并没有什么效果。

拓跋焘的日子其实也不好过，自从渡过黄河以来，刘宋各地官府撤退时烧城烧粮，江淮百姓逃散，粮食也都带走了，魏军几乎搜集不到粮食。时值严冬，旷野上只有刺骨的寒风。大军身后的彭城和寿阳两座淮北重镇，如钉子一样钉在那里，随时威胁着魏军的补给线。

打过长江去，其实是在作秀，别说没有船，即使有船，习惯于马背上生活的鲜卑人，驾驭得了随波逐流的战船吗？饮马长江又有何用，奔腾的长江水，成为难以逾越的天堑，干耗也不是办法，退兵才是唯一的办法。果断是拓跋焘最大的特点。

刘义隆借坡下驴，他也想让燃烧在家门口的战火早日熄灭。便派行人田奇带着奇珍异宝，乘船过江，以示答谢。

拓跋焘抓起礼品中的柑橘，剥开就吃，取过礼品中的御酒，大口大口地喝。身边的亲信担心酒里有毒，悄声提醒。拓跋焘并不理会，把孙子叫到面前，对田奇说："我大老远来到这里，并非贪婪你们的土地，实在是想与你们和好如初，永结姻缘。如果宋主愿意将女儿许配给我的孙子，我也愿意把女儿许配给武陵王刘骏，从此以后，不让匹马踏入南方！"

虽然太子刘劭和满朝文武大臣都赞成和亲，刘义隆最终还是拒绝了拓跋焘的和亲请求。

拓跋焘见宋主久未回音，也打消了和亲念头。在瓜步山度过新年之后，便下令拔营北归。

盱眙饮恨

拓跋焘北归，经过盱眙，知道手下败将臧质就在城中，又打起了盱眙的主意。他派人给臧质送去一封信，并附上一柄利剑。在信中说："馈送一柄利刃，以作纪念，求换一坛美酒，为我解乏。"

拓跋焘本想威胁一下臧质，谁知臧质上次吃了败仗，心里正窝着一把火，立即回信，刻薄地说："已阅，鲜卑小儿，你真奸诈，仗着自己有四条腿，屡犯我疆土。知道我军为何后撤而不阻截吗？其中大有文章。你没有听过'虏马饮江水，佛狸死卯年'这首童谣吗？这是要让你饮一口长江水啊！天意使然，谁也改变不了。如今你来送死，我怎敢让你活着回到桑干川享福呢！若死于乱军之中，是你的福气。倘若被活捉，我一定会用锁链锁住你的脖子，让一头小毛驴驮着你，一直押到石头城。至于我，无名之辈，本没有打算全身而退。盱眙城里粮食、美酒有的是，有本事，尽管来拿。送我一把剑，是想让我挥刀斩了你吗？"

臧质将信交给来使，并给了几坛"美酒"。

拓跋焘酒兴正浓，将回信丢在一边，命开封取酒，酒坛一开封，一股臭气直冲鼻头。仔细一看，坛子里装的并不是美酒，而是混浊的人尿、马尿。再拆开回信一看，拓跋焘气得浑身发抖。下令制造一张大铁床，把刀尖锥尖朝上，镶在铁床上，咬牙切齿地说："破城以后，生擒臧质，叫他躺在铁床上，尝一尝是什么滋味！"

臧质得知后，立即让人把回复拓跋焘的信誊写数份，向北魏军中广为散发，并附上一句："斩佛狸首级，封万户侯！"其实，他并没有这种封赏权，只不过是要恶心拓跋焘，削弱魏军斗志罢了。

魏军疯狂的进攻开始了，宋军奋力反抗，击退魏军一轮又一轮进攻。

魏军用钩车钩住城楼。臧质将计就计，命守城士兵从城头上扔下大铁链拴住钩车。双方士兵喊着号子来回拉拽，钩车无法后退。

入夜以后，宋军用大桶从城头上放下敢死队，砍断魏军钩车，将钩车拖进城中。

第二天天亮，魏军改用冲车攻城，盱眙城城墙修得坚固，冲车每次冲撞，城墙只不过掉下一些土渣而已。

拓跋焘又急又躁，见钩车、冲车不能破城，亲自督战。魏兵分成几个梯队，肉搏登城，像蚂蚁一样往城上爬，摔下来，爬起来再上，没有一个人胆敢后退，城墙下魏军的尸体堆积如山。

连续攻了一个月，魏军死了一万多人，盱眙城仍然岿然不动。

春和日暖，尸气熏蒸，免不得酿成疫疠，魏兵多半传染，骨软神疲。突然又传来宋主派水军自海入淮，支援盱眙的消息。拓跋焘担心彭城的武陵王刘骏和江夏王刘义恭断了自己的归路，急忙毁掉攻城器具，狼狈撤退。

盱眙将士见魏军退走，欲出城追敌。沈璞道："我军将士不过二三千名，能守不能战，我们且佯装整理舟楫，装出北渡的样子，能让虏众速走，便是胜利了！"

拓跋焘听说盱眙在收集舟船，果然急返，路过彭城，也无暇驻足，匆匆绕道而过。

"虏马饮江水，佛狸死卯年。"鲜卑铁骑饮马长江，北方胡人在历史上第一次到达长江，南方人用最恶毒的童谣诅咒着"上帝之鞭"。面对波澜汹涌的万里长江，拓跋焘选择了退却。一座小小的盱眙城，两千多名壮士挡住了数十万北魏大军持续一个月的围攻，拓跋焘经历了有生以来第一次惨败。胡马北归，此后一百多年未饮长江水。为报复宋军，魏军撤退之时，一路屠杀宋民，所过之处，"村井空荒，无复鸣鸡吠犬"，元嘉之治，就这样被断送了。

废王刘义康，也在这场战争中结束了生命。当时，已故将军胡藩子的儿子胡诞世欲奉刘义康为主，纠集羽党二百余人潜入豫章，杀死太守桓隆之，据郡作乱。却被卸职归乡的交州刺史檀和之击毙，首级送往建康。

太尉江夏王刘义恭举荐檀和之为司马，并奏请将刘义康迁到远方。刘义隆于是下令把刘义康迁到广州，并派人通知刘义康。

刘义康对来使说："人总有一死，我也不望再活。如果我想作乱，哪还会分远近呢？要死就死在这里吧！不愿再过那种颠沛流离的生活了。"

刘义隆听了使臣的汇报，很是犹豫。当时魏兵已入境，内外戒严，太子刘劭及武陵王刘骏担心刘义康乘机作乱，屡次用"大义灭亲"之言劝说刘义隆。

刘义隆犹豫再三，还是派中书舍人严龙带上毒药前往安成郡。

刘义康不肯服药，皱着眉头说："佛家不许人自杀，你就随便处置我吧。"

严龙随即用被子捂住刘义康，将他活活闷死了。

太尉江夏王刘义恭、武陵王刘骏二人因没有抵挡住鲜卑人，也遭到谴责。刘义恭被降为骠骑将军，刘骏被降为北中郎将。青、冀刺史萧斌，将军王玄谟也被免官。

这次宋、魏之战，使南兖、徐、兖、豫、青、冀六州的城池变成废墟，千里无人烟，元嘉之治也就走到了尽头，刘宋从此走向衰败。

第二十二章
弑主

国史大狱

拓跋焘返回平城，改元正平，将五万多户投降的兵民，分别安置在平城附近居住，以示威武，夸示功绩。北魏自拓跋嗣时开始强盛，拓跋焘继位之后，国势日益强盛，究其原因，其实是汉人宰相崔浩辅佐之功。崔浩在拓跋焘南下以前，已被诛杀。什么原因促使拓跋焘对崔浩痛下杀手呢？这得从鲜卑人修史说起。

拓跋焘是一代雄主，虽然是鲜卑人，却很崇尚汉文化。灭夏国、逐柔然、征凉州之后，威震塞外，国势达到最盛。消除北方外敌的威胁之后，加大力度治理内政，专意修文，修国史、定律历，就是从那时开始的。

拓跋焘亲自安排司徒崔浩、侍郎高允等人编修国史，并一再下诏让崔浩"务从实录"，根据事实撰写。

拓跋焘是鲜卑人，他不知道"实"要实到什么程度。认为崔浩不可能将前朝那些隐秘之事，诸如天女相思、力微杀妻等有失伦理道德、充满血腥和杀戮的野蛮事情如实地写出来。恐怕更不知道司马迁写史为求一个"实"字而惨遭宫刑的故事。

崔浩是汉儒，知道修史的严肃性，于是据实叙写拓跋焘的先世，尊重史实，毫不避讳。著作令史闵湛、郗标乃奸诈之徒，对崔浩的撰著极口称赞，并劝崔浩刊刻国史，将国史如实地刻在石碑上，以彰示史书的客观、真实。崔浩不疑有他，便将魏主拓跋焘祖宗的事迹，无论善恶，都刻写在石碑上。

高允听说这件事后，担心地对著作郎宗钦说："闵湛、郗标怎么出这样的馊主意，如果出了一点差错，将会给崔浩带来灭顶之灾，我们也脱不了干系。"

踌躇满志的崔浩竟然采纳了闵湛、郗标的建议，太子拓跋晃也表态支持。《国史》碑刻出来了，立在平城西郊祭祀的神坛东侧。

《国史》碑立起后，立即掀起了一场轩然大波，北中国的大地人头落地，鲜血横流。石碑上到底镌刻了什么？记载了鲜卑人多少见不得人的隐私？为什么一向谨慎、聪明的崔浩如此失策呢？

《国史》碑早已被毁，具体内容不得而知，北朝史书讳莫如深，南朝史书只言片语。但有一点可以确认，崔浩把拓跋鲜卑人说成是汉将李陵的后代。

崔浩是汉人，满脑子装的都是汉人的治国之道、政治主张，也深得拓跋焘的信任，北魏之强盛，很大程度上得益于崔浩的辅佐，其对于北魏的贡献，连拓跋焘也直言不讳。

崔浩在北魏搞改革，企图恢复魏晋以来的门阀制度。可拓跋鲜卑人怎么办？他们是胡族征服者，胡族怎么可能是中原的高门士族呢？改革之后，他们的利益怎么保证？

崔浩煞费苦心，在编修国史时，玩了一个花招，把拓跋氏定为汉将李陵的后代。拓跋部落在联盟时代依附于拓跋部各部酋长祖先，也成为追随李陵投降匈奴的汉人部属。李陵是汉代名将"飞将军"李广的孙子，祖先是秦朝大将李信，将门世家，曾率五千步卒孤军深入大漠，遭遇匈奴大军，力战而降，在匈奴娶妻生子，客死蛮乡。

拓跋氏是李陵的后代，自然就成了汉人的高门望族。谁知弄巧成拙，鲜卑贵族根本就不买账。拓跋氏是匈奴的征服者，怎么就成了汉人降将的后代呢？

石碑是立在祭天坛的要道上，不仅鲜卑人，来来往往的各族人都看见了，以此为谈资。北方鲜卑人愤怒了，纷纷在拓跋焘面前说崔浩的坏话，认为这是暴扬国恶，国史之案爆发。

暴扬国恶只是一个借口，背后隐藏的是汉人与胡人巨大的利益冲突。

崇尚汉文化无疑是正确的，拓跋焘灭佛、修史、定律，用心也很明确。但是，崔浩制定的政策却也偏颇，门阀制度维护一小撮人的利益，打击一大片，怎么能得到大家的支持呢？况且，鲜卑帝国还处在从野蛮到文明的状态下。矛盾必将爆发，编修国史只是一个导火索，但引爆之后，对崔浩的打击，却是致命的。

拓跋焘处理国史一案，态度是果断的，动手也很快，一纸诏书，不仅要了崔浩的命，而且还让他的族人与他陪葬。

两天之后，拓跋焘北巡阴山，有人带来尚书李伯阳病重的消息，京中讹传李伯阳已死。拓跋焘信以为真，叹道："李尚书可惜！"过了一会儿，又改口说，"不对，是崔司徒可惜！李尚书可哀！"

可见，拓跋焘杀了崔浩之后，陷入了深深的懊悔之中，他原本可以将这件事处理得更加合理，可他却采用了最血腥的方法。

不久，李伯阳病愈，拓跋焘让他代任崔浩的职务。不管遇到什么事，都会与李伯阳商量，就像之前对待崔浩一样。

魏太监弑君

太子拓跋晃处理政事精细严察，因而与中常侍宗爱不和。给事中仇尼道盛和太子过往甚密，也与宗爱有嫌隙。

宗爱是一个太监，常在拓跋焘身边转，是拓跋焘身边的红人。

拓跋焘怎么会宠信一个太监呢？崔浩死后，拓跋焘把亲信汉臣都得罪了，鲜卑贵族也有很多人不满，拓跋焘一时成了孤家寡人，宗爱乘虚而入，成为拓跋焘亲近可心之人，许多军政大事，都交给他去办。

宗爱阴险狡诈，借此机会干一些不法勾当，因害怕太子对自己下手，于是搜集资料，来了个恶人先告状，在拓跋焘面前说太子的坏话，并将仇尼道盛也带上了，说他误导太子。

拓跋焘竟然信以为真，没有做任何调查，便下令将仇尼道盛以及东宫十多名官吏全部处死。太子拓跋晃受到惊吓，一下子就病倒了，不久病逝，外面流传说太子是被吓死的。

对于太子之死，拓跋焘的感触非常大，后悔不已，不该发那么大的火啊！都是自己一时冲动所致，崔浩死了，太子也死了！都是不该死的人啊！

不久，拓跋晃的冤情得到昭雪，拓跋焘很是悲悼，追谥拓跋晃为景穆太子，封他的儿子拓跋濬为高阳王。后来因为拓跋濬是皇长孙，不能做藩王，于是收回成命。

拓跋濬年仅十二岁，但聪颖过人，拓跋焘格外宠爱，经常带在身边。

宗爱后怕起来，拓跋焘喜怒无常，性情不定，说不定哪一天又想起儿子的好处，迁怒于自己，干脆一不做，二不休，一个邪恶的念头涌上心头。

北魏正平二年（452年，即宋元嘉三十年）春的一天，拓跋焘喝醉了酒，独自一人睡在永安宫。宗爱伺隙潜入永安宫，也不知他做了什么手脚，竟然让这位英武果毅的一代雄主拓跋焘永远没有醒过来，直接到阎王爷那里报到去了。宗爱非常狡猾，干完事后，又悄悄溜出永安宫，并做好不在现场的证据。

过了好长时间，才有一个太监进宫探视拓跋焘，刚进去就跑了出来，大叫："皇上驾崩了，皇上驾崩了！"

宗爱从对面巷子里走出来，装出一副惊愕的模样说："皇上不是喝醉酒睡着了吗？怎么就驾崩了呢？"

"不知道，不知道啊！"小太监哭了起来。

宗爱立即与尚书左仆射兰延，侍中和疋、薛提等人商量后事。权臣们为皇位继承人的问题争得不可开交，拓跋焘死得不明不白，竟然没有一个人提出怀疑意见。

薛提引经据典，拟拥立皇长孙；和疋认为皇长孙年纪太小，欲立年长一点的君主。彼此辩论不休，谁也不能说服谁。和疋竟召入东平王拓跋翰，先将他安顿好，然后与群臣商议，拥立拓跋翰为君。

宗爱也在行动，秘密将南安王拓跋余从侧门带进宫中，让他在灵柩前嗣位。

东平王拓跋翰和南安王拓跋余都是拓跋焘的儿子，太子拓跋晃的弟弟。拓跋翰排行第三，拓跋余排行第六。

宗爱曾间接害死太子，当然不愿意立太子的儿子也就是皇长孙为君，而他又与拓跋翰存有芥蒂，因此也不想拥立拓跋翰。

拓跋余继位后，宗爱立即假传赫连皇后的命令，召兰延、和疋、薛提三人进宫。三人刚进宫，偏房里突然冲出数十名各持刀械的宦官，三人吓得浑身发颤，来不及分辩，便已血溅当场，头颅落地。

东平王拓跋翰还待在别室，眼巴巴地等着群臣来迎接他，好去做皇帝。不料室门一响，闯入许多执刀太监，什么话也不说，举刀一阵乱砍，拓跋翰狂叫数声，莫名其妙地做了冤死鬼。

宗爱拥立拓跋余即位后，挟天子以令天下，宣召群臣进见。一群贪生怕死的魏臣，哪个还敢抗议，都忙着向拓跋余跪拜，俯首齐呼万岁。

拓跋余继位之后，依惯例大赦天下，改元永平，追尊赫连氏为皇太后，追谥拓跋焘为太武皇帝。

任命宗爱为大司马、大将军、太师，都督全国军事，还封他为冯翊王。

拓跋余因自己是越次继立，怕群臣不服，为了收买人心，于是发库中财帛赏赐群臣。不到一个月时间，府库一空。偏偏此时南方突然兴兵入侵，拓跋余束手无策。幸亏黄河南岸一带的边将顽强抵抗，将南军击退。

拓跋皇族仍然保持着游牧民族的血气和刚勇，宋军一退，拓跋余心里就没有了压力，便享受起众星捧月的生活，整天不是游猎，就是喝酒，将军国大事完全交由宗爱处理。

太监宗爱小人得志，权焰熏天，不但群臣为之侧目，甚至连新皇帝拓跋余也极为不满，心存戒意，意图削弱他的权力。宗爱意识到了这一点，索性来个先下手为强，利用一次庙会的机会，埋伏小太监，将他亲手拥立的新皇帝杀了。宗爱胆大包天，不到一年时间，连杀北魏两个皇帝，其中一个还是叱咤风云的太武帝拓跋焘。

宗爱谋杀拓跋余的东庙之变，羽林郎中刘尼也在场。刘尼当即提出拥立皇长孙拓跋濬为嗣君的建议。

宗爱吓了一跳，惊愕地说："你是痴人说梦吧！如果拥立皇长孙为新君，他肯忘记正平年的事情吗？"

刘尼默然趋出，转而向殿中尚书源贺揭发了宗爱的逆行。

源贺有志除奸，当即与刘尼一起去拜访尚书陆丽。

陆丽大惊失色："嗣主又被杀害了？宗爱一再忤逆，无法无天。"并当即表示，"我一定与你们共诛此贼，拥立皇长孙！"

三人当机立断，立即找来尚书长孙渴侯，密谋除奸之事，并立即分头行动：源贺、长孙渴侯率禁兵先去控制皇宫，陆丽、刘尼迎请皇长孙拓跋濬进宫登基。

陆丽与刘尼飞骑出平城，找到十三岁的皇长孙拓跋濬，不由分说，一把将他抱上马，拍马就走。

"你们要干什么？"拓跋濬挣扎地说，"到哪里去？"

"别慌！"陆丽安慰地说，"进宫。"

拓跋濬见无恶意，也就不再挣扎。

陆丽和刘尼将拓跋濬护送至宫门口，长孙渴侯早就等候在那里。陆丽跳下马，将拓跋濬从马上抱下来，拥进宫中。

刘尼则率禁兵立即回到东庙，向在场的羽林军大喊："宗爱谋杀皇帝，大逆不道，罪当灭族。现皇长孙已登大位，传令卫士还宫，各守原职！"

众人一听，欢呼万岁。刘尼指挥羽林军将宗爱拿下，押回大殿。

拓跋濬驾临永安殿，即皇帝位，召见群臣，改元兴安。随之下令诛杀宗爱，灭三族。

随后追尊父亲拓跋晃为皇帝，庙号恭宗，追封早已过世的闾氏为恭皇后。册立乳母常氏为保太后。常氏本辽西人，因事入宫，拓跋濬出生时，母亲大出血去世，由常氏将他抚养成人。没过多久，竟尊常氏为皇太后。

同时进封陆丽为平原王，刘尼为东安公，源贺为西平公，长孙渴侯为尚书令。国家逐渐安定下来，转危为安。

北魏的内乱平息了，南朝的刘宋也出了大事。

宋太子弑父

再说宋朝，自从袁皇后病逝后，潘淑妃得以总管内政。

太子刘劭性情本就凶残，又想起母后病亡都是潘淑妃一手造成，一直对潘淑妃耿耿于怀，并将潘淑妃的儿子刘濬也一并恨上了。

刘濬害怕刘劭加害于己，对刘劭毕恭毕敬，曲意奉迎，因此二人表面上关系还算不错。

东阳公主有一个婢女，名叫王鹦鹉。这个女人长相姣美，嘴巴也甜，太子常到东阳公主那里串门，同鹦鹉对上眼了，一个是淫妇，一个是花花公子，彼此眉来眼去，只差未能成全好事。一天，刘劭诈称疲乏，在后花园假寝，呼鹦鹉沏杯茶送过来。沏茶是假，幽会是真。鹦鹉狡而淫，将太子侍候得骨软筋麻，大呼过瘾。后来，鹦鹉又与刘濬私通，兄弟二人轮流坐庄。

刘劭与刘濬为人处世多有过失，常遭到父皇的责骂，郁郁不快。一天，鹦鹉见太子又不高兴了，问道："太子是储君，他日便是皇上，有何不高兴的呀？"

刘劭叹口气说："老头子太难侍候，常常责骂于我，哪里高兴得起来啊！"

鹦鹉道："天子万福，太子岂能登大位，不如请女巫作法，使过不上闻，则太子就没有烦恼了。"

"有这样的女巫吗？"

"有啊！"鹦鹉说，"她叫严道育，与公主颇熟，我也认识她。"二人一拍即合，刘劭让鹦鹉请严道育作法。

严道育是吴兴人，初为妓女，有妖人来淫宿，传授她采阳补阴之术及巫术。后转行做女巫，往来于官宦人家。东阳公主也是她的主顾，鹦鹉因之与她相识，常同床共宿，授与鹦鹉房中之术，故而鹦鹉也是一个尤物，讨得太子喜欢。

严道育请来之后，在后花园设香案，有模有样地对天膜拜，口中念念有词，好像真有天神下凡与她对话一般。大约用了半个时辰，法事做完。然后严肃地对刘劭、刘浚说："我已经转告天神，你们二人大可以放心。"

二人大喜，称严道育为天师。严道育作完法，担心法术不灵，索性用巫蛊术再次为刘劭、刘浚作法。她先在一块玉石上雕出宋主刘义隆的形象，然后派人把玉石埋在含章殿前。知道这件事的人有鹦鹉、刘浚，还有东阳公主的家奴陈天与、黄门陈庆国数人。

不久，东阳公主一病不起，竟致谢世。主人没了，婢女王鹦鹉理应出嫁。家奴陈天与同鹦鹉原本就有一腿，欲得鹦鹉为妻。后来因刘浚作主，将王鹦鹉嫁给府佐沈怀远为妾，鹦鹉当然也乐意。

鹦鹉知道陈天与有怨言，害怕他因醋意而泄露巫蛊之事，左思右想，觉得还是杀掉陈天与，才能免生后患，便将自己的想法密告太子刘劭。刘劭认为事态严重，竟然派人把陈天与给杀了。

陈庆国见陈天与被杀，惊骇地说："巫蛊密谋，只有我与天与知道，天与已死，我还能独活？"于是进宫向皇上举报巫蛊之事。

刘义隆大惊，立即派人收捕鹦鹉，并搜出刘劭、刘浚的书信数百纸，都是说诅咒巫蛊之事。又在含章殿前掘得所埋玉人，当即命有关部门彻查此案，并下令抓捕女巫严道育。

严道育早已闻风逃匿，不知去向。

刘义隆非常恼火，对潘淑妃说："太子贪图富贵，这没什么好说的。刘浚竟然也这样，真让朕感到意外，你们母子没有朕，能有今天吗？"

刘义隆派人严厉斥责刘劭、刘浚，二人无可抵赖，只得上奏请罪。刘义隆虽然十分生气，但心存仁厚，也没有把两个儿子怎么样。

时光荏苒，转眼已是元嘉三十年。刘浚自京口上奏，请求调往荆州。刘义隆同意了，命他入朝听令。当时，传言严道育藏在京口张家，刘义隆派人前往搜查，结果又让她溜了，只抓到她的两个婢女。一审讯，两名婢女招供，说严道育以尼姑的身份躲在东宫，后来到京口投靠始兴王刘浚，现在已随始兴王回去了。刘义隆大怒，立即命京口官员将两个婢女送到建康，与刘劭、刘浚当面对质。

刘浚进京后，听到一些风声，忙偷偷溜进宫去见潘淑妃。潘淑妃抱着儿子大哭道："之前因为巫蛊的事情，你父皇差点杀了你，亏得我极力劝阻，你才得免罪。可你为何又窝藏严道育？我刚刚替你向皇上求情，皇上不答应，看来这一次是凶多吉少。你去取毒药来，让我自尽，免得看见你的惨死！"

刘浚听了这话，一把将母亲推开，站起来说："路都是自己走的，请母亲放心，孩儿一定不会连累你的！"说罢，头也不回地出宫去了。

刘义隆也没闲着，召入侍中王僧绰，对他说太子不孝，刘浚也一样，并说要废掉太子刘劭，赐刘浚自尽。吩咐王僧绰去找一些汉魏时期废储立储的史料，交给江湛、徐湛之二相裁决，立即去办。

王僧绰应命而去，找到资料后，立即送给尚书仆射徐湛之、吏部尚书江湛，并传达皇上的密令，让二人裁夺。

江湛的妹妹嫁给了南平王刘铄，徐湛之的女儿是随王刘诞的王妃，两个人各怀私心，因而进宫见皇上，一个请立刘铄，一个请立刘诞。刘义隆却又偏爱七皇子建平王刘弘，意欲越序册立刘弘为太子，讨论了许久，始终没有决定。

王僧绰进宫进谏道："立储之事，应由陛下做主，陛下应尽快决定，不能再拖下去了。古人有言，当断不断，反受其乱，还请陛下立刻裁决！如果陛下不忍心废太子，那就像从前一样包容他，这样陛下也不用那么忧虑了。而且，这种机密之事一旦泄露出去，那就是灾难。请陛下明断，不可让这件事引发意外，贻笑千秋。"

刘义隆道："事关重大，朕不能不三思而行，况且彭城王去世不久，朕再这样做的话，世人会说朕无情，这可怎么办？"王僧绰道："臣倒是怕千载以后，世人会说陛下舍得对兄弟动手，却对儿子手下留情！"刘义隆默然不应。王僧绰见状，悄悄退了出去。

后来，刘义隆每天晚上将徐湛之召进宫，秉烛商议，每次都要绕壁检查，防止有人窃听。这天夜里，刘义隆与徐湛之密谋准备废太子、赐死刘濬。如此机密大事，刘义隆竟然对潘淑妃当作夫妻悄悄话来讲。

潘淑妃爱子心切，假装上厕所，马上秘密派人通知儿子刘濬。

刘濬大惊，一刻也没有耽搁，立即派人通知刘劭。刘劭随之与陈叔儿、斋帅张超之等人密谋杀掉刘义隆。

这天晚上，刘劭一面让人假造诏书，谎称从北魏归国的鲁秀谋反，皇上命东宫卫兵进宫护驾；一面召见中庶子萧斌、左卫率袁淑、中舍人殷仲素、左积弩将军王正见等人。一见面，刘劭就哭着对他们说："陛下听信谗言，打算废太子。我自问没有犯下大错，不愿受这种委屈。明天一大早，决定干一件大事，请你们尽力帮助我，共图富贵！"说罢，离座下拜。

萧斌等人慌忙避开，惊得冷汗直冒，大家心里都明白太子说的大事指的是什么，无人敢言，空气凝重紧张。

古代以下犯上，以臣废君者有之。以子弑父皇，千百年来，到宋朝开国，在中国这个文明礼仪之邦，还没有先例。萧斌顾虑了半天，壮着胆子说："从古至今，还没有发生过这样的事情，太子要三思而行啊！"

刘劭勃然变色，手按宝剑，横眉立目。萧斌害怕了，立即改口说："一定竭力奉令！"殷仲素等人也随声附和。

袁淑是袁皇后的兄弟，刘劭的舅舅，立即呵斥道："你们真以为太子会谋反吗？太子小时候曾患疯病，今天可能是旧病复发了。"

刘劭更加愤怒，怒目注视着袁淑说："你是说我不能成功吗？"

袁淑从容地说："太子可能会成功，但成功以后，恐怕难为天地所容。如果太子真有谋反的念头，还是请打消此念吧！"

陈叔儿在一旁说："现在都走到这一步了，还能罢手吗？"

刘劭脸色阴森恐怖，左右亲信立即把袁淑拉到殿外去了。

可悲的袁淑，回到寓所后，不停地绕着床行走，直至四更时才就寝，竟没有想到进宫报警。

第二天一大早，宫门还没有开，刘劭便与萧斌乘车赶往宫禁。一出东门，刘劭便催呼袁淑上车。袁淑还没有起床，刘劭停车力促，他才披衣出来相见。

"上车，快上车！"刘劭叫得很急。

袁淑推辞道："去不了，去不了，请太子见谅！"

刘劭点头示意，侍卫冲上前，一刀结果了袁淑的性命。

刘劭也不停留，驱车前往常春门，宫门正好打开，车子直接驶进去。依照旧制，东宫的人马不得进入禁城，刘劭取出伪诏对门卫说："奉皇上密诏，进宫征讨逆贼，后面的人马也可以进来。"

门卫不知是诈，将太子一行放进宫。

张超之领着数十名壮士，直接杀进含章殿。刘义隆与徐湛之密谋了一夜，刚睡下不久，卫兵也都没有起床。

张超之等人一拥而入。刘义隆大吃一惊，慌忙之间抓起榻上的案几抵挡。张超之一刀劈来，剁掉了刘义隆的五个手指头，案几随之掉落在地，刘义隆扑倒在地。张超之上前补一刀，眼见不能活了。

可怜的一代君主，遭到儿子的暗算，一命呜呼！享年四十七岁。

刘义隆在位三十年，聪明仁厚，躬勤政事，朝野敦睦，在元嘉二十七年（450年）北伐之前，江南的国力达到鼎盛。此外，刘义隆本性又很俭朴，不好奢侈，连坐车的皮垫都用很便宜的黑皮。可惜的是，他末年好大喜功，轻启战事，致使生灵涂炭。加之关键时刻当断不断，废立大事竟然随便告诉潘淑妃，谋及妇人，事泄谋激，最后身首异处，遭古今帝王未有之惨祸，究其本因，确实令人深思。

第二十三章
骨肉相残

箭见子杀父

刘义隆被杀的当天晚上，徐湛之留宿殿中，被惊醒后，得知宫中变乱，慌忙逃奔到北户，正打算开门逃生，不料乱兵已尾随而至，徐湛之来不及反抗，便死在乱刀之下。

江湛当晚在中书省值班，早晨起床听到喧嚷声，立即明白是怎么回事，恨恨地说："不采纳王僧绰的意见，才有今日之变啊！"随之钻进一处小屋躲藏，仍然没有逃出魔掌，被乱兵搜出，砍成肉泥。

刘劭赶到含章殿中阁，杀死中书舍人顾嘏，宿卫旧将罗训、徐罕以及左卫将军尹弘等人望风而降，拜倒在刘劭脚下。刘劭又派人去东阁追杀潘淑妃。

潘淑妃刚起床，尚未梳洗，突见乱兵冲进来，吓得花容失色。粗野的武夫们也不懂得怜香惜玉，冲上去一刀就结果了潘淑妃的性命，随之剖开胸膛，挖出心肝，找刘劭请功去了。

宫中跑堂打杂的人，凡是文帝刘义隆的亲信，格杀勿论，一个不留。

刘浚住在西府。属官朱法瑜从宫中慌慌张张地跑过来，上气不接下气地对刘浚说："不好了！不好了！宫门紧闭，里面传出喊杀之声，外面的人都说太子造反了！"

刘浚虽然早有准备，但还是吓了一跳，忙问："真有这等事吗？怎么办？怎么办？"

朱法瑜道："殿下部属都在石头城，不如赶往石头城，据城观变。"

将军王庆呵止道："宫中有变，不知陛下的安危如何，做臣子的怎么能逃往石头城呢？"

刘浚不听，带着一千多名僚属冲出南门，逃往石头城去了。

南平王刘铄留守石头城，他见刘浚突然奔来，向他打听宫中的情况。刘浚还来不及回答，杀害刘义隆的凶手张超之赶到了，说是奉命宣刘浚入朝。

刘浚屏退左右，向张超之问明情况后，当即一身戎服，翻身上马，便欲前往宫中。

朱法瑜极力劝阻，刘浚不听。王庆又提出"声罪讨逆"四字，更是惹得刘浚怒发冲冠，怒叱道："皇太子有令，谁再敢多言，立斩！"随即与张超之等人赶往朝中。

刘劭见到刘浚便解释说："皇弟，你可来了！只是，可惜了潘淑妃……"说到"妃"字，就停止不说了。

刘浚淡淡地问："难道是死了吗？"

刘劭见他形色自如，才答道："为兄一时失检，潘淑妃竟为乱兵所害！"

刘浚怡然地说："这是她自寻死路，没什么可惜的了。"

刘劭见刘浚并不计较，心里非常高兴，又伪造诏书，召江夏王刘义恭、尚书令何尚之进宫。两人进宫后，立即将他们囚禁起来，逼他们就范。然后宣百官进宫朝见新皇帝，结果只零零星星地来了数十人。刘劭也顾不了那么多，迫不及待地穿上龙袍，戴上皇冠，登上帝位。随之宣读诏书，大赦天下，改元太初。

从刘劭杀死父皇文帝刘义隆开始，二十多年的时间里，刘氏子弟们上演了一幕幕惨绝人寰的骨肉相残的惨剧，其惨烈的程度为中国历史上所罕有。

而刘宋也在皇室内部的自相残杀中走向灭亡。

其实，刘宋骨肉相残悲剧的根源，说来还在刘裕身上。一代枭雄吸取东晋皇权旁落、高门士族秉政的教训，为了使自己的江山永固，在国家的险要之地，都安排自己的兄弟和儿子出任军政一把手，外藩诸王拥有重兵，必然会威胁到中央。

文帝刘义隆担心藩王强大发生内乱，委派太子刘劭镇守京城，仅东宫府邸的卫士就有一万人。刘义隆万万没有想到，带兵闯入深宫要他老命的人竟是他最信任的太子刘劭。

刘义隆死于抗争，死于骨肉相残。皇族出任地方一把手的制度一日不改，骨肉相残一日不绝。江南流传着一首神秘的童谣：

遥望建康城，小江逆流萦。

前见子杀父，后见弟杀兄。

这是南朝皇族的真实写照。太子弑父，应验了第三句；武陵王刘骏再杀刘劭，应验了第四句。

众叛亲离

刘劭即位之后，回到永福省，不敢看先父的遗体，只是令亲党为先皇及潘淑妃殓棺。收拾妥当之后，刘劭追封先皇刘义隆为景皇帝，庙号中宗，将他葬在长宁陵。

办完丧事，刘劭任命萧斌为尚书仆射兼领军将军，何尚之为司空。同时命前太子右卫率檀和之戍守石头城，征虏将军侯义綦镇守京口。并任命殷仲素为黄门侍郎，王正见为左军将军，张超之、陈叔儿以下各将也都加官晋爵。

刘劭又令辅国将军鲁秀与屯骑将军庞秀之一同掌管禁军，任命王僧绰为吏部尚书，兼官司徒。

后来，刘劭在检查档案时，发现王僧绰先前草拟的废储诏书，一怒之下杀了王僧绰，并诬称宗室王侯与王僧绰同谋，趁机除掉刘义欣和刘义庆的儿子。

刘劭下诏，任命江夏王刘义恭为太保，南谯王刘义宣为太尉，始兴王刘浚为骠骑将军，随王刘诞为会州刺史，臧质为丹阳尹。

册立妃子殷氏为皇后，任命皇后的叔父殷冲为司隶校尉；尊女巫严道育为神师，释放曾参与巫蛊事件的女婢王鹦鹉。

王鹦鹉进宫向刘劭谢恩，刘劭见她妖冶善媚，竟有了非分之想，将王鹦鹉引入密室，云雨一番。

王鹦鹉本性淫荡，骤然得此奇遇，喜出望外，流连枕席，曲意承欢，引得刘劭心花怒开，通宵取乐，恨不得立她为后。只因正宫有主，一时不便废易，便先将王鹦鹉收为姬妾，再作后图。

刘劭弑父自立，不得人心，直接导致众叛亲离。

文帝的三子武陵王刘骏移镇江州后，在江州府处理政务（回应第十九章"江州将出一位天子"之语）。当时正值江州贼寇四起，刘骏屯兵五州，步兵校尉沈庆之自巴水前来会师，一同讨贼。

刘劭表面上任命刘骏为征南将军，暗中却向沈庆之飞传密令，示意沈庆之找机会干掉刘骏。沈庆之是刘劭为东宫太子时的老部下，刘劭因此以为密诏发出之后，刘骏必将人头落地。

恰巧典签董元嗣此时从建康来到五州，对刘骏说起刘劭大逆不道之事。沈庆之接到刘劭的密信，尚未拿定主意，听了董元嗣之言，私下对僚属们说："萧斌妇人之心，其余将帅我都熟知，不足为虑，死心塌地随东宫作恶者，不过三十余人，其他人均是胁迫参与，若拥立武陵王讨逆，名正言顺，一定会成功。"

沈庆之原本是刘劭的人，为何突然反目呢？这来自他的判断，正如他曾经指出北伐必败，魏军必将反击一样，他又看到了刘劭的灭亡。尽管接到刘劭的密信，还是做出不附刘劭而助武陵王刘骏的决定，并立即前往刘骏帐前求见。

刘骏已略闻密诏之事，对沈庆之怀有戒心，推托有病，不敢见这位东宫将领。

沈庆之急了，直接闯了进去，将密诏交到刘骏手里。刘骏知道大祸临头，哭着说："我不怕死，但我上有老母，能不能让我再见老母一面？"

沈庆之凛然正色地说："殿下把我看成什么人了！我蒙受先帝恩遇，现在更应辅顺讨逆，殿下为何不相信我呢？"

刘骏听了沈庆之的表态，惊喜万分，离座向沈庆之连拜两拜，说道："国家的安危，全靠将军了！"

沈庆之回拜后，立即操练兵马，准备兵发建康。

江州主簿颜竣说："刘劭占据天府，而天府一时难以攻克，仅凭江州一己之力，恐怕孤掌难鸣，不如联络各镇将，共同策划，然后起事。"

沈庆之厉声道："我们举义师，诛逆贼，黄头小儿竟敢挠阻军心，怎得不败？只有斩其首，才能振奋士气！"

刘骏见沈庆之动了真怒，忙让颜竣向沈庆之谢罪。沈庆之这才温和地对颜竣说："你是个拿笔杆子的文官，行军打仗非你所长，一定要慎开口啊！"

颜竣心里虽然不乐意，也只能强装笑脸，点头表示赞同。

"就照将军说的去做吧！"

刘骏当即戒严誓众，任命沈庆之为江州府司马，襄阳太守柳元景、随郡太守宗悫为谘议参军，内史朱修之为平东将军，颜竣为录事，长史刘延孙为寻阳太守，负责处理府事。

沈庆之不愧为将才，只用了不到十天的时间，便一切准备就绪，时人视之为神兵。

刘骏又命颜竣起草讨伐刘劭的檄文，号召各镇将士一起讨伐逆贼刘劭。

荆州刺史南谯王刘义宣、雍州刺史臧质、司州刺史鲁爽率先响应，相继举兵相从。刘骏令鲁爽留守江陵，然后与臧质前往寻阳。

刘劭听说刘骏出师，忙调兖、冀二州刺史萧思话为徐、兖二州刺史，任命张永为青州刺史。萧思话并未贪恋刘劭所授高官，竟然率兵投刘骏，公开与刘劭作对。建武将军垣护之也从历城赶往寻阳与刘骏会合，一同举兵讨伐刘劭。

随王刘诞给刘骏写信，表示愿意与刘骏共讨逆贼。不到一个月时间，义师四起，鼓声密集。

刘劭见四方兵起，声势浩大，这才感到害怕，下令戒严。

后见弟杀兄

讨伐檄文传到建康，刘劭知是颜竣的大手笔，立即召来颜竣的父亲太常颜延之，将檄文递给他，问道："知道檄文是谁的手笔吗？"

颜延之刚被授予光禄大夫之职，接过檄文略为看了一下，从容地说："应该是出自犬子之手。"

刘劭两眼盯着颜延之："你是怎么知道的呢？"

颜延之回答说："我儿子的笔迹，我不认识吗？"

"颜竣怎么能如此诋毁朕呢？"

颜延之缓缓地说："他连老父都不顾，又怎么会知道顾念陛下呢？"

刘劭听到这里，怒气才稍稍平息，呵斥颜延之退下。随后，将颜竣的儿子拘禁在侍中下省，将刘义宣的儿子拘禁在太仓空舍。并打算把起兵的各位王爷和将士在京的家眷全部杀掉。

江夏王刘义恭说："凡举大事者不顾家，有些是出于无奈，如果把他们的亲人杀光，更增添了他们的仇恨，激起他们的斗志，会更加死心塌地。"

刘劭觉得有理，不再提这件事。

刘劭觉得朝廷旧臣靠不住，便用重金招抚辅国将军鲁秀、右军参军王罗汉，委以军事；并任命萧斌为军师，令殷冲掌管兵符。

萧斌劝刘劭率水军西上决战，意图通过占有优势的水师在大江上一举消灭敌人，即使决战不利，也可以退守地势险要的梁山。

江夏王刘义恭有心偏袒刘骏，知道他起兵仓促，船只规模和装备无法与中央水师抗衡，因此劝刘劭，养精蓄锐，不宜远征。

萧斌厉色道："武陵郎只是一个二十岁的少年，能做出这样的大事情，让人不可小看。况且还有沈庆之、柳元景、宗悫三人做帮手，这些都是劲敌。现在，京师的军民还算齐心，我们还能勉为一战，等到人心涣散，就很难持久了。"

刘劭没有采纳萧斌的意见，只是慰劳将士，督造战舰，欲等敌军逼近，再决一死战。有人劝刘劭固守石头城。刘劭却说："前人据守石头城，无非是等待各路诸侯前来勤王。我如果守在那里，谁来救我？只有与他决战，才是取胜之道。"

随后派庞秀之戍守石头城，不料庞秀之竟然步了萧思话之后尘，投奔了刘骏，京都一时人心大震。

刘骏率军到了鹊头，宣城太守王僧达前来投诚，刘骏授王僧达为长史，将他留在身边。

柳元景也知道义军船舰又小又破，水战能力差，不是中央军的对手，于是率水师倍道兼程，一直急进，一路不见敌军踪迹，这才放下心来。疾行至江宁登岸后，柳元景命薛安都带领铁骑在淮上驱兵来回奔驰，以作疑兵，在军事上对建康施加压力，然后给京城文武官员写了一封公开信，陈述刘劭弑君弑父的罪行，号召大家诛除逆贼，还天下一个太平。

刘劭残忍弑君弑父已是大失人心，京城百官只是在重压之下，敢怒不敢言，看了柳元景的公开信，纷纷溜出建康城，投奔刘骏。

刘骏从寻阳东行，途中染病，不能理事。颜竣既要照顾刘骏的生活，还要协助处理军事，有时因刘骏病情加重，不便请示，便自行裁决，军政事务，所有文书往来，都由颜竣一人处理，居然毫无稽滞。

将士们并不知刘骏身染重病，毫不慌张。柳元景呈报的军情，也都由颜竣批答出去，令他相机行事。

柳元景率军抵达新亭附近，依山为垒。

刘劭命萧斌统步军，褚湛之统率水军，让他们与鲁秀、王罗汉等率精兵一万余人进攻新亭。大军出发后，刘劭登上朱雀门督战。

柳元景分兵迎战，双方杀得难解难分，因中央军来势凶猛，义军渐渐有些招架不住。柳元景出营督队，也捏了一把冷汗。正在这时，中央军先锋官鲁秀突然下令敲响了退军鼓。萧斌、褚湛之及将士们觉得奇怪，显得有些犹豫。

柳元景看得真切，乘机擂响战鼓，率军倾巢而出，杀向中央军。形势急转直下，中央军大败，坠河溺毙者无数。

刘劭见各军败退，慌忙率余众继续攻垒，结果也被柳元景杀败，伤亡无数。

萧斌受伤后逃得不知去向。鲁秀、褚湛之、檀和之则临阵易帜，投奔到柳元景军营。刘劭单枪匹马逃回建康。

柳元景亲自迎接鲁秀等人，一经交谈，才知作战期间中央军的退军鼓是鲁秀故意为之，褚湛之、檀和之两人，也是鲁秀劝说临阵易帜。柳元景大喜，迅速向各路军通报军情，并迎接武陵王刘骏到新亭。

刘骏此时病已痊愈，到新亭慰劳将士，趁机进入江宁城。

凑巧，江夏王刘义恭从建康脱身到了江宁，恳请刘骏即位。随后，散骑侍郎袁爰借口追捕刘义恭，也投到武陵王麾下。

袁爰对朝仪非常熟悉，刘骏便任命他兼任太常丞，负责即位大礼。随后在新亭筑坛，武陵王刘骏即皇帝位，是为孝武帝。

孝武帝刘骏即位，大赦天下，赐各文武官员一等爵位，将大行皇帝的谥号改为文，庙号太祖。

任命大将军刘义恭为太尉，录尚书事，兼任南徐州刺史；封南谯王刘义宣为中书监，兼任扬州刺史；封随王刘诞为卫将军，兼任荆州刺史；臧质为车骑将军，兼任江州刺史；封沈庆之为领军将军，萧思话为尚书左仆射，王僧达为右仆射，柳元景、颜竣为侍中，宗悫为右卫将军，张畅为吏部尚书。最后，刘骏将新亭改为中兴亭。

刘劭逃回建康，听说刘义恭逃走，残忍地将刘义恭的十二个儿子全都杀了。

臧质等人率兵步步进逼，直指建康。刘劭派出去的军队，有的溃散，有的临阵投降，无奈之下，只得下令紧闭城门，在城内凿堑立栅，城中一日数惊，非常慌乱。

丹阳尹尹弘溜出建康城请降，萧斌也自石头城到孝武帝刘骏军前投降。鲁秀等人请示过宋新主孝武帝刘骏后，认为萧斌等人罪孽深重，当即处斩。

刘劭自知大势已去，打算逃走，刘浚劝他带上珠宝从海路逃走。刘劭觉得带珠宝反而会引起别人注意，不利于逃跑，欲轻骑逃生。只是主意还没有拿定，城门已被攻破。

薛安都、程天祚等领着义师乘乱杀进太极殿。臧质、朱修之也分别从侧门杀入，两队人马在太极殿会合。

逆党四处逃奔，王正见当场被斩，杀害文帝刘义隆的凶手张超之也在含章殿被乱刀分尸。

刘劭无法逃走，在墙上凿开一个洞，逃到武库井中藏身，被义军将领高禽率兵搜出，反绑起来。

刘劭问："天子在哪里？"

"在新亭！"高禽一边回答，一边命人将刘劭拉出来。

臧质见是刘劭，痛哭不已。

刘劭羞惭地说："天地不容我，你哭什么？"

臧质这才止住眼泪，把刘劭绑在马背上，押送到新亭。皇后殷氏、皇子刘伟之兄弟四人，以及严道育、王鹦鹉等人都被捕获，男的戴上刑具押送到新亭，女的全都关进大牢。

传国玉玺也被从严道育身上搜出来，送到新主孝武帝刘骏手里。

刘劭与四个儿子来到新亭，江夏王刘义恭先呵斥道："我背逆归顺，有什么错？你竟把我十二个儿子全都杀害了！"

刘劭昂着头说："杀死各位弟弟，是我对不起叔父！"

江湛的妻子庾氏专门乘车赶过来咒骂，庞秀之也在一旁冷嘲热讽。

刘劭厉声说："骂够了没有？我把命交给你们就是了。"

刘义恭大怒，先让人当着刘劭的面，将他的四个儿子斩杀。

轮到刘劭时，刘劭叹息说："我从来没有想过会把宋室弄成这个样子啊！"随即，刘劭父子暴尸市曹。

刘义恭奉命先回建康，途中碰到狼狈逃来的刘浚父子，刘铄也在队伍中。刘浚见到刘义恭，下马问道："武陵王现在怎么样？"

刘义恭道："皇上已君临万国！"

刘浚叹道："我来得太迟了！"

"确实是迟了点！"

"我还能活命吗？"刘浚眼巴巴地看着刘义恭。

"说不定可以，你自己去请罪吧！"刘义恭说罢，勒令他们上马。刘浚刚要上马，刘义恭乘其不备，突然举起刀，砍下刘浚的头颅。刘浚的三个儿子也一同被斩首。

不久，诏书传到建康，赐刘劭的皇后殷氏等人自尽。

殷氏对狱丞江恪说："我没有犯罪，为什么要杀我？"

江恪回答说："你被册封为皇后，怎么会没有罪呢？"

"这只是暂时的册封，再过几个月，王鹦鹉就是皇后了。"殷氏说罢，上吊自尽了。

姬妾相继自我了断，唯严道育、王鹦鹉两人被押到市曹，鞭笞致毙。

殷冲是殷氏的叔父，尹弘、王罗汉也曾为刘劭效命，一概都被赐死。淮南太守沈璞坐守湖上，观望不前，也被处斩。

孝武帝刘骏自新亭进京后，住进东府，百官接踵而来，诚恳请罪。刘骏下诏既往不咎，并派建平王刘弘去寻阳接生母路淑媛及妃子王氏进京。家眷抵京后，刘骏尊母为皇太后，册立妃子王氏为皇后。

追封袁淑为太尉，徐湛之为司空，江湛为开府仪同三司，王僧绰为金紫光禄大夫。封高禽为新阳县男，追封潘淑妃为长宁国夫人。

晋升江夏王刘义恭为太傅，南平王刘铄为司空，建平王刘弘为尚书左仆射，随王刘诞为右仆射。

不久，又改封南谯王刘义宣为南郡王，随王刘诞为竟陵王。其他人也都论功行赏。

褚湛之虽是刘浚的岳丈，因及时归顺，且刘浚与王妃已死，故免了死罪。何尚之则因刘义恭从中调解，被授为尚书令，儿子何偃为大司马长史。

孝武帝刘骏随之住进大内，粗享太平。两个月之后，南平王刘铄竟致暴亡。

第二十四章
乱伦皇帝

皇帝乱伦

　　南平王刘铄随刘义恭回到建康，虽然也被晋升为司空，由于归顺得晚，孝武帝刘骏对他有想法，认为他对自己不忠，因而对刘铄存有戒心。刘铄心里也明白自己的处境，故而心怀忧惧，寤寐难安，晚上睡觉时常常被噩梦惊醒，与家人闲聊，总说一些莫名其妙的话，一副丧魂落魄之态。

　　一天，京中突然传出刘铄暴毙的消息。至于死因，有人说是食物中毒，是刘骏暗中派人下毒，也有人说暴病而亡。刘骏没有深究这件事，只是追封刘铄为司徒，便将这件事掩饰过去了。

　　第二年是孝武帝刘骏元年，年号孝建。刘骏即位之后，将刘劭拘禁的各位王公大臣的儿子全都从牢里放出来，其中包括刘义宣的儿子。随后，立长子刘子业为皇太子，封刘义宣的儿子刘恺为南谯王。刘义宣一再推辞，刘骏于是封刘恺为宜阳县王。

　　刘恺有十六个兄弟，姊妹也多，有的随父亲刘义宣去了外地，有的留住京城。刘骏本想让刘义宣兼镇扬州，刘义宣不愿去，情愿镇守荆州。刘骏满足了他的要求。刘义宣去荆州后，子女仍然留在建康，住在原来的府第。

刘骏文武全才，且相貌出众。史书说他为人机警、勇敢、果断，学问渊博，文章写得好，阅读书信和奏章一目七行，善于骑马射箭，简直就是男人中的极品。偏偏刘骏有一个奇癖——好色。食色，性也，本也无可厚非，不能视为奇癖。可一旦好色到了疯狂的程度，无论亲疏贵贱，但有几分姿色，遇见了便要召幸，不肯轻易放过，那就有些说不过去了。刘骏好色，已到疯狂的程度，失去理智，以至乱伦。

刘骏从小不讨父皇喜欢，父爱甚少，生平只有母爱。刘骏缺少父爱，害怕失去母爱，逐渐形成一种恋母情结。母亲路惠男寂寞之中，将全部的情感倾注在儿子身上，刘骏与母亲的关系超越了亲情，最终发展到不伦之恋。《魏书》就曾明确记载刘骏："淫乱无度，蒸其母路氏，秽污之声，布于欧越。"就连南朝人所著的《宋书》也含糊其词地说："宫掖事秘，莫能辩也。"

刘骏似乎不忌讳这些，围猎乌江，游览满山，带母亲一起出行。召幸嫔妃留在路太后宫中，几个人同床嬉闹，性趣盎然，民间传得沸沸扬扬。

路太后住在显阳殿，宫廷内外的命妇以及宗室女子，都免不了要进宫向太后请安，刘骏趁机闯进去，选美评娇，只要看上了，便引入宫中迫令侍寝。有时就在太后宫内上演几出龙凤配。太后溺爱儿子，任其胡闹，也不加禁止。

刘义宣有四个女儿，自幼养在宫中，刘义宣赴任荆州后，四个女儿仍留在宫中。刘骏淫乱不论尊卑长幼，无论亲疏，刘义宣的四个女儿尽管是他的嫡亲堂姐妹，仍然是他猎艳的对象，床笫逐欢，不亦乐乎。

天下之事，若要人不知，除非己莫为。刘骏与刘义宣的女儿淫乱的丑闻渐渐传到刘义宣耳里。

无能和懦弱是刘义宣的代名词，当他得知侄子皇帝和女儿在一起乱搞，老脸实在挂不住了，心中极为愤怒。如果没有他起兵相助，刘骏能如此顺利地登上帝位吗？只顾作乐，自己不要脸也就罢了，一点也不顾老叔的脸面。

愤怒归愤怒，可有什么办法呢？换了别人，一万个脑袋也都掉了。可他是皇帝，皇帝可以杀吗？即使想杀，杀得了吗？除非造反。造反？刘义宣还没有这个胆量。世事难料，有时胆小鬼也能变为勇士，只要诱惑足够大。

南郡王兴兵

再说刚刚调任江州刺史的臧质，自以为功高赏薄，便心生异图，欲奉南郡王刘义宣为帝。听说刘义宣痛恨当今皇上刘骏，便给刘义宣写了一封信，约刘义宣一同起事。

臧质是臧皇后的侄子，与刘义宣也算是表兄弟，臧质的女儿是刘义宣的儿媳妇，两家还是儿女亲家，关系自然非同一般，再加上都怨恨刘骏。刘义宣心有所动，把这封信交给心腹蔡超和竺超民传阅，征求他们的意见。

主子如果做了皇帝，奴才会跟着飞黄腾达。蔡超和竺超民心领神会，乘机怂恿刘义宣响应臧质的建议。刘义宣哪知二人的心思，想到臧质是一员赫赫有名的虎将，胆子壮了起来。

人上了欲望的贼船，就如同被猪油蒙住了眼睛，看不见别人，也看不见自己。刘义宣就是那个被猪油蒙住眼睛的人，与臧质一拍即合。

豫州刺史鲁爽向来与刘义宣交好，与臧质也有往来。兖州刺史徐遗宝从前是荆州部将，刘义宣于是派人密约鲁爽、徐遗宝秋季举兵。

鲁爽生性粗鲁，嗜酒如命，喝起酒来就忘了东西南北，经常误事，人送外号"醉鬼"。刘劭弑父后，鲁爽出兵支持刘骏。双方在建康城外大战，刘劭的大将、鲁爽的亲哥哥鲁秀击退军鼓，为刘骏的军队获胜立下大功。刘骏登基后，哥儿俩受到重用，鲁爽被任命为豫州刺史，鲁秀被任命为司州刺史。

刘义宣的密使到达寿阳时，鲁爽正喝得烂醉，听说南郡王刘义宣要起兵，眯着一双醉眼，冲着部属大喊："哥哥要做皇帝，小弟责无旁贷，速点人马，出兵。"

刘义宣书信里说得明明白白，秋天起兵，可现在还是春天啊！

豫州率先发动了，兖州刺史徐遗宝也只能起兵响应，率部杀向彭城。

鲁爽的弟弟鲁瑜在建康听到风声，连夜溜出城，投奔哥哥去了。

朝廷大震，派使者去江州，命令臧质抓捕鲁瑜的弟弟、江州府属官鲁弘。

鲁弘没有抓到，使者的人头却落地了。臧质吹落剑锋上的滴血，冲着使者的尸体，冷冷地说："就用你的头祭旗吧！"

鲁弘感激涕泣。

臧质道："你哥哥也太心急了，约定时间还没有到，他就先起兵了，现在是箭在弦上，不得不发啊！"随即也举兵，并催促刘义宣赶快响应。

刘义宣让鲁爽搞得措手不及，荆州战备不足，兵械也没有备齐，人员没有协调沟通，军队没有动员，仓促起兵，狼狈之状可想而知。

"醉鬼"鲁爽又来添乱，派人将缝制好的龙袍送到江陵，并投递文书，称刘义宣为天子，称臧质为丞相。

刘义宣十分诧异，致书臧质，让他多加注意。

臧质想笼络鲁爽，特封鲁弘为辅国将军，命他率兵屯驻大雷（今安徽望江），挡住朝廷军队。

刘义宣也派刘湛之率一万多人支援鲁弘，并召来司州刺史鲁秀，想让他带领人马做刘湛之的后援。

鲁秀到江陵与刘义宣谋面之后，一席交谈，不禁叹道："我兄弟害了我啊！让我与呆人做贼，这可是要身败家亡了！"

刘骏听说南郡王刘义宣起兵发难，不禁惊慌起来。由于刘义宣镇守荆州十多年，兵强财富，刘骏担心自己抵挡不住，便与王公大臣商议，想把皇位让给刘义宣。

竟陵王刘诞劝道："兵来将挡，火来水灭，刘义宣犯上作乱，陛下怎么能轻易将皇位让与逆贼呢？"

刘骏只好作罢，命江夏王刘义恭致信劝降刘义宣。刘义宣将来信弃之于地，把送信人逐出江陵。

刘骏见招降无望，于是封领军将军柳元景为抚军将军，兼任雍州刺史，左卫将军王玄谟为豫州刺史，安北司马夏侯祖欢为兖州刺史，安北将军萧思话为江州刺史。四将一会合，刘骏便任命柳元景为统帅，统率各军讨伐刘义宣、臧质及鲁爽等人。

雍州刺史朱修之收到刘义宣的檄文，表面答应起事，暗中却向刘骏表忠心。刘骏起初还担心朱修之归附刘义宣，所以令柳元景兼任雍州刺史，得知朱修之的心意后，当即任命朱修之为荆州刺史。

益州刺史刘秀之杀了刘义宣的使者，不受伪诏，派兵袭击江陵。

刘义宣还蒙在鼓里，命臧质、鲁爽两军先出发，自己随后督率十万部众从江津出兵。出发之前，封儿子刘恺为辅国将军，令他与左司马竺超民留守江陵，檄令朱修之出兵接应。

朱修之决心为刘骏卖命，当然不会发兵。刘义宣这时才知道朱修之怀有二心，慌忙派鲁秀为雍州刺史，率一万人马攻打朱修之。

决战梁山

王玄谟听说鲁秀北去，心里十分高兴，心想：鲁秀不来，一个臧质就不足为虑。于是进兵扼守梁山。

冀州刺史垣护之是兖州刺史徐遗宝的姐夫，徐遗宝邀垣护之一同谋反，垣护之不但不从，反而与夏侯祖欢一起夹击徐遗宝，兖州军溃败，徐遗宝脱逃，投靠了鲁爽。

鲁爽率兵直趋历阳，与臧质水陆并进。结果，臧质军先在南陵落败，又在梁山受挫，随后臧质的得意部将庞法起也阵亡了。

鲁爽所部遭薛安都率兵阻击，先锋官杨胡兴阵亡，难以前进，便留驻大岘，让弟弟鲁瑜屯守小岘，作为掎角。

刘骏派镇军将军沈庆之前往历阳督战，奋力讨逆。

沈庆之是百战老将，鲁爽有所忌惮，又因粮食将尽，只得下令退兵，自率亲军断后，从大岘退往小岘，与弟弟鲁瑜会合。兄弟相见，杯酒叙情。不料薛安都率轻骑追来，直抵小岘军营前。鲁爽已喝得大醉，率兵出营，指挥士兵迎战。

薛安都看得真切，跃马大叫一声，杀了过来。鲁爽睁着一双醉眼，连手都抬不起来，哪能应战，只听一声大喝，鲁爽已被薛安都挑落马下，部将范双从旁闪出，割下鲁爽的首级，余众溃散，鲁瑜夹在乱军中逃走。

薛安都追至寿阳，沈庆之率军也已赶到。寿阳城内的徐遗宝自知不敌，弃城逃往东海，为土人所杀。豫州之乱已平。

鲁爽出生于将门之家，骁勇善战，曾被称为"万人敌"，一旦授首，使得刘义宣、臧质心惊胆战。沈庆之派人将鲁爽的首级送给刘义宣，刘义宣看着血淋淋的头颅，更加惊惧，好不容易稳下心来，一路磕磕碰碰，勉强到了梁山，与臧质商议对策。

臧质似乎胸有成竹，献上一策：由刘义宣率兵攻打梁山，牵制梁山军，自己率主力水师绕过梁山洲，直捣石头城。

刘义宣此前接到五哥刘义恭一封信，信中说臧质轻薄无耻，不知检点，绝非池中之物，让刘义宣提防着点。刘义恭是刘骏阵营中人物，明显是挑拨离间。刘义宣竟听信刘义恭之言，对臧质持怀疑态度。恰在此时，又见刘湛之暗地对他挤眉弄眼，将到嘴边的话又咽了回去。

臧质见刘义宣半天不说话，闷闷地退了出去。

刘湛之对刘义宣说："臧质请求做前驱，看来此人城府极深，不得不防。不如让他一同攻打梁山，攻克梁山之后再东进，才是万全之策。"

于是，刘义宣没有采纳臧质的建议，只是命他进攻东城。

当时薛安都、宗越都已赶到梁山，垣护之也来了，王玄谟慷慨誓师，督促各路兵马迎战。臧质率众刚登岸，这边的大军就杀过来了。

薛安都率军攻臧质的东南军，只一回合，便将刘湛之挑落马下，补一枪，结果了性命。

宗越攻打臧质西北军，击毙贼党数十人。

臧质军招架不住，只好退回船上，逃回西岸。不料垣护之从中流杀来，顺风纵火，臧质军几乎全军覆没。

刘义宣在西岸遥望，正在着急，没料到垣护之、薛安都、宗越各军已乘胜杀来，吓得不知所措，慌忙乘船向西逃走。臧质也单舸逃走。

臧质逃回寻阳，欲与刘义宣商议此后的作战方略，让他万万没有想到的是，刘义宣根本就没有进城，只是接走了留在寻阳的女儿，便继续向西逃窜。

臧质自知寻阳难守，便毁掉府舍，带着妻妾奔往西阳。谁知太守鲁方平紧闭城门，不许他进城。臧质转投武昌，同样也吃了闭门羹。日暮途穷，无处藏身，无奈之下，只得躲进南湖，采莲为食。不久，有追兵到来，臧质用荷叶盖在头上，藏身水里。仍然被追兵瞧见，一箭穿心，首级也被人割走请功去了。

刘义宣逃到江夏，本想逃往巴陵，派人侦探，知巴陵已有益州军驻扎，只得返回迳口，一路上要饭回到江陵。

竺超民得知消息，率众人出城迎接。刘义宣见了竺超民，痛哭流涕。竺超民怕军心有变，慌忙劝阻。刘义宣左右观望，发现鲁秀也在旁边，一问才知道，鲁秀被朱修之杀败，逃回江陵。刘义宣垂头丧气地带着众人进城。

鲁秀、竺超民本想重整士气，拼死一搏。刘义宣一脸沮丧，魂不守舍，脑子一片空白，根本就没有听到鲁秀的话，耷拉着脑袋，钻进府内，不肯出来见人。

主将如此，将士们也都绝望了，很多人悄悄溜出城，自谋生路去了。鲁秀见大势已去，向刘义宣告辞，准备再回北魏去。

刘义宣觉得自己在江南待不下去了，不如和鲁秀一起去江北。他让五个爱妾换上男装，然后带着儿子刘恺一起出逃。

江陵城中乱成一锅粥，有跑的，有逃的，有打劫的，有杀人的，刀光剑影，血肉横飞。刘义宣吓得心惊胆战，一不小心，从马背上摔下来，马也被人抢走了。幸亏竺超民扶他起来，送出城外，并将自己的坐骑送给他，然后回城闭门自守。

刘义宣出城转了一圈，不见鲁秀的踪影，身边将士听说要去北国塞外，跑了个干干净净，只剩下儿子刘恺和五名爱妾跟在身边。刘义宣徘徊良久，直到繁星点点，才深深地叹了一口气，返回江陵。

刘义宣回到江陵，返回王府。王府冷冷清清，没有灯火，没有人影，到处一片漆黑，能搬走的东西被洗劫一空。刘义宣侧卧在床榻上，泪如雨下。

忽然，竺超民带人闯了进来，喝令拿下反贼刘义宣。数名如狼似虎的士兵冲上来，将刘义宣和五个宠妃一并拖走，投入大牢。

刘义宣在狱中叹道："臧质老奴误我！误我啊！"

鲁秀本想投奔北魏，手下将士没有人愿意去异国他乡，纷纷离他而去。鲁秀只是孤家寡人一个，无奈之下，也返回江陵。黑洞洞的江陵城门紧闭，鲁秀冲着城上大喊："我是鲁秀，把门打开！"

竺超民的身影出现在城上，冲着城下大喊："鲁兄，你走吧！江陵已经没有你的容身之地了。"

说罢，城上箭如雨下，鲁秀躲避不及，背后中了一箭，只得调转马头逃走，一路想来，自觉逃生无路，投江自尽了。有人割下鲁秀的首级，送往京都。

刘骏命左仆射刘延孙前往荆州、江州处理叛军投降事情。刘义宣和他的儿子刘恺被赐自尽，竺超民也一同被诛。刘义宣其余十六个儿子、臧质的子孙也全部被杀。

刘骏杀光叛党后，加封沈庆之为镇北大将军，柳元景为骠骑将军，王玄谟等将领也都各有奖赏。

以前晋室东迁，以扬州为京都，荆、江二州为外藩，扬州盛产粟、帛，荆、江二州利于练兵，由各位大将镇守。宋朝沿用晋朝旧制，才使得各镇将领有了叛乱的机会。

刘骏惩前毖后，划扬州、浙东五郡为东扬州，在会稽设置总府，并从荆、湘、江、豫四州划出八个郡，称为郢州，在江夏设置总府，撤去南蛮校尉，把戍守的兵士移到建康，借以削弱荆、扬二镇的势力。

太傅刘义恭见刘骏志在集权，便恳请撤销录尚书事职衔，并裁减王侯车服器用、乐舞制度等共计九条。

刘骏照准。从此，刘骏威福独专，谁也不敢违背君主的意思。

沈庆之已是七十岁高龄的老人，担心自己功高望重会遭到君主猜忌，上表请求告老还乡。刘骏不许，沈庆之索性亲自上朝，当面请求说："像张良这样的贤人，汉高祖也同意让他退隐，何况臣这样的庸人呢？请陛下允许臣告老还乡，臣将感激不尽。"

刘骏百般抚慰挽留。沈庆之又是叩头，又是哭求。刘骏见他去意已决，只好答应了他的请求，允许去职，封他为始兴公。

柳元景也辞官离去，刘骏另调南兖州刺史守卫京师。

刘义恭、沈庆之、柳元景这样功高位重的勋臣都请求离职，朝臣哪个还敢趾高气扬？大家小心翼翼、兢兢自守，不敢乱说乱动。就算宫廷里有再大的事情发生，谁也不发一言，都做起了寒蝉。

刘骏乐得放肆，除了照例上朝外，每天在后宫宴饮，纵情取乐。之前与刘义宣的女儿淫乱，不过是暗地偷欢，现在，刘骏将她们全都召入后宫，公然排进妃嫱，追欢取乐。四姊妹的性情模样有所不同，其中次女楚江郡主，容颜艳丽，秀色可餐，尤其善于迎合，特别讨刘骏欢心。刘骏与四姐妹一起床上逐欢，原本抱着寻欢作乐的态度，然而在交欢过程中，却深深爱上了楚江郡主，把她当作活宝贝看待，日夕相依，宠倾后宫。数度春风，竟生下一子，取名子鸾。刘骏更加欢喜，封楚江郡主为淑仪，为了避人耳目，刘骏让楚江郡主改姓殷，对外谎称是殷氏家人，进了刘义宣的家，又由刘义宣家进入宫廷。

第二十五章
头颅山

骨肉相残

　　孝武帝刘骏杀了刘义宣，又将他的女儿纳为淑仪，如此乱伦之举，自然引起朝臣不满。刘骏没有丝毫检讨之意，竟采用强硬手段压制王公大臣，如此一来，更加激起王公大臣的强烈反对。而第一个站出来反对他的竟是他的亲弟弟。

　　刘骏有两个哥哥，一个是刘劭，一个是刘濬，两人都成了无头鬼。他还有十六个弟弟，年龄最大的南平王刘铄已中毒身亡，庐陵王刘绍也早已离世，再后就是协助刘骏除逆、官至左仆射的建平王刘弘，不久也死了。

　　接下来依次为：担任右仆射的竟陵王刘诞、东海王刘祎、义阳王刘昶、武昌王刘浑、湘东王刘彧（即明帝）、建安王刘休仁、山阳王刘休祐、海陵王刘休茂、鄱阳王刘休业、新野王刘夷父、顺阳王刘休范、巴陵王刘休若。

　　孝建元年（454年），柳元景辞去雍州刺史兼职，刘骏便让武昌王刘浑继任雍州刺史。刘浑身材高大，年轻有力，莅任后常与身边的僚属戏作檄文，自称楚王，年号元光，且还备置百官。长史王翼之将刘浑的行为上报给朝廷。刘骏大怒，立即削夺刘浑的王爵，贬为庶人，随即逼其自尽。

竟陵王刘诞年龄较长，功绩最高，刘骏晋升他为太子太傅，任扬州刺史。

刘诞有些得意忘形，有了一种炫耀的冲动，于是乎大兴土木，造立亭舍，园林之华美，冠绝一时。更有甚者，他还招募壮士做幕府的卫士，卫士的配备甲仗鲜明，在建康城十分惹眼。

刘骏本来就是一个疑心很重的人，见刘诞如此张扬，心里不舒服，但表面上没有表露出来，还加封刘诞为司空。正当刘诞沾沾自喜的时候，一纸诏书到了，先是将刘诞调任南徐州刺史，出镇京口。后来考虑到京口离都城太近，还是担心他作乱，于是再下诏书，调任南兖州刺史。并安排右仆射刘延孙镇守南徐，暗中戒备刘诞。

刘骏对自家兄弟有戒心，对门阀士族不信任，但却视平民布衣出身的戴法兴、戴明宝、巢尚之三人为心腹。戴法兴、戴明宝是刘骏在江陵时的僚属，刘骏即位后提拔三人为南台侍御史，兼任中书通事舍人。巢尚之涉猎文史，颇有声誉。

孝建三年（456年）冬，戴法兴、戴明宝、巢尚之三人抱团取暖，为刘骏大唱赞歌，无非是夸赞刘骏声名远播、国内承平、远近畏怀之类的赞美之词。

刘骏也踌躇满志，以为真的太平盛世、百姓安居乐业了，特地改孝建四年元旦为大明元年正朔，大赦天下，大肆庆贺，粉饰太平。

第二年，北魏镇西将军封敕文率兵进犯清口，被守将傅乾爱击败；北魏征西将军皮豹子率兵入侵青州，被青、冀刺史颜师伯击败。北魏军出师受挫，相继退走。

南兖州刺史竟陵王刘诞认为这是一个机会，托词防御北魏，借机巩固城垒，召集兵士，想与刘骏一决雌雄。参军刘智渊预感到刘诞即将作乱，请假还京探亲，向刘骏告密。

刘骏命刘智渊为中书侍郎，决定一旦发现刘诞叛乱，立即出兵讨伐。不久，吴郡民刘成、豫章民陈谈之都上书检举刘诞。刘骏连得二份检举刘诞的奏章，暗中指使朝臣上表弹劾刘诞。

朝臣的奏章上来，说刘诞图谋不轨，应将刘诞交廷尉治罪。刘骏假仁假义地说，看在手足亲情以及刘诞曾建功的分儿上，免去死罪，只将他降为侯爵，希望他早些觉悟。暗地却封义兴太守桓阆为兖州刺史，拨给他羽林禁兵，并派中书舍人戴明宝做桓阆的军师，伺机偷袭刘诞。

桓阆到了广陵，刘诞丝毫未察。戴明宝派人潜入广陵（南兖州府所在地），约请刘诞的典签蒋成做内应，次日清晨打开城门，迎接桓阆军进城。蒋成担心孤掌难鸣，便约请府舍人许宗之助一臂之力。许宗之表面上同意与谋，转背便去向刘诞告密。

刘诞立即派人抓捕蒋成，并调兵严守。

天刚放亮，桓阆带兵来到广陵城外，不见城门有什么动静，正迟疑之际，忽见刘诞带兵列阵城楼上，有人将蒋成押上城门，斩首示众。

随之城门大开，刘诞率兵冲出城门，杀了桓阆一个措手不及。桓阆还没弄明白怎么回事，便做了无头鬼。戴明宝侥幸逃脱。

刘骏得知桓阆兵败，慌忙起用始兴公沈庆之，任命他为车骑大将军，兼任南兖州刺史，率兵讨伐刘诞。

刘诞自知大军将至，命令毁掉城外的所有民房，将居民驱赶进城，一面号召各处镇将起事，一面派人到建康散发征讨昏君刘骏的檄文，檄文揭露了刘骏的宫阙丑闻。

刘骏恼羞成怒，派人将刘诞留在京城中的亲属抓起来，不论是否与刘诞有来往，一体格杀勿论，一千多人死于这场屠杀。

头颅山

刘骏住进了宣武堂，下令内外戒严，催促沈庆之前往广陵，命令豫州刺史宗悫、徐州刺史刘道隆在广陵城下会师，限期破城。

宗悫是南阳人，从小就有远大的抱负。他的叔父宗炳却性情恬淡，无意于官场，他曾问宗悫有何志向，宗悫回答说："愿乘长风破万里浪！"

宗炳摇摇头说："你不仅谋求不到富贵，还会弄得家破人亡。"

宗悫的哥哥宗泌娶妻的那天晚上，有盗贼入室行窃。宗悫当时年仅十四岁，竟然挺身拒盗，一个人打倒十多个盗贼，众贼见状，吓得仓皇而逃。从此以后，宗悫的英勇也逐渐传了出去。若干年后，宗悫成为江夏王刘义恭的得力部将，随刘义恭攻打林邑，作战有功，升任随郡太守。后来多次征服雍州的蛮寇，讨伐刘劭时也立下大功。孝武帝刘骏任命宗悫为左卫将军，封洮阳侯。

刘诞占据广陵，图谋不轨之时，宗悫正镇守豫州，接到孝武帝的诏书，立即赶往京城。此时的宗悫已是年过六十的老人，但豪气不减当年，刘骏勉励一番，让他前往广陵军前，接受沈庆之的调遣。

果然是人的名，树的荫，宗悫前来广陵的消息传出，刘诞颇为畏惧，为了稳定军心，竟然对将士们说，宗悫是来帮助他的，请将士们放心。

宗悫来到广陵城下，骑马绕城一周，冲着城内大呼："我是宗悫！到此讨伐逆贼，不要妄想我会放过你们，快快出城受死吧！"

刘诞的谎言不攻自破，城内军民人心浮动。

刘诞登城观望，见对面小山头上沈庆之正在调兵遣将，准备攻城。刘诞也不怕丢脸，带着哭腔大声喊："沈公、沈公，你都是该享受天年的人，何苦还要在战场上冲冲杀杀呢？"

沈庆之冲着城上大喊："王爷，你不仅狂妄，而且还很愚昧，朝廷觉得对付你，不必劳动那些年少有为的俊杰，让老夫来活动活动筋骨就可以了！"

刘诞见城下军势强盛，更加惶恐，当即下城整装，命中兵参军申灵赐坚守城池。交代妥当后，带着数百名亲兵，托词出战，从北门出城逃走。走了大约十多里路程，忽见后面尘土飞扬，随行人众已猜到刘诞想干什么，也明白追兵已经赶上来了。于是七嘴八舌地说，出城、守城，都是一场硬仗，还是回城吧！

刘诞皱着眉头说："如果回城，你们能尽力守城吗？"

随行人员齐声许诺。部将杨承伯拦在刘诞的马前，哭着说："无论生死，我们都会追随王爷，请王爷速回，再迟恐来不及了。"

刘诞这才勒转马头往回走。刚走出一箭之地，便与追兵相遇。

为首大将戴宝之手执长矛，单骑杀向刘诞，幸亏杨承伯挥刀挡开，瓦解了戴宝之的杀招。不然的话，一招便要了刘诞的命。众人护着刘诞，杀开一条血路，匆匆返回广陵城。

刘诞回城之后，封申灵赐为骠骑府录事，参军王屿之为中军长史，世子刘景粹为中军将军，别驾范义为中军长史，此外府州其他文武官员都获得封号。然后筑坛歃血，誓众固守。

刘诞任命主簿、宋宗室将军刘遵考之子刘琨为中兵参军。刘琨不肯就职，先谢过刘诞，然后严肃地说："自古以来，忠孝不能两全，我的父亲还在京都，恕不敢奉命！"刘诞恼他抗命不遵，下令杀了刘琨。

右卫将军垣护之、虎贲中郎将殷孝祖此前曾奉诏防范北魏，此时也已回到广陵，同沈庆之合军一处，联合攻城。

刘诞派人给沈庆之送去美味佳肴，沈庆之看都不看一眼，便让人扔到河里喂鱼去了。刘诞又在城上捧出一道奏章，请沈庆之代为转达朝廷。

沈庆之冲着城上大呼："我奉命讨贼，不能替你传话，你如果诚心悔过，那就打开城门，派使者回京请罪，我可以派人护送使者进京！"

刘诞无话可说，于是命将士分头从四门出击，只是刚出城，便被围城的宋军杀退，各自逃回城中。

沈庆之鼓励各军奋勇攻城，刘诞已计穷力竭。城中军民成群结队溜出城投降。记室参军贺弼多次劝刘诞放弃抵抗，刘诞不听。有人劝贺弼出城投降，贺弼却说："叛君不忠，背主不义，我不能不忠不义，只好以死明志！"

贺弼倒真是一位忠义之士，竟然服药自杀了。

参军何康之等人出城投降，刘诞便将他的母亲绑在城楼上，不给饮食，活活给饿死了。

沈庆之见状，亲自率兵攻城，士兵架起云梯，爬上城墙，抢占了城门，众将士一拥而入，攻克广陵城。

刘诞与申灵赐从后园逃走，被沈庆之的裨将沈胤之率众追上，一箭射中刘诞面门，刘诞坠马落水，被士兵捞上来砍下了首级。

刘诞母亲和妻妾，全部自尽。

沈庆之以烽火传讯，向朝廷报捷。

朝臣争相向孝武帝刘骏祝贺，高呼万岁。唯独侍中蔡兴宗站在一旁，一言不发。刘骏觉得奇怪，问道："大家欢呼雀跃，你怎么不向朕道贺呢？"

蔡兴宗正色道："陛下现在应为亲兄弟的惨死而伤心难过，臣怎么能向陛下祝贺呢？"

刘骏脸色铁青，恼羞成怒，立即传令沈庆之，在广陵屠城。

沈庆之上表劝阻，恳请饶过城里的老人和孩子。刘骏虽然同意了，但仍然下令杀尽广陵所有壮丁，妇女送往军营，赏给士兵淫乐。

监斩官宗越是一个杀人不眨眼的魔头，行刑时用尽酷刑，有的挖肠，有的抠眼，有的鞭笞，血肉横飞，惨不忍睹，然后才砍下头颅，共计有三千多人在这次屠城中被砍下了头颅，几天之后，屠城的头颅被运送到石头城南，堆积在一起，形成一座山，人们称之为"头颅山"。

沈庆之班师回朝，刘骏封他为司空，兼任南兖州刺史。

沈庆之上任不久，便把司空职衔让给柳元景，带着家眷迁居娄湖，在那里广置田园，拥姬妾数十人，奴僮一千余名，过起了悠闲自得的生活，除了进京朝祝，轻易不出家门。

游戏官场

颜竣曾辅佐刘骏登上皇位，被封为丹阳尹。上任之后，生活奢侈无度。但他的父亲颜延之仍然是一身布衣，居住茅屋，不改书生本色。

有一次，颜延之乘坐老牛拉的破车去郊外游玩，路遇颜竣极为夸耀的仪仗队伍，立即让到路边。从郊外回来之后，立即徒步到颜竣官署，训诫儿子："我生平最讨厌碰到达官贵人，今天在路上竟然碰上了你，好威风啊！"

颜竣不以为然，仍然旧习不改，广筑居室，极尽豪华。

颜延之忍耐不住，再一次劝说道："如果富有，最好多做一些善事，不要让后人笑你愚蠢、笨拙！"

颜竣将父亲的话当成耳边风，仍然是挥金如土，该吃就吃，该玩就玩。

颜延之忍无可忍，怒斥道："你突然从粪土中升上云霄，所以才如此骄傲堕落，这样的日子能够长久吗？"

颜竣回答说："你老人家自己过悠闲生活就行了，何必操闲心呢！"

颜延之见儿子一意孤行，气得一病不起，不久病逝。颜竣为父亲仅守孝一个月，就返回朝廷，仍旧担任丹阳尹。

颜竣重新履职后，见孝武帝骄奢淫逸，竟然也起了沽名钓誉之心，屡屡上表劝谏。有人在孝武帝面前进谗言，说颜竣在丹阳挥金如土，他的父亲就是被他活活气死的，他居然指斥皇上，己所不欲，何施于人啊！

刘骏本就十分恼火，听到这些谗言，对颜竣渐渐产生了厌恶之感。颜竣心知不妙，请求外调。刘骏也无意挽留，立即将他调任为东扬州刺史。

颜竣这才明白自己已经失宠，心生惧意。恰在此时母丧，于是送母亲灵柩还都安葬。仇家乘机恶意中伤他，说他怨望诽谤。

刘骏竟然不念旧情，指责颜竣为刘诞的同党，勒令自尽，妻儿发配交州。颜延之所言，果然应验了。

大明五年，孝武帝刘骏的十四弟、雍州刺史、海陵王刘休茂阴谋造反，结果兵败被杀。太宰刘义恭为迎合孝武帝的心意，竟然将竟陵王、海陵王作为话柄，并列出许多依据，恳请孝武帝惩戒各位王爷。

刘骏本想准奏，由于侍中沈怀文强烈劝谏，才暂时将这个提议搁浅，但心中未免有些怏怏不乐。

沈怀文与颜竣颇有交情，颜竣虽然被杀，沈怀文仍然直言不讳。刘骏曾对沈怀文说："颜竣如果知道自己有一天会死，绝对不敢在朕面前多嘴多舌了。"

打锣听声，说话听音，沈怀文当然明白刘骏话中之意，默不作声。

古往今来，正直的朝臣明知君主不喜听诤言，但凭一腔热血，总是冒死进谏。沈怀文就是这样的正直之臣，面对好色好货、好博好饮、好侮辱大臣的刘骏，每过旬日，总有一二本奏疏，数十句谏言，刘骏根本不听。

刘骏常常召一些近臣陪宴，沈怀文是近臣，也常赴宴。刘骏有一个习惯，逢宴必一醉方休，且还要与近臣互相嘲谑。独沈怀文既不饮酒，也不戏言，显得有些格格不入。刘骏恨沈怀文不识抬举，将他调任广陵太守。

大明六年正月，沈怀文进京觐贺，事毕后应返回广陵，因女儿生病，请求延期返程。这本是一个合理的请求，沈怀文竟然因此而被免官。

沈怀文也是看透了官场，请求卖掉京城的住宅，返回原籍武康居住。刘骏竟诬陷他谋反，一纸诏书将沈怀文全家赐死。

从此，朝中又少了一个正直的大臣，于是正人气短，奸佞当道。

刘骏远离贤良，自然就要宠幸奸佞了。处理国家大事，选任官员，诛杀赏罚，刘骏从来不开会，也不和大臣廷议，只和戴法兴等三人私下议定。凡是三人推荐的官员，一概照准。三人权力膨胀，乘机以权谋私，大肆收受贿赂，以至"天下辐辏，门外成市，家产并累千金"。

权力集中造成腐败，贪腐已是司空见惯。刘骏心知肚明，虽然不能惩罚，但也不会轻易放过。他发明了一个利益均沾的办法。各地刺史放外任回京，一定要向朝廷进献贡奉，名称为"还资"，这是无奈之举，却又刺激官员们更加疯狂地搜刮民财。

刘骏也不含糊，如果发现哪位官员贡献得少，一定要找他赌一把，直到对方把吞进去的钱吐出来才肯罢休。

当时赌博叫作玩樗蒲，刘骏是此中高手，即使是庸手又如何？他是皇上，谁敢赢他的钱？其中输钱最多的是一个叫颜师伯的人。

刘骏处世的态度，注定不是一个讲究威仪、板着面孔的皇帝，而是用市井无赖的做派、嬉笑怒骂的方法和官员打成一片。

刘骏从内心瞧不起官员，他把捉弄侮辱大臣当成一种乐趣，根据大臣的体貌特征给他们起外号，运用皇权任意羞辱大臣。

光禄大夫王玄谟吝啬钱财，舍不得吃喝，一副守财奴的形象。刘骏写了一首诗送给王玄谟，叫作"四时诗"："堇茶供春膳，粟浆充夏飧。鲍酱调秋菜，白醛解冬寒。"并给王玄谟取一个外号，叫"老伧"。

仆射刘秀之视钱如命，刘骏给他取的外号叫"老悭"，吝啬、抠门的意思。

颜师伯的外号叫"龊"。龊是露齿的意思，颜师伯唇不包齿，所以得到这个外号。时间一长，朝中大臣人人都有一个绰号。

刘骏宠养了一个昆仑奴。昆仑奴力大无比。刘骏让昆仑奴手执大棒站在自己身边，稍不惬意，便令他殴打群臣。满朝的文武大臣，只有蔡兴宗没有遭到棒打之辱，原因是蔡兴宗容仪严肃，刘骏有所忌惮。

刘骏还命蔡兴宗与给事中袁粲同为吏部尚书。袁粲也是贤明之臣，由于有这两位贤人辅政，才使得混乱的吏治透出些许清明之风。

刘义恭见自己的兄弟一个接一个丧命，心里害怕，他本兼领扬州刺史，因害怕权力过重而遭到孝武帝的忌恨，一再上表辞官。

孝武帝便任命自己未满十岁的次子西阳王刘子尚为扬州刺史。随后又封年仅六岁的八皇子刘子鸾为新安王，让他担任南徐州刺史。刘子鸾的母亲就是刘骏的宠妃殷淑仪。

自古红颜薄命，大明六年四月，殷淑仪红消香断，魂归西天。刘骏如丧考妣，追册殷淑仪为贵妃。

殷淑仪死后，刘骏更加疼爱八皇子，晋封刘子鸾为司徒，加号抚军，任命谢庄为抚军长史，令他用心辅佐自己的爱子。

刘骏虽然是一个残暴荒淫之君，对殷淑仪却一往情深，殷淑仪死后，刘骏郁郁寡欢，加之酒色过度，身体一天不如一天。两年后，正当壮年、三十五岁的刘骏相思成疾，重病缠身，死于玉烛殿。

第二十六章
荒诞第一帝

鬼目粽

刘骏临死前留下遗诏：太子刘子业继位，江夏王刘义恭、尚书令柳元景、始兴公沈庆之、尚书仆射颜师伯辅政。嘱咐刘子业，遇事先咨询刘义恭、柳元景二人的意见，颜师伯处理尚书省内部事宜；遇大事请始兴公沈庆之参决。军事交给沈庆之负责。

刘子业时年十六岁，即位之后，追尊父亲刘骏为孝武皇帝，庙号世祖，尊皇太后路氏为太皇太后，皇后王氏为皇太后。

皇太后是刘子业的生母，但母子情分很淡。王太后守丧三个月，因悲伤过度而身染重病。刘子业只顾玩乐，从未进宫探视母亲。皇太后的病情日见沉重，自知时日不多，派宫人召刘子业进宫见一面。刘子业冲着宫人怪怪地说："生病的人房间里很多鬼，朕怎么可以去那种地方呢！"

宫人回去如实禀报皇太后。皇太后气得差点昏厥，大叫："你们快给我取把刀来！"

宫人忙问拿刀干什么。

皇太后悲愤地说："拿刀剖开我的肚子，看肚子里面是什么样的，怎么生

254

出这样一个不孝之子啊！"

宫人慌忙劝慰，皇太后怒气才稍稍平息。没过多久，皇太后便去世了，可怜的皇太后，临死前想见儿子一面的愿望也没有实现。

当时，戴法兴、巢尚之等人仍然在朝中担任要职，参与国事。

刘义恭辅佐刘骏的时候，唯恐犯错遭到处罚，整天提心吊胆，刘骏死后，他才松了一口气，禁不住私下庆贺说："从今以后，再也不用提心吊胆地过日子了。"话虽如此说，但他始终不敢有丝毫懈怠，受遗命辅佐新帝，仍然是能躲就躲，能避就避，可以不管的事，绝不插手。

孝武帝时代呼风唤雨的戴法兴见刘义恭有意回避，趁机总揽大权。戴法兴的嚣张可以用"狂妄"来形容。他并非辅政大臣，却专擅朝政，诏令出自一人之手，俨然一个大皇帝。身为辅政大臣的皇叔刘义恭，畏惧戴法兴成为习惯，竟然无动于衷。一个小小的中书舍人，怎么有如此胆量？

这是由南北朝特定的政治环境决定的。刘裕时代，皇帝用藩王对抗士族豪门，用平民出身的官员牵制藩王宗室，这些平民出身的官员便是中书省的中下级官员和各地的典签。皇帝独揽大权，国家大事只与身边的人商议，辅政大臣似乎成为摆设，秘书们乘机狐假虎威，作威作福起来。

蔡兴宗负责荐举人才的工作，他经常劝刘义恭选拔、任用贤能之人，刘义恭只是不听。蔡兴宗只得上奏举荐，结果举荐上去的人又被戴法兴、巢尚之调了包，换成他们的人。

蔡兴宗对刘义恭、颜师伯发牢骚说："陛下年幼，无法亲自处理国事，然而，我递上去的奏章常被人调换，推荐的人才，也多被篡改。上面的批示，并非出自二位之手。难道当今有两个天子不成？"

刘义恭、颜师伯二人羞惭得无地自容，并把蔡兴宗的话转告戴法兴。戴法兴咽不下这口气，借机诬陷蔡兴宗，将他贬为新昌太守。诏书下发之后，刘义恭不禁有些后悔，令蔡兴宗仍留住京中。

尚书袁粲被降为御史中丞，袁粲不受，辞官而去。戴法兴向来嫉恨领军将军王玄谟，乘机将他贬为南徐州刺史，另授湘东王刘彧为领军将军。

第二年改元永光，戴法兴又将湘东王刘彧贬为南豫州刺史，命建安王刘休仁为领军将军。不久，雍州刺史宗悫病故，戴法兴又调任刘彧为雍州刺史。

戴法兴忘记了手中的权力从何而来，不但视朝臣为玩物，甚至连少年天子刘子业也不放在眼里。当刘子业行为不检点或想亲政时，戴法兴竟然出面阻止，狂悖地丢下一句狠话："陛下这样胡来，难道想做营阳王吗？"营阳王刘义符是刘裕的长子，刘宋皇朝的少帝，因胡作非为而被辅政大臣废掉。

戴法兴威逼刘子业，满心以为小皇帝离不开他，殊不知刘子业绝非循规蹈矩之人，更不想当一个傀儡皇帝。

刘子业身边有一个名叫华愿儿的小太监，甚讨刘子业欢心，刘子业只要一高兴，就很大方地赏赐华愿儿。皇帝大方乱花钱，管钱的不干了。戴法兴经常截留华愿儿的赏钱。华愿儿因而怀恨在心，借机对刘子业说："民间流传'宫中有两个天子：法兴真天子，官家假天子'，官家久居深宫，不接触外界。戴法兴和刘义恭、颜师伯、柳元景结为一体，往来门客数百人，内外士庶无不畏惧。戴法兴又是陛下的亲信大臣，久在宫廷，如今和别人作成一家，恐怕皇帝的宝座不会再属于官家了。"

刘子业吓得不轻，立即亲写诏书，将戴法兴赐死，巢尚之免官。

颜师伯本来与戴法兴、巢尚之二人勾结，权倾内外，突然听说少年天子亲自降下圣旨，大惊失色，感觉到自己的好日子不长了。才过几天，刘子业又下一道诏令，任命颜师伯为尚书左仆射，撤销所有兼职；晋升吏部尚书王彧为右仆射，让二人处理尚书部的事务。颜师伯又惊又怕，慌忙与柳元景密谋废立之事。

柳元景、颜师伯二人密谋，想废掉刘子业，改立刘义恭。刘义恭做梦也想当皇帝，当然是求之不得，议来议去，就是决心难下。柳元景决定请一个人参谋一下，这个人就是沈庆之。

柳元景千算万算，但他万万没有算到，跨进沈庆之府第，等于是进了阎王殿。

沈庆之与刘义恭本来就不和，也看不惯颜师伯的蛮横专断，当着柳元景、颜师伯之面，并未作明确答复，二人离开之后，立即进宫向刘子业告密。

刘子业处理谋逆者的手段极为残忍，亲自率羽林军包围刘义恭的府第，不仅将刘义恭和他的四个儿子全都杀了，而且还惨无人道地肢解了刘义恭的身体，大卸八块，肠胃挑出来扔了一地，把眼睛剜出来做成粽子，称为"鬼目粽"。

刘义恭被满门抄斩，柳元景、颜师伯二人当然也难以幸免，带着全家人共赴黄泉，追随刘义恭去了。

宫廷淫乱

刘子业除掉三个辅政大臣后，正式接管朝政。改元景和，接受百官朝贺。任命沈庆之为太尉，兼任侍中；袁顗为吏部尚书，并赐爵位；尚书左丞徐爰善于逢迎，自然也得封赏，并得到爵位。

从此以后，刘子业狂暴昏淫，无所忌惮。刘子业有个同胞姐姐山阴公主，芳名刘楚玉，已嫁驸马都尉何戢为妻。刘子业将这位姐姐召进宫，不让她回去，留她在宫里同餐同宿，过起了夫妻般的生活。

刘子业的父亲刘骏纳堂妹为妃，儿子刘子业召同胞姐姐侍寝，这是中国历史上最丑陋的父子俩。

刘子业召姐姐进宫，并不忌讳，有时乘车出游，也把山阴公主带在身边，命沈庆之陪同，袁顗为后随。可怜的沈庆之已是古稀之年，竟然受荒淫之君如此驱使。

山阴公主非常淫荡，仅与亲弟弟淫乱似觉意犹未尽，便向弟弟要驸马。刘子业吃惊地问："姐姐不是已有驸马了吗？"

山阴公主笑着说："我与陛下虽男女有别，但都是皇家血脉，陛下有三宫六院，嫔妃无数，而我仅一个驸马，太不公平了吧！"

"你想怎么样？"

"我也要男人，要很多很多的男人。"

刘子业猥亵地说："你就不要弟弟了？"

"那是随时的事啊！"山阴公主说，"我还要更多的男人。"

刘子业满口答应，封山阴公主为会稽长公主，让她监管各郡王。并为她征召三十名美男子，当时称为"面首"。

公主得到许多面首，轮流淫乐，时间一长，又现厌倦之感。这一天，山阴公主遇见一位叫褚渊的名士。褚渊并不是无名之辈，也是一位驸马，他的妻子是宋文帝刘义隆的女儿、山阴公主的姑母南郡公主。褚渊是山阴公主的姑父。

山阴公主可不管什么姑父不姑父，只要她喜欢，就欲投怀送抱，于是向刘子业倾诉相思之苦，请刘子业帮她成其好事。

刘子业笑着说："人我能帮你召来，后面的事，要看你自己的本事了。"

刘子业于是召褚渊进宫，安排宿在禁中一处香阁中。褚渊有些莫名其妙，但君命不可违，也就只好住下来。

香阁虽然布置优雅，但毕竟环境陌生，且不知此来的目的，褚渊心里多少有些忐忑不安。正当百无聊赖之际，突闻一股清香的气息传过来，猛然回头，发现身边多了一个人，大吃一惊，问道："谁？"

"连我也不认识了吗？"山阴公主道，"一个人是不是很寂寞，我来陪你，好吗？"

"山阴公主，怎么会是你？"褚渊问道，"你怎么会在这里？"

"这是我的住处啊！不在这里出现，还能出现在哪里呢？"山阴公主说罢，乘势靠了过来。

褚渊正襟危坐，冷冷地说："公主请自重。"

"良辰美景，孤男寡女，我就不相信你能自持。"

一个正常的男人，面对一个风情万种、投怀送抱的美女，一般人是很难把持的。褚渊不是一般人，他是一个非礼勿视的正人君子，当这个正人君子有足够定力的时候，荡妇即使用尽了浑身解数，仍然无济于事。

一个正常的男人和一个风情万种的荡妇共度十几天，会发生什么事？

什么事也没有发生，因为男人是褚渊，他可以从日落西山到月亮西归，始终保持一个姿态，不识风情，似痴似呆。

遇到这样的呆子，山阴公主一筹莫展，一怒之下，赶走了褚渊，好在她还有三十个面首，并不缺男人。

刘氏家族是一个奇怪的家族，无论男女，淫乱起来不论尊卑亲疏，无论堂兄堂妹甚至亲兄妹，只要对上了眼，照样可以寻欢作乐，不避人言。

山阴公主没能勾引到姑父。刘子业却留住了姑姑。因为他是皇帝，全天下独一无二的皇帝。公主有了美男子，刘子业只好另寻新欢。

刘子业的发妻何氏颇有姿色，无奈已经去世，刘子业追封她为皇后。新任皇妃路氏是太皇太后的侄女，辈分是刘子业的长辈，虽然年轻秀美，但貌不妖媚，不是刘子业喜欢的那种女人。刘子业在后宫没有找到意中人，把眼光投向宫外，猛然想起宁朔将军何迈的妻子、宋太祖（即爷爷刘义隆）第十个女儿新蔡公主，即刘子业的姑姑。新蔡公主生得杏脸桃腮，千娇百媚，虽是徐娘半老，却风韵犹存。

刘子业立即下诏，召新蔡公主进宫。新蔡公主应召进宫后，刘子业也不顾姑侄名分，顺手牵扯，拥入床帏。妇人家有何胆力，只得由他摆布，为所欲为，流连几个晚上，缠缠绵绵，二人的热情急剧升温，竟然难舍难分。

几天之后，宫中突然传出新蔡公主暴毙的消息。刘子业派人将一具棺材送往何迈的府第。棺材里确实躺有一具尸体，但这具尸体并不是新蔡公主，而是一位被毒药毒杀的宫婢，真正的新蔡公主已经改姓谢，被封为贵嫔，宫婢们称她为谢娘娘。

一天，刘子业与谢贵嫔一同去太庙，看到高祖武皇帝刘裕的画像，他指着画像说："你也算是个大英雄，能活捉数名天子！"

看到爷爷刘义隆的画像，咂咂嘴说："你也不差，可惜到了晚年，被儿子砍掉了脑袋。"

然后，又指着父皇刘骏的画像说："你是个酒糟鼻，怎么不糟！画工呢？

赶快将这幅像改成酒糟鼻子。"

"猪王"刘彧

新安王刘子鸾为父亲守丧，暂住京中，还没有回藩地。刘子业忽然想起当年自己的储位几乎被刘子鸾夺去，心里就来气，便勒令刘子鸾自尽。这一年，刘子鸾才十岁。临死时，他对身边的人说："希望下辈子不要再生在帝王家！"

刘子鸾同胞弟弟南海王刘子师以及妹妹同时被杀害。刘子业似乎还不解气，下令毁掉殷贵妃的墓后，还想毁掉父母的景宁陵。幸亏太史上言，才肯作罢。

义阳王刘昶是刘子业的九皇叔，当时担任徐州刺史。刘昶向来心直口快，肚子里藏不住话，有什么不满就要说出来。当时有一种讹言，说刘昶要造反。

刘子业正想用兵，出些风头，碰巧刘昶派使者进京请求回京。刘子业对来使说："义阳王曾与太宰串通一气，我正想出兵讨伐他，他倒自请还朝，好得很，好得很！你回去叫他赶紧回来。"

刘昶听了使者的报告，吓得魂飞魄散，急忙招募士兵，传檄各镇将，竟然没有一人响应。又听说刘子业督兵渡江，命沈庆之统率诸军，即将兵临城下，自知不敌，丢下老母和妻儿，带着女扮男装的爱妾投奔北魏去了。

当时魏主拓跋濬已去世，太子拓跋弘继承皇位。拓跋弘听说刘昶博学能文，对他很是器重，不但赐他爵位，还将公主嫁给他。刘昶的母亲谢容华等人回京，刘子业特别开恩，没有怪罪她们。

吏部尚书袁颛原本是刘子业的亲信，失宠后请求调出京城，刘子业任命他为雍州刺史。袁颛的舅舅蔡兴宗颇识天象，极力阻止他去襄阳。袁颛则回答说："形势紧迫，甥但求脱离虎口！"

恰巧朝廷降旨，令蔡兴宗镇守南郡。蔡兴宗上表请求辞官。

袁颛劝道："朝廷形势，人所共知，在内的大臣自知朝不保夕。陛下让舅舅出居南郡，占据长江上流，甥我在襄阳，与舅舅很近，水陆交通也很方便，一旦朝廷有什么事，我们可以共建齐桓公、晋文公的大业。舅舅为何要推辞，自陷罗网呢？"

蔡兴宗微笑着说："你想外出求全，我想居中免祸，想的都一样，只是做法不同而已。"

袁颛匆匆辞行，日夜赶路，到了寻阳，他才松了一口气说："现在总算保住了性命！"

蔡兴宗待在京都，后来又恢复了吏部尚书的官职。

没过多久，新蔡公主又被加封为夫人，出入宫的排场不亚于皇后。驸马都尉何迈不傻，明知棺材里面的尸体不是妻子，自己的结发妻子让刘子业霸占了，心中既恨且愤，于是暗中蓄养死士，想伺机除掉刘子业，拥立宋世祖的第三子晋安王刘子勋为帝。刘子业得到这个消息后，立即率禁军偷袭何迈的家。何迈虽然孔武有力，究竟双拳不敌四手，白白丢了性命。

沈庆之看不惯刘子业的所作所为，经常从旁规劝，刘子业将沈庆之的话当成耳边风，不予理睬。沈庆之多次碰钉子后，灰心敛迹，闭门谢客。

吏部尚书蔡兴宗伺机拜谒沈庆之，劝沈庆之顺应人心，除掉暴君，而后入承大统。沈庆之始终不同意，蔡兴宗扫兴而归。

沈庆之的侄子沈文秀被调任为青州刺史，临行前哭劝沈庆之除掉暴君，沈庆之仍然不听。几天之后，沈庆之的祸事临头了。

原来，刘子业杀掉何迈后，欲册立谢贵嫔为皇后，唯恐沈庆之进宫劝谏，便命人先堵住青溪的路桥，断绝沈庆之进宫的路线。沈庆之怀着愚忠，想入朝进谏。发现桥路被堵死，怅然折回。

当天晚上，直阁将军沈攸之（沈庆之的侄子）带着毒酒来到沈庆之家，说是奉旨赐死。沈庆之不肯喝。沈攸之竟然扑上去，用被子捂死沈庆之。刘子业收到沈庆之的死讯，对外诈称沈庆之病亡，并厚葬沈庆之，赐谥号忠武。

沈庆之一死，老一辈功臣几乎丧亡殆尽。刘子业更加肆无忌惮，欲立即册封谢贵嫔为正宫。谢贵嫔自觉惭愧，再三辞谢。刘子业便仍册封路妃为皇后。

刘子业担心在外供职的各位皇叔造反，将他们全部召回京囚禁起来。湘东王刘彧、建安王刘休仁、山阳王刘休祐都长得高大强壮，年龄又长，是刘子业最不放心的几个人，全都成了阶下囚。刘子业似乎还没玩够，竟变着法子挨个取外号，羞辱几位皇叔。

湘东王刘彧最肥，叫作"猪王"；刘休仁叫"杀王"；刘休祐叫"贼王"。养猪要有猪食、喂猪的器具。刘子业叫人找来猪槽，添上饭，加上杂食，并搅拌均匀。猪住的地方不能太干净，他让人在地上挖了一个大坑，里面灌满泥浆、脏水，剥光"猪王"刘彧的衣服，赤条条地放进泥坑里。猪有猪的规矩，猪王必须趴在槽边用嘴吃槽子里的残食。

刘子业瞧着皇叔们肮脏下贱的模样，非常得意，就你们这德性，也想和我争夺皇位？想着就来气，下诏"杀猪"。

"猪王"刘彧、"贼王"刘休祐横眉冷对。"杀王"刘休仁倒是一个能屈能伸之人，自甘堕落，学猪叫、打滚儿、奉承、阿谀，变着法子取悦刘子业。刘子业的玩心大，别人一说好听的，马上就高兴起来，前后数次要杀"三头猪"，每次都让刘休仁化险为夷，大家才得以保全。

东海王刘祎又丑又笨，刘子业称他为"驴王"，但对他没有猜疑。桂阳王刘休范、巴陵王刘休若二人年幼，刘子业没有为难他们。

晋安王刘子勋是刘子业的三弟，五岁封王，八岁出任江州刺史。刘子业因历代先皇在兄弟中都是排行第三（太祖刘义隆为宋武第三子，世祖刘骏为太祖第三子），害怕三弟刘子勋将来抢他的皇位，想趁早除掉他。又听说何迈曾谋拥立刘子勋为帝，心中更加猜忌，于是派侍臣朱景云拿药酒赐刘子勋死。

刘子勋的典签谢道迈得到消息后，连忙报告长史邓琬。邓琬以刘子勋的名义传令全城戒严，并动员同僚协力讨伐昏君。

参军陶亮表示愿意做先驱，众人随即纷纷响应。邓琬任命陶亮为谘议中兵，令他统领全军，长史张悦为司马，功曹张沈为谘议参军，南阳太守沈怀宝、岷山太守薛常宝、彭泽令陈绍宗三人同为帅。

不到几天时间，邓琬就召集了五千人，屯兵大雷。

刘子业对外面的情况一概不知，仍然在宫中过着荒淫的生活。他将公主、王妃召进宫，关在一个房间里，令自己的亲信宠臣任意淫乐。南平王刘铄的妃子江氏抵死不从，刘子业威胁说："你如果不依从，我马上派人杀掉你三个儿子！"

江氏仍然不依，刘子业恼羞成怒，一面命人鞭打江氏，一面派人杀了江氏的三个儿子刘敬深、刘敬猷、刘敬先。刘铄早已过世，自此也就绝后了。

刘子业因江氏的事情有些败兴，于是又想出新花样，将后宫所有妃嫔、婢女、侍卫召集起来游华林园。游到宽敞的竹林堂，命令所有男女脱光衣服，裸体追逐嬉戏，如同牲畜一样任意交配。刘子业甚至想入非非，命令宫女与羝羊猴犬交媾，一个宫女不肯照他说的去做，当场被杀。其他宫女大惊失色，只得从命，可怜一群貌美如花的女子，竟供犬马蹂躏，有几个毁裂下体，当场死亡。

刘子业以此为乐，得意扬扬，一直玩到傍晚才回宫。

夜间睡梦中，刘子业恍惚看见一个浑身是血的女子突然闯进来，指着他的鼻子痛骂："你荒淫无耻，作恶多端，活不到明年麦熟！"

刘子业一惊而醒，回想梦境，仿佛就发生在眼前。第二天早起，刘子业照例要巡视宫禁，刚巧有一个婢女貌似梦中女子，当即将她斩了。

当天晚上，刘子业又梦见所杀的宫女披头散发前来，冲着他厉声骂道："我已经跟天上的神仙说了，他们马上就会来取你的狗命！"

说罢，竟将手中的头颅砸向刘子业，刘子业大叫一声，晕死过去。

第二十七章
"猪王"当皇帝

射鬼竹林堂

刘子业在睡梦中被女鬼吓晕，醒来的第一件事便是赶紧除鬼。

以前，刘子业杀死各位王公后，害怕臣民不服而致发生暴动，亲自提拔宗越、谭金、童太一、沈攸之四人为禁军军官，让他们做自己的贴身护卫。有四员虎将贴身保护，刘子业越发肆意妄为，虽然有很多人想除掉刘子业，但是因有四大护卫寸步不离地保护，很难找到动手的机会。

湘东王刘彧被刘子业呼为"猪王"，屡遭"杀猪"的威胁，性命朝不保夕，处境完全可以用"惶惶不可终日"形容。刘彧不愿过这样的日子，反击是唯一的出路，伸头是一刀，缩头也是一刀，大不了鱼死网破。

蔡宗兴策划政变走上层路线，没有成功。刘彧反其道而行之，走下层路线。因而，内监王道隆、学官令李道儿、直阁将军柳光世、主衣阮佃夫，都成了刘彧的盟友。

刘子业养"猪"，湘东王府的下人得以进入宫廷。主衣阮佃夫是管理刘彧衣服杂物的仆役，十足的小人物。物以类聚，人以群分，小人物平常来往之人，自然也是身份差不多的人物。千万别小看了这些小人物，有时这些小人物，能办成许多大人物想干也干不了的事情。阮佃夫对主人受尽刘子业的羞辱愤愤不平，欲为主人办点事情，他找到与他做同样事情的人，皇帝刘子业身边的主衣寿寂之。

按理说，寿寂之是刘子业的主衣，不应该出卖自己的主人。只是他的主人不是一个好主人，平时对他不是打，就是骂，甚至扬言要杀了他。寿寂之实在不愿过这种提心吊胆的日子。阮佃夫找他时，竟然一拍即合，他又去串通刘子业身边的小人物，如淳于文祖、姜产之、戴明宝等人商议，伺机对刘子业动手。

刘子业不提防身边想杀自己的人，却去防备那些看不见的鬼，竟然带着数名男女巫师及彩女数百人，去华林园的竹林堂猎鬼。

山阴公主刘楚玉一同前往，建安王刘休仁、山阳王刘休祐奉命在前面开路。湘东王刘彧被软禁在秘书省，没有与他们同行。

当时民间传闻，说湖南将出真命天子，刘子业命令宗越等人去部署各军，暗中策划干掉湘东王。他觉得这次竹林堂猎鬼，有几名巫师就够了，没有召四大护卫回来。平日与皇帝寸步不离的四大护卫，一个也不在身边。

刘子业一行到竹林堂，已是黄昏时分，巫师先开始作法，像是在招鬼，随之由刘子业亲自射出三支箭，然后再由侍卫们依次射箭，是否射中目标不论，只要将箭射出去就行。乱射一阵后，巫师便说鬼已经全被射杀，没有鬼了。

刘子业大喜，立即命人摆宴奏乐，准备庆贺一番。

大家正要入座饮酒，突然，一群人持刀闯了进来，为首的是寿寂之、姜产之、淳于文祖等人。

刘子业见来势凶猛，感觉事情不妙，慌忙张弓引箭，射向寿寂之。由于心情紧张，射出的箭失了准头，寿寂之不退反进，直接扑了过来。刘子业手忙脚乱，无法再射，拔腿向后逃走。

刘休仁、刘休祐等人早已逃之夭夭，巫师、婢女也四处逃散。

刘子业边跑边叫："寂寂……寂寂……寂寂……"似乎是想喊寂之造反，

由于过度紧张，说话结巴起来。

寿寂之紧追不舍，以百米冲刺的速度赶上来，一刀刺进刘子业的后背，再补上一刀，结果了刘子业的性命。

寿寂之手提滴血的刀，大声说："湘东王奉太皇太后密命，除狂主，今已平定，余众无罪，不必惊慌！"

"猪王"正位

刘休仁跑到景阳山，正在惊慌之际，寿寂之等人寻找过来，说是暴君已除，宫廷无主，应立即迎立湘东王为帝。

刘休仁急忙赶往秘书省，见了湘东王刘彧，纳头便拜，俯首称臣。

刘彧虽有心杀刘子业，却没有料到手下的人行动如此迅速，被人从梦中叫醒，迷迷糊糊地跟着刘休仁赶往内廷，仓促登位，召见百官。

群臣依次谒见，没有人提出异议。刘彧也是满脸堆笑地安抚大臣们。

天亮以后，宗越等四大护卫才听说宫中有变，踉跄赶来宫中。刘彧拉着宗越的手，笑眯眯地对四虎说："你们久在宫中任职，太辛苦了，可以四处走走，国家兵马大郡由你们挑。"

宗越等人见木已成舟，也只得唯唯从命，知道刘彧说的是客气话，能保住命就不错了，哪敢提非分的要求。

刘彧尽量保持宽宏大度，除了淫乱宫闱的山阴公主刘楚玉和刘子业的同胞弟弟豫章王刘子尚处死，三十名面首殉葬外，余者一律不予追究。

刘子业暴尸竹林堂，没有人替他收尸。蔡兴宗觉得影响不好，对仆射王彧说："刘子业虽然悖逆、凶残，但好歹曾是一国之君，还是应该将他安葬，免得百姓说闲话，人言可畏啊！"

王彧将蔡宗兴的话转告给新皇帝。刘彧没有为难，命王彧将刘子业葬在秣陵县南山。刘子业死时年仅十七岁，改元不到一年，时人称他为废帝。

湘东王刘彧的母亲沈婕好死得早，他是由路太后抚养大的，因而对路太后很是孝顺，路太后也很疼爱他。即位后，刘彧封路太后的侄儿路休之为黄门侍郎，路茂之为中书侍郎，以报答路太后的养育之恩。

随后论功行赏，寿寂之、阮佃夫等十余人都得到封赏。刘彧又改封东海王刘祎为庐江王，兼任中书监太尉；建安王刘休仁为司徒尚书令，兼任扬州刺史；山阳王刘休祐为荆州刺史，桂阳王刘休范为南徐州刺史，晋安王刘子勋为车骑将军。十二月，刘彧正式即皇帝位。

即位完毕，新皇帝照例大赏群臣，刘彧特晋封南豫州刺史刘遵考为光禄大夫、辅国将军；建平王刘景素为南豫州刺史；荆州刺史临海王刘子顼为镇军将军；徐州刺史永嘉王刘子仁为中军将军；左卫将军刘道隆为中护军。

建安王刘休仁听说刘道隆升职，声称不愿与刘道隆同朝称臣，立即上表辞官，有他无我，有我无他。

刘休仁是拥立新君第一功臣，刘彧想坐稳皇位，就得善待功臣，否则，谁跟你干呢？但他不知刘休仁为何与刘道隆势不两立，派人了解情况，才知是刘子业造的孽。

原来，刘子业在位时，曾将刘休仁的母亲杨氏召进宫，赏给刘道隆取乐。刘道隆乘机数次奸淫杨太妃。辱母之恨，刘休仁如何咽得下这口气？

刘彧既知底细，当即赐死刘道隆，打算将宗越、谭金、童太一调离京城。

宗越、谭金、童太一等人虽然得到宽宥，心里一直忐忑不安。刘彧的笑，在他们眼里是奸笑，兵马大郡任由挑选，无论怎么听都不实在，给人一种先稳住再说的感觉。风闻新皇上要将他们调离京师，更是心惊，忙与沈攸之密谋作乱。

沈攸之刚刚死里逃生，不想再以身涉险，竟偷偷向新皇帝告密。于是，宗越、谭金、童太一被逮捕入狱，最后死在狱中。

尚书右仆射王彧因避讳新皇帝的名字，改名景文，出任正仆射，总尚书事。朝中的一切工作，渐渐步入正轨，唯独晋安王刘子勋不肯臣服，仍在兴兵作乱。

江右靡兵

晋安王刘子勋年仅十岁，根本不懂什么政治、军事，一切都是长史邓琬在他的背后唆使。邓琬因刘子勋排行第三，且起兵寻阳，与世祖刘骏情形相似，还以为会步刘骏之后尘，定会成功。

刘彧即位后，任命刘子勋为车骑将军，诏书传到江州后，刘子勋的僚属相互贺喜，邓琬竟然夺过诏书，一把扔在地上，给大家头上泼去一盆冷水："这天下本该是王爷的，车骑将军等职务应该是我们这些人的，为何京里头的人一句话，便把车骑将军授给了王爷？"

一句话可以决定一个人的命运，决定成千上万人的命运，甚至决定国家的命运。邓琬的一席谈，就是这样的话。

刘子业荒淫乱政之时，邓琬并无任何反应，刘彧替天行道，取而代之，邓琬竟振臂一呼，其行为并无道义上的支持，只能是别有用心。

刘子勋年幼，只是一个傀儡，只得继续披上重甲，为自己、为野心家们战斗。

雍州刺史袁颛与谘议参军刘胡起兵相应，诈称是奉太皇太后密令，同时劝在寻阳的刘子勋速即帝位。

邓琬便以刘子勋的名义，向天下发送檄文，号召大家兵发建康，讨伐刘彧。经过邓琬的鼓动，手握兵权的各地诸侯群起响应。

郢州刺史安陆王刘子绥，荆州刺史临海王刘子顼，会稽太守寻阳王刘子房，纷纷表示愿作臂助。

徐州刺史薛安都、冀州刺史崔道固、青州刺史沈文秀、义阳内史庞孟虬、行会稽郡事孔颐、吴郡太守顾琛、吴兴太守王昙生、义兴太守刘延熙、晋州太守袁标、益州刺史萧惠开、湘州行事何慧文、广州刺史袁昙远、梁州刺史柳元怙、山阳太守程天祚等，也都竞相归附刘子勋。

邓琬见势力逐渐聚集，竟于宋主刘彧泰始二年（466年），拥立刘子勋在寻阳称帝，改元义嘉。

邓琬为尚书右仆射，张悦为吏部尚书，袁顗为尚书左仆射，此外将佐及各州郡官吏，都得以加官晋爵，获得赏赐。

如此一来，刘宋皇朝出现了两个皇帝，各地诸侯一边倒地支持寻阳政权。

宋主刘彧只保有丹阳、淮南几个州郡，形势十分危急。刘彧急忙令建安王刘休仁负责征讨各军，任命王玄谟为江州刺史，给刘休仁当副手；任命沈攸之为寻阳太守，率兵一万屯驻虎槛。

刘休仁等人出兵西征，才隔几天，东南又传来警报，说是会稽太守寻阳王刘子房已进兵至永世县。永世县距建康不过数百里路程，京都人心震荡，风鹤惊心。

很多地方官吏的家属亲戚都居住在京城，中央军中有大批叛军亲党，这些都是随时可以引爆的炸弹。内外交困，建康局势危如累卵。

刘彧急召群臣商议。蔡兴宗建议说："如今普天同叛，人人各怀异志，越是这个时候，陛下越要镇定处事，推诚待人。那些居住在京城的叛党亲戚，陛下一定要善待他们，请立即下诏稳住他们，让他们觉得陛下是可以信赖的仁君，甘心为陛下效命。人心安定了，其他的事也就好办了。"

宋主刘彧连声称善，依议而行。

刚过了两天，又有豫州附逆的消息传来。刘彧忧心忡忡，急召蔡兴宗等人商议对策，他蹙着眉头说："各处还没有平定，豫州刺史殷琰又投靠了叛军，我们该怎么办啊？"

蔡兴宗冷静地说："谁投顺，谁附逆，没有办法分辨出来。但我却发现，眼下商旅虽然中断，粮食价格却很便宜，四方兵马虽然都在调动，百姓似乎并不恐慌，显得十分安定。"

"是吗？"刘彧吃惊地问，"这是什么原因？"

"照这样看来，叛军一定会被荡平，让我忧虑的不是今天，而是将来。"

"为什么？"

蔡兴宗说："晋朝时的羊祜说，真正让君王忧愁的事情是在平乱之后，臣觉得羊祜说得很有道理。"

刘彧叹道："希望如你所说，叛乱很快就被平定，你之前说不要滥杀无辜，朕决定安抚豫州刺史殷琰的家属，你认为如何？"

蔡兴宗称赞地说："这正是安定百姓、招贤纳士的良策啊！"

刘彧立即派侍臣去抚慰豫州刺史殷琰的家属，请他们劝降殷琰，并派兖州刺史殷孝祖的外甥荀僧韶去兖州宣召殷孝祖入朝。

荀僧韶到了兖州，谒见殷孝祖说："刘子业荒淫残暴，开天辟地，还未见过如此荒淫无道的君主。陛下诛杀狂徒，再造山河，是应天顺人之举，不料又有人制造谣言，如果让这样的恶人得逞，你我及天下百姓又将无辜受难。我知道舅父自小胸怀大志，若能招集义勇，辅佐明廷，不但会成为当朝的功臣，而且还能名垂青史。"

殷孝祖听了这番话，奋袂而起，也不顾妻儿，立即率二千名文武僚属，随荀僧韶到建康。

当时，会稽各郡的叛军越逼越近，京都人心惶惶，都想出城逃命。幸亏殷孝祖及时赶到，所带兵马也都有赳赳气象，人心这才安定下来。

刘彧当即封殷孝祖为抚军将军，令他立即率部前往虎槛，督率前锋各军；再派山阳王刘休祐为豫州刺史，令他督率辅国将军刘勔、宁朔将军吕安国等，北讨豫州的殷琰；派巴陵王刘休若，率同建威将军沈怀明、尚书张永、辅国将军萧道成等，东讨会稽郡的孔觊。

殿中御史吴喜恳请去战场效命，刘彧便封吴喜为建武将军，命他率一千名羽林勇士前往军前效力。

吴喜情性宽厚，颇得百姓的爱戴，此次出兵，竟然自走一路，率部直捣贼巢。吴人听说吴喜来了，多半望风迎降。

义兴太守刘延熙正在筑栅自固，保郡自守。吴喜长驱而入，正在这时，又来了一个好帮手，便是司徒参军任农夫。任农夫也是自请从军，率军到义兴县，与吴喜合兵一处，同攻刘延熙。

刘延熙虽率兵抵抗，终因士气低落，城门失守，以致棚毁兵溃。刘延熙自知性命难保，投水自尽了。

义兴兵败的消息传到晋陵，孔觊不寒而栗。刘彧又派积射将军江方兴、御史王道隆出击晋陵，督促各军平乱，中央军连战皆胜，攻克晋陵。

叛军纷纷弃城出逃，吴郡、吴兴、晋州也相继荡平。捷报陆续传到建康，刘彧调张永出兵彭城，江方兴出兵寻阳，令建武将军吴喜与建威将军沈怀明东击会稽。

吴喜率兵拿下柳浦，攻克西陵，大军所到之处，望风披靡。上虞县令王晏又乘势起兵攻郡城。孔觊逃往嵊山，会稽郡城内仅留下寻阳王刘子房。

刘子房是刘子勋的弟弟，与刘子勋同年，也是一个乳臭未干的小毛孩，被王晏活捉，押送到建康。王晏又悬赏求取孔觊的首级。没过多久，孔觊被捉，与堂弟孔璪一同被杀。

会稽平定，各路叛将纷纷乞降，刘彧以宽大为本，一一恩准，甚至连押送到京的刘子房，也因他年幼无知，特别宽免，只是将他贬为松滋侯，以示惩戒。

山阳王刘休祐到了历阳，令刘勔率兵先向小岘进军。殷琰的属下南汝阴太守裴季之闻风丧胆，慌忙将合肥拱手献给刘勔。

宁朔将军刘怀珍奉刘彧之命，会同龙骧将军王敬则，率领五千人马与刘勔会师，剑指寿阳。庐江太守刘道蔚被击毙，派去的援军又都溃败逃散。刘勔率军逼近寿阳。

殷琰非常惶急，忙与杜叔宝招集散兵，固城自守，由于是困守孤城，内少粮草，外无救兵，料难保全。

张永与萧道成进军彭城，彭城属于徐州的管辖范围，被薛安都占据。薛安都的侄子薛索儿带太原太守傅灵越占据睢陵，阻截官军。

张永、萧道成两将向睢陵发起进攻，薛索儿战败而死。傅灵越逃往淮西，途中被俘，被送到建康。

宋主刘彧见傅灵越骁勇英武，欲免去他的死罪，傅灵越甘愿受死，破口大骂刘彧。刘彧大怒，当即杀了他。

各路大军相继报捷，唯独殷孝祖这一路受挫，殷孝祖阵亡。

原来，殷孝祖到了虎槛，会同寻阳太守沈攸之进攻赭圻。

殷孝祖虽然勇敢，但却很傲慢，每次打仗冲杀在前，鼓盖相随。打仗带着仪仗队，撑着云盖，敲打战鼓，向敌军示威，向我军炫耀。生怕别人不知道他是殷孝祖。将士们对殷孝祖的弱点看得清清楚楚，为其命运担忧：如果敌人安排神箭手，组成箭阵，一齐发射，殷将军活得了吗？

很快，将士们的担忧变成现实，殷孝祖指挥赭圻之战时，敌军埋伏神箭手，布下箭阵，两军酣战之时，箭阵中数箭齐发，目标直指殷孝祖。

殷孝祖中箭身亡。

第二十八章
四州沦陷

奇袭钱溪

殷孝祖阵亡，前锋军团群龙无首，身为副将的沈攸之及时站出来安抚部众，才使军心稳定下来，没有溃散。此时，江方兴已从南方调到北方。江方兴是二路军主将，论职务、资历、军衔，与沈攸之不相上下。但众人都想推荐沈攸之为统帅。沈攸之表现得非常大度，主动带众将去见江方兴，并推举江方兴代理前锋统帅，自己愿做配角。江方兴也不推辞，即督令众将士，准备开战。

赭圻守将是寻阳左卫将军孙冲之、右卫将军陶亮二人，手下的兵士约有两万人。孙冲之信心满满地对陶亮说："殷孝祖是出了名的骁将，谁知才开战便中箭身亡，看来天下没有什么事情可以难得倒我们。我们不要死守此地，干脆直取京师，如何？"陶亮不肯依从，仍旧与部将薛常宝、陈绍宗、焦度等人出兵对垒，欲与官军决一胜负。

江方兴与沈攸之率军夹攻敌阵，有进无退。寻阳军防线被攻破，士兵一哄而散。陶亮急召孙冲之退守鹊尾，防卫浓湖。留下薛常宝守卫赭圻。赭圻成为一座孤城，陷入官军包围之中。

寻阳长史邓琬听说前军战败，忙派豫州刺史刘胡率三万大军驰援陶亮、孙冲之。刘胡是沙场老将，有勇有谋，颇为将士们崇敬。孙冲之、陶亮二人以为来了靠山，再也没有什么可担心的了。

当时，宋廷已任命沈攸之为辅国将军，代替殷孝祖督管前锋军事，又将建武将军吴喜从会稽调往赭圻。沈攸之随即率各路兵马围攻赭圻城。

赭圻城虽然坚固，但城中存粮有限，薛常宝困守孤城，没有粮食，再大的决心也是白搭，于是派人向刘胡求援。

刘胡得报后，亲率一万步兵，趁着夜色，凿山开道，另外开辟一条小路，连夜给赭圻城运送粮食，眼见赭圻城在望，偏偏这时沈攸之率兵杀过来。

原来，沈攸之早知赭圻城中缺粮，料定叛军会给城中送粮，于是封锁了进城的所有道路。当刘胡率兵悄悄逼近赭圻时，沈攸之率兵候在途中了。

刘胡情知不妙，但他绝不会轻易认输，大吼一声，率兵迎了上来，无奈连冲三次，都被沈攸之率兵杀退，始终难越雷池一步。

沈攸之一声令下，万箭齐发。刘胡身中数箭，自知不敌，只得下令撤退。沈攸之乘势奋击，大破刘胡军。刘胡狼狈败走，运送的粮食成了沈攸之的战利品。

薛常宝见刘胡败走，自知孤城难守，开门突围，逃往胡寨。城中其他将领见主将脱逃，当即打开城门，投降官军。沈攸之率军进入赭圻城。

建安王刘休仁随即将大本营从虎槛移到赭圻。宋主刘彧也派尚书褚渊前往赭圻行营犒军，勉励将士们再接再厉。

邓琬打着刘子勋的旗号，征召袁顗到寻阳，令他率军赴敌。

袁顗将雍州全部兵力都带到寻阳与各军会师。一千多艘楼船，二万士兵，如火如荼，奔赴鹊尾。

刘胡率众将袁顗迎入军营，向他详细介绍军情。袁顗似乎不想多谈，只是简单应付几句便算了事。刘胡以为他旅途劳顿，不再多说。谁知袁顗在军营里待了数天，闭口不谈用兵方略，只和手下一帮弟兄饮酒赋诗，哪像是驰援战场的将军，倒像是来此游玩的文人墨客。

刘胡因军中缺粮，后方补给未到，开口向袁颛借粮，这本是一件很正常的事情，谁知袁颛竟然冷冷地拒绝了。

正在这时，风闻建康米价暴涨。袁颛安慰大家说："要不了多长时间，我们可到建康城喝酒去了。"一连数天，袁颛只是按兵不动。

袁颛为何如此有信心呢？他是根据当前的形势分析得出的结论：建康米贵，说明官军也缺粮，官军缺粮，咱可不缺呀！那就耗吧！士兵没饭吃，看你怎么打仗？

刘胡屡次请求出战，袁颛只是不答应，后来催得急了，袁颛便令他率部出屯浓湖，堵截官军。

当时，青州、兖州各郡的官吏纷纷起兵响应建康，青州刺史沈文秀勉强与宋廷相持，形势非常危急。弋阳的山贼田益之也投靠了宋室，率贼众一万多人攻打义阳。司州刺史庞孟虬率兵击退田益之，随后奉邓琬之命，引兵驰援殷琰。

刘勔急忙向刘休仁求援。刘休仁欲派龙骧将军张兴世支援刘勔。张兴世提出一个大胆的军事计划：绕过鹊尾，占据钱溪上游，截击寻阳军的粮道，而刘休仁却命令他北援刘勔，未免是南辕北辙，让人叹惜。

钱溪在哪里？在今安徽铜陵上游，寻阳军的补给线多是经过钱溪的长江水路。张兴世的战略就是插入敌军后方，切断敌军的粮道。

沈攸之赞成张兴世的谋略，急忙去见刘休仁，对他说："庞孟虬乃无名之辈，大帅随便派个人去，就可以解刘勔之围。张兴世提出截击叛军粮道的谋略，却是战事的关键所在，请大帅三思而行！"

刘休仁并不固执，采纳了沈攸之的谋略，另派部将段佛荣率兵支援刘勔，令张兴世挑选七千精兵，分乘二百艘战船，插入敌后，截击寻阳军的粮道。

张兴世率七千名战士，分乘二百艘快船溯江而上，逼近寻阳军的水寨，等到敌人发觉后，便迅速撤退。第二天，再次接近敌营，又再次撤退。

寻阳军将领猜不透张兴世的意图，不敢轻举妄动。

刘胡得到水寨的报告，大笑地说："连我都不敢轻易越过他们，顺流而下攻取扬州，张兴世有什么能耐，敢来占据我军的上游？"思想上轻敌，行动上也没怎么戒备。

遭人轻视有时是一件好事。韬光养晦、卧薪尝胆就会让对手轻视。张兴世接二连三地进而复退，寻阳军习以为常，放松了警惕。

第三天午夜，张兴世再次率船队逼近敌军水寨。寻阳军船桅杆顶上的瞭望哨只是抬头看了看，并不在意，仍然闭眼打瞌睡去了。

突然，江面刮起了东北风，而且越刮越大，张兴世率船队抵达敌军控制的水域后，突然一声令下，所有船只扯起长帆，顺风破浪，一条条轻舟如离弦之箭，穿过巢湖口、白水口、鹊尾，直奔钱溪而去。

刘胡得到情报，急忙派部将胡灵秀追击，可时过境迁，已经来不及了。张兴世抵达钱溪后，迅速扎住营寨，堵截了交通要道。

刘胡终于明白了张兴世的真实意图，占领钱溪，卡住寻阳军的运粮要道。三军出征，粮草先行，粮道被截，凶多吉少。刘胡立即率水军各营出击，欲夺回钱溪。不料前锋为张兴世所败，伤毙数百人。刘胡大怒，正要驱军猛攻，袁颛的信使突然乘快船赶来，说浓湖遭到官军攻击，形势十分危急，催促刘胡迅速回防。刘胡气得暴跳如雷，大骂袁颛浑蛋，但他也知道，浓湖一旦丢失，大家就会一块儿完蛋，只得回军救援。

一战定天下

浓湖的军报为何来得如此及时呢？其实并非袁颛虚造，而是刘休仁为了策应张兴世，特意让沈攸之、吴喜率战舰进击浓湖，借以牵制刘胡。等到刘胡回军浓湖后，沈攸之、吴喜已率军退了回去。

当时，庞孟虬在弋阳被吕安国击走，逃还义阳。王玄谟的儿子王昙善又起兵占据义阳城，追击庞孟虬。庞孟虬在逃亡途中被山贼杀死。殷琰的部将皇甫道烈等人听说庞孟虬战败而死，相继向刘勔投降。刘勔于是让段佛荣回守浓湖。

张兴世占据钱溪，切断了寻阳军的供给线，使战场形势出现逆转。刘胡军中缺粮，又无法抢回钱溪的粮食，只好派人去南陵征粮，结果被官兵杀得大败，所征粮食也成了官军的给养。

手里无粮，心里发慌。刘胡闻报大惊，知道再等下去是死路一条，他表面上派人通知袁顗，说要准备继续攻打钱溪和大雷，暗地却偷偷坐上薛常宝备好的快船，带着亲信赶往海根，毁去大雷各城，逃往寻阳去了。

袁顗在睡梦中被惊醒，得知刘胡连夜逃走，顿足捶胸，大骂道："刘胡这小子把我害惨了啊！"一边说，一边拉过自己的坐骑，纵身上马，冲着部众大声说："你们守住营寨，我去把刘胡那小子追回来！"说罢，带着亲随千余人，向鹊头方向飞驰而去。

大家心里都明白，刘胡走了，不会回来，袁顗也走了，照样一去不复返。浓湖和鹊尾两处各营的士兵，总共不下十万人。蛇无头不走，主帅临阵脱逃，仗还能打吗？唯一的出路就是投降。

一场大战，竟然这样戏剧性地收场。

建安王刘休仁占据浓湖、鹊尾后，派沈攸之追击袁顗。

袁顗与鹊头守将薛伯珍赶往寻阳，晚上留宿山间，杀马而食。袁顗对薛伯珍说："不是我怕死，我只是想到寻阳，亲自向王爷谢罪，然后安心地自尽。"

薛伯珍只是听着，一句话也没有说。

第二天早晨，薛伯珍进帐说有要事相告，请袁顗屏退左右。袁顗不知是计，命左右都退下。众人刚退走下，薛伯珍竟然拔剑出鞘，突然向袁顗刺来。袁顗惊骇至极，闪身躲避，可惜身不由己，动作还是慢了一点。寒光一闪，利剑已穿胸而过，袁顗倒地身亡。

薛伯珍提着滴血的剑从帐中出来，号召众人向官军投降，众人知道发生了什么事，谁也没有异议。薛伯珍当即割下袁颛的首级前往钱溪，途中遇到马军将军俞湛之。薛伯珍向俞湛之出示袁颛的首级。俞湛之表示道贺，却趁薛伯珍不备的时候，突然拔刀砍下薛伯珍的脑袋，然后带着两颗人头，去向刘休仁请功。

邓琬在寻阳方面接到兵败的消息，急得像热锅上的蚂蚁。正在这时，刘胡出现了，他口口声声说袁颛叛变，导致军队溃散，只有自己全军回来，并信誓旦旦要到战场上找回面子。

邓琬不知详情，信为真言，在刘胡的恳请下，竟然拨给刘胡足够多的粮饷兵械，令他出屯溢城。刘胡将粮饷兵械骗到手后，转奔沔口去了。

邓琬听说刘胡骗到粮饷兵械后离去，更加惶恐，急忙召集众将商议对策，绞尽脑汁，都是束手无策。

尚书张悦想出一条妙计，他诈称有病，请邓琬前来议事。邓琬来了之后，进入内室向张悦问安。

张悦说："我这病是因邓大人所起，如果邓大人没有野心，大家安安心心做刘宋的臣子，何至于有今天？如今危在眼前，邓大人可有良策？"

邓琬踌躇了半天，才嗫嚅地说："看来只好杀掉晋安王，向宋主谢罪，或许还能保全性命。"

张悦冷笑一声，说："太残忍了吧！难道只有出卖王爷，才能求得一线生机吗？"

"尚书大人有好办法吗？"

"先喝酒，这事慢慢商量。"张悦向帐后喊一声，"上菜、上酒。"

邓琬以为真的要上酒，忙说："张大人尚在病中，别客气了。"

话音未落，突然从帐后冲出数十名手执利刃的勇士。邓琬情知有变，要逃走已然不及，只得束手就擒。张悦数责邓琬的罪状，当场将邓琬斩首，并派人将邓琬的妻儿全都杀了。然后乘一艘快船，前往刘休仁军前，献入邓琬的首级，认罪乞降。

刘休仁军随即进驻寻阳。可怜刘子勋年仅十一岁，做了半年的寻阳皇帝，便落得个身首分离的下场。

刘胡逃至石城后，被竟陵丞陈怀直诛杀。临海王刘子顼被宋主勒令自尽；安陆王刘子绥也被赐死；邵陵王刘子元是刘子勋的弟弟，也被诛杀，死时年仅九岁。所有归附刘子勋的党羽，除几个见机归顺者外，大多都被诛杀。

当时，路太后已中毒身亡，宋主追谥她为昭太后，将她安葬在孝武陵东南，称为修宁陵。原来，路太后听说刘子勋建号，心中十分高兴，到刘子勋将战败时，又从高兴的顶峰跌到痛苦的谷底。于是在后宫宴请宋主刘彧。刘彧欣然赴宴，全然没有防备，直到内侍偷偷扯他的衣服才有了警觉。于是将计就计，将手中的酒杯捧给路太后，祝愿太后千岁，并请太后喝下祝寿酒。路太后无法推辞，只好硬着头皮喝下这杯毒酒。当天晚上，路太后毒发身亡。宋主刘彧秘不发丧，直到寻阳告捷，才将路太后草草安葬。

刘休仁回到建康，私下对宋主刘彧说，刘子勋虽死，其一众兄弟尚在，留下终为祸患。他建议除掉刘子勋的兄弟。刘彧随即下令，将剩下的十几个侄子一同赐死。至此，孝武帝刘骏的二十八个儿子死尽，一个未留。

寿阳的殷琰听说寻阳兵败，刘子勋被杀，率全军向宋主投降。刘彧封他为镇南谘议参军。

如此大规模的内战，竟然以这种方式结束，真是不幸中的万幸。创造这场奇迹的最大功臣是张兴世。奇人奇招，孤军闯营，纵横于十万大军之间，如入无人之境，直插敌军心脏，扼住叛军的七寸命脉。十万将士齐解甲，一战定天下。

四州沦陷

平叛之战异乎顺利地结束，刘彧不免有一些自负与得意，接下来他的一个决定，却改变了南北朝的格局，进而改变了刘宋皇朝的命运，从此走上了下坡路，一蹶不振，直至灭亡。

刘彧平定了叛乱，又想向淮北示威，于是封张永为镇军将军，沈攸之为中领军，令他们率十五万大军去迎接归降的徐州刺史薛安都。

蔡兴宗劝谏说："薛安都既已归顺我朝，陛下只需一纸诏书，便可将他召来京师，何必动用大军，引起不必要的猜疑。如果叛臣罪重，不得不杀，陛下就应当机立断除掉他，而不应在赦免之后，又去逼迫他！陛下这样做，就是逼人造反。哪有十五万大军受降的道理。狗急了还要跳墙呢！一旦薛安都投降北魏，后患无穷。那么多叛乱诸侯都已赦免，难道就多一个薛安都吗？"

刘彧不以为然，转而询问萧道成。萧道成也说这样做不妥。

"我军猛锐，战无不胜，你们未免多虑了吧！"刘彧不听劝告，立即传令张永、沈攸之率大军出发。

薛安都是一员虎将，元嘉北伐时立过战功。听说朝廷大军将至，果然十分疑惧，急忙以儿子为人质，向北魏主拓跋弘求援。汝南太守常珍奇害怕遭到官军的进击，也向北魏乞降。

北魏主拓跋弘是拓跋濬的长子，拓跋濬在位十四年后病故，拓跋弘继位。拓跋弘与宋主刘彧同年即位，追尊拓跋濬为文成皇帝。即位时年仅十二岁，国事都由丞相太原王乙浑处理。

第二年，乙浑欺拓跋弘年幼，阴谋篡位自立，被太后冯氏设计诛除。冯氏不是拓跋弘的生母，但颇有智略，因而临朝听政，稳定了大局。薛安都、常珍奇二人向北魏求援，冯太后与中书令高允商议后，决定出兵。

北魏镇南大将军尉元、镇东将军孔伯恭奉命，率一万余骑兵驰援彭城。西河公拓跋石与张穷奇率一万步兵西救悬瓠。同时封薛安都为镇南将军，兼任徐州刺史、河东公；常珍奇为平南将军，兼任豫州刺史、封河内公。

兖州刺史毕众敬欲投靠宋室，向建康上了一道奏章，请求宋主让他率兵讨伐薛安都。奏章发出不久，突然传来儿子毕元宾在建康坐罪被杀的消息，不禁大怒，拔刀劈柱，悲愤地说："我已是满头白发之人，只有一个儿子，竟然被杀，这是要断我的后啊！"

不久，魏军来到瑕邱，毕众敬当即投降魏军。魏将尉元派兵进驻兖州城，剥夺毕众敬的权力。毕众敬这才后悔起来，数天不吃不喝。

北魏西河公拓跋石来到上蔡，采用和尉元相同的办法，占据城池，剥夺了常珍奇的军政大权。常珍奇也心生悔意，想要谋变，无奈拓跋石防备严密，无从下手。

薛安都还没有收到瑕邱、上蔡两处的消息，只是听说张永、沈攸之等率兵已到下磕，急忙派人催促魏军支援。

北魏大将军尉元一路急行军赶到彭城，薛安都开门迎接。尉元先派部将李璨随同薛安都进城，收缴了库房钥匙，并命令孔伯恭率精兵二千守住城门，这才放心地进城。尉元进城之后，进入府署，高坐堂上，却令薛安都在阶下参见。

薛安都十分气愤，心生悔意，有意离开北魏，重归刘宋。不料处事不密，让尉元听到了风声，受到尉元的冷嘲热讽。薛安都既惊骇，又惭愧，反过来又讨好尉元，将全部责任推到女婿裴祖隆头上，并将裴祖隆杀死了。

尉元这才命令部将李璨守城，薛安都为副，然后率兵偷袭张永的粮道。张永被杀了个措手不及，不但粮草被劫，士兵也伤亡惨重。

宋主刘彧接得败报，后悔不迭，忙召见蔡兴宗，丧气地说："怪朕当初不听你的意见，才有今日之败。现在徐、兖二州失守，朕无颜面对你啊！"

蔡兴宗再次提议说："徐、兖二州已经失守，青、冀二州形势也不妙，请陛下立即派人去抚慰两州！"

刘彧立即派沈文秀的弟弟沈文炳持诏宣抚，又派辅国将军刘怀珍与沈文炳同行。途中竟然传来青、冀二州叛变的消息。刘怀珍兼程疾进，一路平定各城。青州刺史沈文秀，冀州刺史崔道固不敢有二心，仍然抵御北魏，归顺刘宋。刘怀珍随之安心回京。

北魏得到徐、兖二州，又打算攻取青、冀二州。命北魏平东将军长孙陵赶赴青州，征南大将军慕容白曜做后应。一路上，魏军长驱直入，势如破竹，连下无盐、肥城、糜沟、垣苗四城。山东告急。

刘彧急令沈攸之攻打彭城，打开通道。沈攸之以清河、泗水干涸，战船无法行走、粮船不济为由，拒绝出兵。使者往返六七次，沈攸之仍是按兵不动。刘彧大怒，下了一道死命令，若再不出兵，临阵换将。沈攸之无奈，只得硬着头皮出征，然而，没有水军掩护配合的宋军，无法阻挡鲜卑人的铁骑。沈攸之大败而归，只得退守淮阴。一时间，下邳、宿豫、淮阳各守将，纷纷弃城而逃。

青、冀二州没有迎来援军，却等来了鲜卑铁骑。崔道固孤守历城一年，最后力竭投降。沈文秀困守东阳三年，最后城陷被俘。魏军将沈文秀押送到慕容白曜面前。慕容白曜喝令沈文秀下拜，沈文秀厉声道："你是北魏的臣子，我是南宋的臣子，都是为人臣子，凭什么我要向你下拜？"

慕容白曜肃然起敬，命人好酒好菜款待沈文秀，然后将他押送到平城。魏主拓跋弘任命沈文秀为中都下大夫。青、冀二州也为北魏所有。

至此，山东全境、淮北四州、淮西九州尽落鲜卑人之手，魏国边境划到了淮河沿岸。

这种局面的出现，其实是刘彧咎由自取。刘子勋既败，余党也尽降，薛安都也奉表归附了。刘彧却无端发兵十五万前往迎接薛安都，以至激起兵变，导致徐、兖、青、冀四州相继沦陷。江左本是小朝廷，地盘不及北魏一半，又失去四州，地域进一步缩小。这恐怕是刘彧一生最后悔的一件事，可世上实在没有后悔药啊！

第二十九章
幼主即位

皇帝借种

豫州刺史刘勔上任不久，就传来北魏司马赵怀仁入侵武津的消息。刘勔急忙派龙骧将军申元德出兵拦截。申元德率兵击退魏兵。魏军受挫，移师进攻义阳。参军孙台灌又及时出击，将魏军驱逐出境，豫州才得以平安无事。

刘勔派人给常珍奇送去一封信，劝他归顺刘宋。常珍奇投奔鲜卑人，自取其辱，正在后悔不已，收到刘勔的书信，想都没有想，立即单人独马奔往寿阳，回归宋。北魏这才有所忌惮，停止南侵的军事行动，两国休兵。

但是，宋室也无力收复失地，只是假意设置徐、兖、青、冀四州的官吏，虚设一些郡县，不过是空摆一个场面罢了。徐、兖、青、冀的民众，都已沦为北魏的百姓，无力南迁了。

宋主刘彧把外部的事情搞砸了，不但不奋发图强，反而更加纵暴肆淫。即位初年，刘彧册立王妃王氏为皇后。王氏是仆射王景文的妹妹，安静贤淑，与刘彧相敬相爱。后来，刘彧挑选数百名妃嫔进入后房，渐渐疏远了王皇后。王皇后随遇而安，倒也不生气。只是王皇后生育两个女儿，未生龙子，后宫其他女人也都未生儿子，故而，刘彧虽然妻妾成群，却没有儿子，这成了刘彧的一个心病。

刘彧没有儿子，责任不在女人，在其自身。由于他好色过度，抽空了身体，发展到后来丧失了生育能力。刘彧做梦也想有儿子啊！没儿子，这皇位传给谁呢？情急之下，他选择了一个不得已的办法，向别人借种。

刘彧先把宫人陈妙登赐给宠臣李道儿，等到陈妙登怀孕后，又把陈妙登接回宫。十个月后产下一名男婴。刘彧硬说婴儿是自己的亲骨肉，并取名慧震。又怕婴儿活不长，派人秘密查访各位王公的姬妾，打听到有身怀六甲者，便将她们请进宫。哪个生下男婴，便下令杀掉该男婴的生母，然后让宫中的宠姬代为抚养，视为己出。转眼间，刘慧震已年满三岁，咿呀学语，惹人怜爱。刘彧册立他为太子，改名为刘昱。立储这一天，宫中大摆宴席，很是热闹。

当天晚上，刘彧又在后宫宴请女眷，皇后、公主、命妇欢聚一堂，热闹非常。酒到半酣，刘彧突然下了一道奇怪的命令，他让赴宴的所有女人，全都脱掉衣裳，裸体入席，恣为欢谑。

这些后宫的女人为了讨皇上欢心，纷纷宽衣解带，裸体入席。唯独王皇后用扇子遮住脸，不笑也不说话。刘彧不高兴了，冲着皇后发火说："你有多久没有享受过这种有趣的生活了？今天难得高兴一回，你却用扇子遮住脸，到底什么意思？"

王皇后愤然说道："找乐子的方法很多，难道有姑嫂姐妹齐聚一堂，以裸体取乐的吗？"

刘彧不待她说完，怒骂道："不识抬举的贱骨头，给我滚出去！"

王皇后当即起身，掩面还宫。刘彧觉得十分扫兴，下令罢宴。

第二天，消息传到王景文耳里，王景文对舅舅谢纬说："皇后在家时，很是懦弱，没想到这次却如此刚正，真是难得啊！"

谢纬也叹赏不已。

手足相残

古来昏淫的君主，没有一个不好色信谗。刘彧也不例外，既好色，也听信谗言。既然选了那么多女人进宫，也免不得有若干奸诈小人跟着起哄。游击将军阮佃夫、中书舍人王道隆、散骑侍郎杨运长三人就是奸诈中的奸诈，他们在文武百官面前作威作福，只手遮天。三人狼狈为奸，在朝中安插党羽，排除异己，随着野心的膨胀，竟然想除掉皇亲国戚，永窃国权。为了达到目的，三人变着法子给刘彧灌迷魂汤。

刘彧本来就疑心重，好猜疑，再加上阮佃夫等人煽风点火，越发觉得至亲骨肉不可靠，都有可能突发谋变，夺走他的皇位。于是，他伺机除掉了八皇兄庐江王刘祎。

建安王刘休仁与刘彧关系一向很好，刘彧落难时被讽为"猪王"，刘休仁对刘彧有救命之恩。刘彧即位之后，刘休仁更是亲冒矢石，统兵平叛，屡建大功，位冠百僚，职兼内外，渐渐有些功高震主，遭到猜忌。刘休仁心里已是不安，听说刘祎被诛死，即上表辞去扬州刺史的兼职。

宋主当即命桂阳王刘休范出任扬州刺史，并改封山阳王刘休祐为晋平王，将他从荆州召回建康，另派巴陵王刘休若出任荆州刺史。

刘休祐刚愎自用，屡次抗旨不遵，刘彧对他不满已久，召他回京，就是要想办法除掉他。

泰始七年（471年）春二月，刘彧率众到岩山狩猎，命刘休祐随行，骑射了半天，有一只野鸡就是不肯入场，刘彧叫刘休祐前去驱逐，并说必须将野鸡赶进猎场才能回来。刘休祐走后，刘彧密令屯骑校尉寿寂之等人跟踪追上去，自己则起驾回宫了。

天色将晚，日影西沉，刘休祐跑得筋疲力尽，野鸡却钻进草丛不见了。正在犹豫之际，忽见有数骑人马从后面冲过来，不知是有意还是无意，来人手中的长枪碰到了刘休祐的马尾，马儿受惊，高高跃起，刘休祐猝不及防，被掀落下马。刘休祐料有急变，奋身跃起，见是寿寂之等人，正要责问，寿寂之等已从四面逼上来，不问情由便拳打脚踢起来。刘休祐虽然拼死抵抗，终因寡不敌众，被打倒在地，有人从背后伸手抓住刘休祐的命根，一声爆响，刘休祐晕倒在地，被众人一阵群殴，断送了性命。寿寂之率众返回，向刘彧报告，称骠骑坠马而亡。刘休祐原任骠骑大将军，所以有此称呼。刘彧佯装惊愕，立即派御医勘验。医官验伤之后，明知死因，也不说破，只说是气绝自亡，无可救。

一波未平，一波又起，建康城中又传出谣言，说巴陵王刘休若有一副大富大贵的面相。也不知谣言从何而来，反正宋主刘彧信了，为防万一，立即下旨调刘休若出任南徐州刺史。

刘休若的僚属劝他不要回京，中兵参军王敬先更是苦口婆心地说："荆州地域辽阔，物产丰富，王爷拥有甲兵十万，上可以匡扶天子，铲除奸臣，下可以保有境土，保全己身。去京都无异于飞蛾扑火，作茧自缚啊！"

刘休若表面上表示同意，待王敬先离开之后，立即让人将王敬先抓起来，请旨处分，随即起程回京。

当时，刘彧身患重病，卧床不起。他担心自己活不了多久，召杨运长等人商量后事。杨运长却诬陷建安王刘休仁，说刘休仁不除，必是后患。刘彧踌躇不决，毕竟刘休仁好几次帮助他逃过疯子皇帝刘子业的迫害，救过他的命，又是第一时间拥戴他称帝，指挥南讨军取得浓湖大捷。两人从小要好，一起光着屁股长大。随后，刘彧又听说宫廷内外大多数人都等着自己咽气，好推刘休仁继位。刘彧不再犹豫了，决定先发制人。

这天晚上，刘休仁奉旨到尚书省值班。在尚书省闲坐多时，看看已是半夜，便和衣而睡。突然，内使送来了皇上的诏书，说是赐他毒酒自尽。

刘休仁大怒，喝道："陛下的江山是谁打出来的？现在国家刚刚安定，便要我死！我死之后，看这个忘恩负义之人还能活多久？"说罢，将毒酒一饮而尽，不一会儿便毒发身亡。

刘彧发出诏书后，还是不放心，支撑着病体，乘车出端门，直到听到刘休仁的死讯，才返回寝宫。黎明时分，刘彧降下一道诏书，对外宣称刘休仁谋反，畏罪自杀。

后来，刘彧对身边的亲信说："我与休仁年龄相近，性情相投，是从小玩到大的亲友。我能有今天，也多亏了他，但为后世作想，我又不得不出此下策。事后追忆起来，真的有些难过啊！"说罢，竟然假惺惺地挤出了几滴眼泪。

吏部尚书褚渊此前在京外担任吴郡太守，刘彧决定谋杀刘休仁，将褚渊召回京城，痛哭流涕地对他说："我可能不久于人世，但太子年幼，希望你以后尽心辅佐他。"

褚渊婉言劝慰。接着说到谋杀刘休仁的事情，褚渊却极力劝阻。刘彧大怒，斥责道："你也太迂腐了，还不够资格与朕谋划大事！"褚渊惶恐退出。

不久，刘彧又晋升右仆射袁粲为尚书令，褚渊为尚书左仆射，令二人一同参与国政。

巴陵王刘休若到了京口，才得知刘休仁的死讯，正在惊惧交加，进退两难之时，竟接到刘彧调任他为江州刺史、催促他参加七夕群宴的诏书。刘休若虽然心里害怕，也只得鼓起勇气进京。

宴席之间，刘彧拉着刘休若的手问寒问暖，显得非常亲热，让刘休若放心不少。宴罢回家，已是深夜，刘休若正准备就寝，突然内使送来一道诏书，并赐一杯毒酒。刘休若无可奈何，只能一饮而尽，转眼便毒发身亡。

不久，刘彧又调刘休范为江州刺史。刘休范在兄弟中最为朴实憨厚，刘彧曾对王景文道："休范虽然不适合担当镇守一方的重任，既然我做了皇帝，当哥哥的就想让他富贵一些，让他不后悔生在帝王之家。"

王景文唯唯而退。其实，宋文帝刘义隆的十九个儿子，除了宋主刘彧外，此时也只有刘休范一个人还活着。要不是刘休范庸愚寡识，哪能苟延残喘到现在？但现在也是死多活少，命在须臾了。

刘彧猜忌骨肉，却很迷信鬼神，特地将原来的湘东王府改造为湘宫寺，王宫改成寺院，足见心之虔诚。

有一次，新安太守巢尚之回京述职，刘彧问道："你去过湘宫寺吗？那可是朕的一大功德，用钱不少。"

巢尚之还没有回答，散骑侍郎虞愿接了一句嘴，他说："那都是用百姓卖儿卖女的钱修建的啊！如果佛祖有灵，当慈悲为怀，悲伤叹息。罪恶高过浮屠，何功德之有？"在座的人人脸色大变，知道虞愿闯了大祸。刘彧大怒，喝令左右将虞愿驱逐出殿。虞愿从容出殿，竟然毫不动容。

刘彧喜欢下围棋，但棋艺不高，可以用"拙劣"来形容。但就他这棋艺，却偏偏要找高手对弈。

彭城丞王抗是围棋高手，棋艺远在刘彧之上。可刘彧是皇上，总得给皇上留点面子，于是在与刘彧下棋时，往往故意逊让。有一次，两人对弈，王抗笑着说："皇帝这一飞棋，臣不能对，甘居下风。"

刘彧以为自己厉害，很是得意。虞愿在一旁看棋，又插了一句："这是尧哄儿子丹朱玩的小把戏，不是人主所应该嗜好的。"

刘彧当时脸都气白了，但也没有把虞愿怎么样。

屯骑校尉寿寂之孔武有力，豫州都督吴喜智计过人，刘彧先后将两人赐死。刘彧赐死他们的原因，大概是担心自己死后，幼子登基，驾驭不了他们。不知出于什么原因，刘彧却没有杀萧道成，只是将他从淮阴调回京师，改任散骑常侍，兼太子左卫率。大概这就是天数，萧道成，就是日后灭宋之人。

幼主即位

刘彧又想收复淮北，命令北琅邪、兰陵太守垣崇祖出师。当时北琅邪、兰陵两郡已被北魏占领，垣崇祖屯驻在郁州，手下只有数百人，奉命入侵北魏，占据了蒙山。北魏得到消息后，立即出击，垣崇祖害怕寡不敌众，只得退了回来。

北魏自拓跋弘即位，第一年改元天安，第二年又改元皇兴。皇兴元年，后宫李夫人生下皇子，取名为宏。冯太后把婴儿接到自己身边抚养，随后把政权归还魏主。

拓跋弘亲政后，追尊生母李贵人为元皇后。原来，在北魏，只要皇子被立为太子，他们的生母立即便被赐自尽。所以，拓跋弘回忆从前，不免伤感，便追尊生母为皇后。

拓跋弘亲政后，不管国事大小，事必躬亲，且不滥赏，不苛刑，严黜贪官，崇尚清廉，保境息民。一个十五六岁的北朝天子，居然将朝政整治一新。中书令高允也竭诚辅佐，知无不言。所以皇兴年间，北魏的国势逐渐强盛起来。

唯有冯太后尚在盛年，不耐寡居，尚书李敷的弟弟李奕正好加入宿卫队，太后见李奕年少貌美，设法将李奕引入宫中，赐以禁脔。宫女害怕冯太后的淫威，不敢窃议，所以李奕得以自由出入，经常与冯太后私通，宫中的人都知道这件事，只瞒着拓跋弘一人。

拓跋弘尊崇释迦牟尼与老子，看淡了尘世，做了三五年皇帝，已十分不耐烦，就将襁褓中的婴儿册立为储君。

皇兴五年，太子拓跋宏年仅五岁，一时不便禅位，意欲传位给京兆王拓跋子推。拓跋子推是文成帝拓跋濬的弟弟，拓跋弘的叔父。拓跋弘见他器宇深沉，故欲推位让国，自己好修身养性，参悟佛经。当下召集王公大臣商议禅位事宜，群臣无不惊骇，没有一个敢发表意见。

唯独拓跋子推弟任城王拓跋子云劝说道："陛下刚安享太平，君临四海，怎得上违宗庙的意旨，下弃数万百姓呢？如果陛下一意托付国事，那也应该传位于储君，这样才不会乱统啊！"

太尉源贺、尚书陆馛也附和拓跋子云的意见。拓跋弘不禁变色，似有怒意。

中书令高允插嘴说："臣不敢多言，但请陛下仔细想想先帝为什么要将如此重大的责任托付给陛下，请陛下三思而行，不然会惊动内外呀！"

拓跋弘这才慢慢地说："就照你们说的，传位于储君。不过太子年幼，还请你们好好辅佐。"

高允等人尚未回答，拓跋弘又说："陆馛素来正直，必能保全我的儿子。"

陆馛听后，慌忙谢恩。拓跋弘当即任命他为太保，令他与太尉源贺准备禅位事宜。

拓跋宏天生聪明，从小便表现出仁爱之心，那一年，献文帝拓跋弘患了恶性脓疮，小小年纪的拓跋宏亲自为父亲吮出脓汁。御医和宫廷人员当时都惊呆了，用一种赞赏的眼神看着他，以表达对眼前这个小孩子的敬意。

受禅那天，拓跋宏流泪痛哭，悲泣不能自制。献文帝拓跋弘问他为什么哭。小皇帝稚气地说："代替父亲治国，心里痛切啊！"

拓跋弘叹道："你小小年纪，这么懂事，将来一定是一个好国君，我意已决，你就不要再说了。"

陆馛等人筹备好以后，拓跋弘立即传位。

于是，5岁的小太子拓跋宏穿上帝王服，登上御座，接受文武百官朝拜，正式即皇帝位，他就是著名的北魏孝文帝。改年为延兴元年（471年）。拓跋宏礼毕还宫，公卿大夫又奉拓跋弘为太上皇，恳请他仍总掌国政。

拓跋弘接纳了群臣的奏请，然后移居崇光宫，过起了清静的生活。他将禅僧召来同住，天天研究佛学。朝廷的日常事务，朝臣也不去打扰，只是遇有军国大事，才去向他请示，请他最后裁夺。

北魏禅位以后，派使者告知刘宋，宋主也派使者回访，南北再次和好，暂时息兵。

宋主刘彧此时卧病在床，已是骨瘦如柴，渐渐支撑不住了。他突然想到假如自己某天离去，太子又很年幼，宋室的江山就会落入王皇后家族手中。想到这里，他写下诏书，派人送到王皇后的兄长王景文府中。

王景文正在与客人下棋，接过诏书看后，慢慢将诏书放在一边，继续下棋。棋局终结，棋子收入匣子，他才将诏书拿起来说："陛下赐我自尽。"

客人不禁大惊。王景文却神色自若，写好谢罪的奏章后，从容服毒自尽。

使者将王景文的死讯传进宫中，刘彧这才安心。当天晚上，刘彧又梦见有人对他说："豫章太守刘愔谋反了！"

刘彧突然惊醒，天亮后，便派人杀了刘愔。

此后，刘彧更加心力交瘁，精神恍惚，每当夜深人静时，总看见无数冤魂围在床前，争相向他索命。

刘彧无法可施，特地改泰始八年为泰豫元年，寓意安详；又命人在湘宫寺日夜忏悔、祈祷。无奈神佛无灵，鬼魂越催越急，刘休仁、刘休祐也来索命。刘彧成天说梦话：司徒宽恕我，骠骑饶了我。模模糊糊喊了几天，稍稍有些清醒，他忙命桂阳王刘休范为司空，褚渊为护军将军，刘勔为右仆射，嘱托他们与尚书令袁粲、镇东将军蔡兴宗、郢州刺史沈攸之好好辅佐太子。不久，萧道成被保举为右卫将军，和各位大臣共掌朝政事。

当天晚上，刘彧命绝归天，享年三十四岁。改元两次，在位共八年。太子刘昱即位，大赦天下，尊谥先帝刘彧为明皇帝，庙号太宗；嫡母王氏为皇太后，生母陈氏为皇太妃。即位时，刘昱年仅十岁，却有一个妃子江氏，妻随夫贵，也得受册定仪，被册立为皇后。一对小夫妻统治朝野内外，眼见得宫廷紊乱，有人要夺取江山了。

第三十章
萧道成除暴

漏网之鱼

朝廷虽然有尚书令袁粲、护卫将军褚渊等人辅政，但是阮佃夫、王道隆等人仍然专政，而且气焰越来越嚣张。镇东将军蔡兴宗在明帝刘彧末年曾出镇会稽，刘彧病故之后，只好回朝领受遗命。阮佃夫等人对他有所忌惮，不等明帝刘彧下葬，便命他出京督管荆、襄八州军事。随后，又害怕蔡兴宗控制了长江上游，尾大难掉，又将他召回建康，出任中书监光禄大夫，另调沈攸之接替他的职务。

蔡兴宗奉召回京后，辞官不受。王道隆亲自登门造访，蔡兴宗既不让坐，也不打招呼，弄得王道隆十分尴尬，只好告别。不久，蔡兴宗病故。临终前，他要求自己的丧礼一切从简，并嘱咐家人退还爵位。

蔡兴宗去世后，宋廷又少了一个正直之人，朝政越发混乱，奸诈权臣更加专横。尚书令袁粲等人想遏制也力不从心，无奈之下，只好搬出宗室的权臣做帮手。

当时，宗室中人几乎被前几任皇帝杀尽，只剩下侍中刘秉。刘秉为长沙王刘道怜孙，不久被引荐为尚书左仆射，只是刘秉廉静有余，才干不足，在官场上于事无补。还有安成王刘准，名义上是明帝刘彧的第三个儿子，其实是桂阳王刘休范的儿子，被收养在宫中。刘昱即位后，任命刘准为抚军将军，兼扬州刺史。但刘准只是一个年仅五岁的幼童，哪知道什么国家大事，只是任人摆布罢了。

第二年，宋改元元徽，由于有袁粲、褚渊二相的勉力维持，总算太平地过去了。第三年五月，江州刺史桂阳王刘休范竟然兴兵造反了。

为了防止发生前朝故事，明帝刘彧杀了好多兄弟，但人算不如天算，终究还是有一个漏网之鱼，他就是桂阳王刘休范。明帝刘彧为何没有杀刘休范呢？刘休范是文帝刘义隆的第十八个儿子，给人的感觉是木讷寡言，庸碌无为，在兄弟们眼里，他就是一个傻瓜、笨蛋，大家都瞧不起他。明帝刘彧曾经对人说过："十八弟什么也不是，因为是我的弟弟，生来富贵。连佛祖都想出生在帝王之家，就这么回事。"

明帝刘彧看走了眼。刘休范其实很有心机，他从刘氏皇族骨肉相残血淋淋的现实中得到启发，人不能出头，特别是皇子，木秀于林，风必摧之，抱着这个想法，他从小就伪装成笨拙的样子。刘子业养"猪"那年，他年纪还小，逃过一劫。刘彧残杀兄弟时，他被视为无用之人，不被刘彧疑忌，又侥幸活了下来。

明帝刘彧过世死后，贵族执掌朝政，刘休范自命是皇族的人，想辅佐幼帝，但却不得志，于是心怀怨恨，在典签许公舆的劝导下，他礼贤下士，招揽了不少人马，便想伺机发难。

宋廷对江州有所警觉，对刘休范也是暗中戒备。刚好寻阳上游的夏口没有镇守，朝议时有人提议派皇五弟晋熙王刘燮出镇夏口，以便监视、挟制刘休范。刘燮只有四岁，特命黄门郎王奂为长史，替他处理军政事务。由于担心刘燮在赴任途中遭到寻阳的刘休范阻挠，便让刘燮绕道而行。

刘休范得到消息，料想朝廷已经生疑，忙与许公舆密谋，准备出兵偷袭建康。经过一番策划，刘休范率二万甲兵、五百骑兵，自寻阳起兵，昼夜兼程，直扑大雷。

萧道成平叛

宋廷大雷守将杜道欣立即向朝廷告急，朝廷顿时紧张起来。护军将军褚渊、征北将军张永、领军将军刘勔、尚书左仆射刘秉、右卫将军萧道成、游击将军戴明宝、辅国将军阮佃夫、右军将军王道隆、中书舍人孙千龄、员外郎杨运长等人，全都集中到中书省，商议了半天，也没有结果。

萧道成愤然而起，大声说："从前，上流叛军都是因出兵缓慢而失去战机，这次刘休范吸取教训，轻兵疾进，想杀我们一个措手不及。所以，我军不宜远出，只需驻扎在新亭、白下，防卫宫城与东府、石头城，静待叛军。叛军自千里之外长途奔袭，孤军深入，一旦遭遇挫败，自然瓦解。我愿率一支军驻守新亭，挡住叛军兵锋，征北将军可守白下，领军将军但屯宣阳门，调度各军。大人们只需安坐殿中等我们的好消息。不出十天，可击败叛军。"

萧道成说到这里停下来，征求大家的意见。大家都没有异议。唯独孙千龄想袒护刘休范，说应该派人据守梁山。

萧道成正色道："贼军已兵临城下，哪有闲军去守梁山？新亭是贼锋必取之地，我定当以死报国，不负陛下之恩。"说罢挺身而起，对刘勔说，"既然领军将军同意我的意见，那就事不宜迟，我这就去新亭。"

刚说完，突见穿一身素衣麻服的袁粲拄着拐杖从外面进来。原来，袁粲正在家为母守孝，听说叛军来犯，急忙赶来。得知萧道成的谋略，极力赞成。

萧道成立即率前锋兵去戍守新亭。张永出屯白下，南兖州刺史沈怀明往守石头城。袁粲、褚渊率兵护卫大内。

萧道成到了新亭，急忙修筑防御工事，尚未完工，刘休范的前军已经到了新林，距新亭不过数里路程。萧道成非常镇定，执旗登城，命宁朔将军高道庆、羽林监陈显达、员外郎王敬则等带领水师堵截刘休范。

两军交战半天，互有杀伤，未分胜负。

第二天黎明，刘休范舍舟登岸，亲自督率大军攻打新亭，又派部将丁文豪攻打台城。

萧道成挥兵迎战，从早上到中午，杀得难解难分。只见叛军蜂拥而来，鼓声震耳，城中将士不免面露惧色。萧道成解衣高卧，谈笑自若，军心这才安定下来。萧道成对大家说："叛军的气势虽然强盛，但军容不整，队形混乱，要不了多长时间，我们就可能击败叛军。"

正在这时，突然从城外射进一支响箭，箭上绑着一封信。士兵捡起来，呈给萧道成，萧道成展开一看，原来是一篇檄文，只看了一眼，便扔到地上。

屯骑校尉黄回和越骑校尉张敬儿从地上捡起檄文，两人看后说："檄文是要招降，将军何不将计就计，除掉刘休范？"

"你们是说用诈降计？"萧道成反问。

张敬儿道："兵不厌诈。"

萧道成大喜，说道："你们二人如果能办成这件事，我绝不吝啬重赏。"

黄回和张敬儿立即出城，跑到刘休范的轿子前，大呼投降。当时，刘休范正穿着一身白袍，乘坐轿子，在城南的临沧察看地形，身边的护卫不过十余人。见两人前来投降，便召来问明底细。

二人满脸诚意，说是奉了萧将军密令，向王爷请降，愿奉王爷为主。

刘休范大喜道："萧将军真是识时务者啊！"

黄回道："如果王爷见允，就请回信定约吧！"

刘休范不疑有他，高兴地说："这有何难？我派儿子德宣、德嗣二人去道成那里做人质，这样萧将军总该相信了吧。"

于是，刘休范将两个儿子派往新亭做人质，将黄回、张敬儿留在身边。刘休范的亲信一再苦劝，请刘休范三思而行。刘休范哪里听得进去，径直回到船上喝酒去了。所有军务全部交给前锋将杜黑骡处置。

刘休范哪里料到，派往新亭充当人质的两个儿子，刚进城便做了刀下鬼。

在黄回、张敬儿二人的劝诱下，刘休范天天游弋江滨，吃喝玩乐。一天傍晚，刘休范已喝得醉醺醺的，却还是吵着要喝酒，身边的侍卫取酒的取酒，端菜的端菜，一时间都没回来。黄回向张敬儿递了个眼色，张敬儿猫手猫脚地走到刘休范身后，伸手抽出他腰间的佩刀。刘休范稍稍觉察，正要回头，刀锋却已抹到脖子上，一声惨叫，身首分离。左右惊得一哄而散，张敬儿提着刘休范的首级，和黄回一同跳到岸上，赶回新亭报功。

萧道成大喜，立即命令偏将陈灵宝带着刘休范的首级回建康报捷。陈灵宝刚出城，正碰到杜黑骡率兵攻城，无奈之下，将刘休范的首级丢到河里。然后扮成乡民，抄小路回建康报捷，称刘休范已诛。

满朝文武因他没有证据，不敢轻信，但仍然加封萧道成为平南将军。

杜黑骡还不知道刘休范已被斩首，仍然与萧道成相持不下。突然有消息传来，说丁文豪已大破台城军，正在向朱雀桁进发，杜黑骡便舍去新亭，赶往朱雀桁。

右军将军王道隆正率领羽林精兵驻扎在朱雀门，突然听说叛军杀来，急忙召刘勔协助守卫。刘勔驰赶到朱雀门，下命撤掉城外的浮桥，断截叛军的进攻。王道隆生气地说："贼军来了，我们应该奋力出击，怎么可以自断浮桥，向贼军示弱？"

刘勔不敢再提，只得率兵出城迎敌。刚走过浮桥，尚未列阵，杜黑骡已率众杀过来，与丁文豪左右夹攻，刘勔顾彼失此，战死在浮桥上。王道隆听说刘勔已阵亡，慌忙退走，被杜黑骡率兵追上，一刀毙命。

张永、沈怀明得知兵败，慌忙逃回宫中。抚军长史褚澄大开东府门，迎纳叛军。叛众劫住安成王刘准，令他入居东府，并假传刘休范的命令说："安成王本是我的儿子，不得侵犯！"

中书舍人孙千龄也开承明门，向叛军投降，宫廷大震。

皇太后王氏、皇太妃陈氏急忙搜取宫中金银器物，用来赏军，嘱令朝臣齐心协力抵挡叛军。

这时候，贼众已经陆续听到刘休范的死讯，军心不禁涣散。丁文豪厉声道："我们就是不靠桂阳王，也能成就大事。"

许公舆却诈称桂阳王没有死，只是身体不舒服，在新亭休息。将士们将信将疑，很多人甚至跑到新亭去求见刘休范。

萧道成登上北城楼，俯瞰城下，对大家说："刘休范父子已死，暴尸于南冈下，大家要是不信，可以自己去看看。请你们看清楚，我是萧道成。"说到这里，萧道成让人将城下将吏们投进来的名帖全部烧掉，接着说，"你们的名帖都已全部烧掉，所以不用担心，请你们及时归顺朝廷。"

城下的人听后，一哄而散。萧道成又派陈显达、张敬儿率兵进京护卫。

袁粲慷慨激昂地对各位将领说："现在贼寇已经逼到眼前，军心涣散，人心惶惶，你们也都神情沮丧，如此精神状态，如何能保住国家？我愿与你们一同杀敌，战死沙场，共报国恩。"说罢，披甲上马，一马当先，冲了出去。

各位将领见状，也为之振奋，紧随其后，争相效命。正好陈显达率兵赶到，两支人马合兵一处，合力攻打杜黑骡。杜黑骡战败，退到宣阳门与丁文豪会合。

张敬儿督兵进剿，大破叛众，阵斩杜黑骡，击退丁文豪，收复东府，平定叛党。

萧道成率军回到建康，道路两旁站满了百姓，同声欢呼道："保全国家，全靠将军啊！"摇身一变，萧道成成为刘宋王朝的第一号功臣。

入朝以后，萧道成与袁粲、褚渊、刘秉四人同时引咎辞职。

宋主刘昱当然不答应，晋封萧道成为中领军，兼任南兖州刺史，令他留守建康，与袁粲、褚渊、刘秉三相一同执掌朝政。时人称他们四人为"四贵"。萧道成则凭中领军的身份逐渐掌握了朝政。

杀人者被杀

桂阳王刘休范袭击建康前，留下两个儿子守卫寻阳。现在，寻阳也被荆州刺史沈攸之、南徐州刺史建平王刘景素、湘州刺史王僧虔、雍州刺史张兴世等人联合攻克。刘休范的两个儿子也被诛杀。

宋主刘昱下诏，说叛乱已平，各镇兵可以回原地镇守。于是战乱暂休，天下又恢复了平静。

时光飞逝，转眼又过了两年。荆襄都督沈攸之威望越来越高，萧道成为预防沈攸之背叛朝廷，特意任命张敬儿为雍州刺史，命他镇守襄阳。派世子萧赜出驻郢州，也是为了防备沈攸之。谁知沈攸之没有闹事，京口却先起兵了。

原来，南徐州刺史建平王刘景素礼贤下士，颇有口碑，再加上幼主刘昱残暴失德，朝臣中有些人有意拥立刘景素为新帝。但杨运长、阮佃夫等人一心要辅佐年幼的君主，便暗中唆使人诬陷刘景素，说刘景素有意造反，想伺机除掉他。萧道成、袁粲窥破了杨运长、阮佃夫的阴谋，使刘景素逃过一劫。

刘景素得到消息后，派世子刘延龄进京申辩。无奈杨运长、阮佃夫等人还是不肯干休，仍削夺了刘景素征北将军的职衔。刘景素受到无端的冤枉，怀恨在心，竟然真的暗中与将军黄回、羽林监垣祗祖通信，相约谋变。

几个月之后，垣祗祖突然带数百人逃到京口，说是京师乱作，台城军士已溃散，请立即乘机发兵。刘景素没有做任何核实，竟然信以为真，立即率兵起事。

杨运长、阮佃夫得到京口起兵的消息，立即派黄回率兵征讨刘景素。萧道成料知黄回图谋不轨，特意安排将军李安民为前驱。李安民率军夜袭京口，一举击败叛军，斩杀刘景素。

宋主刘昱因京口叛乱已平，更是恣意妄为，每天出宫玩乐，天晚才归。游玩途中遇到百姓养的家畜，便命随从用长矛戳刺，以此为乐，民间大为恐慌，一遇到刘昱出宫，商贩们立即收摊回家，关门闭户，宽阔的道路上瞬间没了人影。有时，刘昱在宫中觉得无聊，便拿针去戳刺宫人，身边的人稍有闪失，便会丢掉脑袋，好像他一天不杀人，便觉得心里不快活。因此，无论是朝内还是朝外，人人自危，个个心惊，害怕有一天遇到刘昱不高兴，自己就会丢掉性命。

阮佃夫虽然倚仗幼主之势作威作福，但他从刘昱疯狂的玩乐之中看到了危机，说不定刘昱哪一天不高兴，厄运就会降到自己头上，于是与直阁将军申伯宗、朱幼等密谋，欲废黜刘昱，拥立安成王刘准为帝。

可惜阮佃夫等人还没有动手，就有人向刘昱告密。刘昱得到消息后，亲自率卫士捉拿阮佃夫、朱幼，当场便将二人勒死了。申伯宗事先听到风声，狼狈出逃，中途还是被抓捕了，施以重刑，死得更惨。

有人向刘昱告密，说散骑常侍杜幼文、司徒左长史沈勃、游击将军孙超之三人也曾参与阮佃夫的密谋。刘昱带人抓捕杜幼文、孙超之二人，然后亲自动手，一片一片地割取他们身上的肉，边割边笑边骂，直至凌迟而死。

刘昱接着又赶到沈勃家，沈勃当时正在家守孝，突然见刘昱持刀闯进来，知道事发，立即冲上前，揪住刘昱的耳朵，怒骂道："禽兽不如的东西，我看你的死期也要到了！"还没骂完，卫士一拥而进，把沈勃劈成两段。刘昱还觉得不解气，亲自操刀肢解了沈勃的尸体，并下令屠杀杜、沈、孙三家的老幼。

杜幼文的兄长、长水校尉杜叔文也被抓去，裸捆在树上，刘昱跨马执槊，将槊刺进杜叔文的腹中，钩出肝肠，嬉笑不止，卫士齐称万岁。

刘昱尽兴回宫，有宫人传话，说皇太后宣召。勉强去了皇太后那里，太后狠狠地骂了他几句，令他立即改过。刘昱非常郁闷，退出之后，越想越气，越气越恨，竟然召来太医，命他煮一剂毒药，要毒死太后。左右劝谏说："陛下不能这样做，要这样做的话，以后出宫入宫就没有那么自由了！"

刘昱觉得有理，打消了毒死太后的念头，以后也不再提这件事。

一天盛暑，刘昱突然溜进领军府。当时，萧道成正躺在帐中睡觉。刘昱不许他人通报，悄悄来到帐前，揭开帘子偷看，见萧道成袒胸出来的肚脐很大，不禁傻笑道："好一个箭靶子！"

萧道成猛然被惊醒，睁眼一看，见是当今小皇帝，慌忙起床整衣下拜。刘昱摇手说："不必不必，你的小腹不错，刚好可以让朕试试箭法！"说着，令身后的侍卫拥着萧道成，叫他站直身体，然后在上面画出靶心。刘昱站立当场，弯弓搭箭，正准备放箭。萧道成忙用手遮掩小腹，说道："老臣无罪！"

刘昱身边的卫队长王天恩也帮着解围说："领军的肚脐大，的确是个很好的箭靶，但陛下只要放一箭，他就死定了，那以后陛下想玩，就没的玩了，这样多可惜啊！陛下不如用骨头做的骲箭射击，这样他就不会受伤，陛下以后想玩，可以随时找他玩。"

刘昱觉得王天恩说得有理，便让左右取来骲箭，搭上弓弦，喝一声"着"，正中"靶心"。刘昱投弓大笑道："朕的箭法怎么样？"

王天恩极口赞美，连称："陛下只用一箭，便中靶心，好箭法！好箭法！"

刘昱大喜，高高兴兴地走了。

萧道成送走小皇帝，回来后暗想：这一次幸免于难，但不会次次都这么幸运啊！得赶紧想办法，才能保全性命。于是，他密访袁粲、褚渊二人，商议废立事宜。褚渊默然不答，只有袁粲说："陛下还是一个孩子，就算有过错，也一定能改。而且领军的想法也不容易实现，就算能成功，也非万全之策啊！"

萧道成点头离去。

不久，宫中传出消息，说刘昱曾磨利器，欲杀萧道成，幸亏陈太妃从中喝止，刘昱这才作罢。萧道成更加惊惧，屡次与亲党密谋，欲先发制人。有人劝他出驻广陵，调兵起事，有人劝他让世子萧赜率郢州兵东下京口，作为外应。萧道成自己却想挑衅北魏，再乘北魏入侵时伺机除掉暴君。仔细考量，三种办法都不可行。害得萧道成惶惶不可终日。领军功曹纪僧真认为，既然三个办法都难行，不如就在京都发难，较为妥当。

萧道成的堂弟镇军长史萧顺之、次子骠骑从事中郎萧嶷劝他说，小皇帝喜欢出行，只需联络数人，便可下手，不必那样麻烦。

萧道成觉得有理，于是决定在建康起事。他秘密联合校尉王敬则，让他贿赂卫士杨玉夫、杨万年、陈奉伯等人，准备伺机行事。

夏去秋来，新凉已到，宋主刘昱喜欢晚上出游。七月七日这一天，刘昱乘露车到台冈，与身边的侍卫比赛跳高。晚上到新安寺偷狗，然后在昙度道人那里杀狗喝狗肉汤，喝酒取乐，直喝得酩酊大醉，才回到仁寿殿就寝。

刘昱在临睡前对跟在身边的杨玉夫说："今天晚上织女应渡河去见牛郎，你给我好好盯着，如果看到织女就马上向我汇报，如果今晚错过了织女，明天就杀了你这个小子，取出肝肺下酒。"

杨玉夫听着刘昱的醉话，又笑又恨，答应一声，就出去了。

自从刘昱继位以后，由于他出宫入宫没有规律，殿省的大门整夜都不关，守夜的将士唯恐撞上刘昱丢了性命，都躲在屋里不敢出去巡逻。当天晚上，杨玉夫与杨万年二人在半夜潜入殿内，轻手轻脚来到御榻旁边，侧耳细听，只听到呼呼的鼾声，再走几步，掀开帘帐，见刘昱睡得像猪一样，枕边放着一把防身刀。二人当即抽刀在手，举刀砍向刘昱的咽喉。刘昱一声未出，手足弹了几弹，便呜呼哀哉！

刘昱死时年仅十五岁。在位只有五年。后人称刘子业为前废帝，刘昱为后废帝。

第三十一章
最后一个对手

"四贵"分化

杨玉夫提着刘昱的首级，刚走出殿门，便与一个人相遇，不觉有些惊慌。抬头细看，见是同党陈奉伯，这才放心，忙将手中刘昱的首级交给陈奉伯。陈奉伯诈称奉旨出宫办事，前往承明门外，将刘昱的首级转交给等在那里的王敬则。

王敬则拿着刘昱的首级去领军府向萧道成报告，到了领军府，见府门紧闭，立即叩门大呼。萧道成害怕是小皇帝派人蒙骗他，不敢开门。王敬则见里面不开门，便将刘昱的首级从墙外丢进院子里。萧道成让人将丢进来的首级洗干净，确认是刘昱的首级后，这才开门让王敬则进去。

随后，萧道成一身戎装，带着王敬则及从人赶往宫中。宫中的人不知发生了什么事，从萧道成的口中才得知刘昱的死讯，竟然齐声欢呼起来。萧道成以王太后的名义，召来袁粲、褚渊、刘秉三人议事。

萧道成对刘秉道："这是帝王家的私事，外人不敢擅断。"

刘秉看了萧道成一眼，心里非常害怕，嗫嚅道："将军可以将尚书省的事情交给我们，至于军旅之事，还是请将军作主吧！"

萧道成假意推辞一番，袁粲哪里敢接受呢？

王敬则瞪着眼，拔刀在手，大叫："萧公应该马上即位，谁要是不同意，就先问问我手中的刀，看它怎么说！"说罢，随即取过白纱帽扣在萧道成的头上，劝他说，"没有人再敢多嘴了，打铁趁热，将军何必还要迟疑呢！"

萧道成取下纱帽，正色呵斥道："你这是胡闹啊！"

袁粲正想说话，见王敬则怒目而视，吓得不敢开口。

褚渊接着说："眼下只有萧公才能稳定大局！"

萧道成缓缓地说："既然你们都这么说，我也就不好再推辞了，我马上去迎接安成王。"

刘秉、袁粲等人模糊答应。王敬则仍然想拥立萧道成，萧道成看了王敬则一眼，示意他不要说话，然后请刘秉、袁粲、褚渊三位宰相在东城等候，自己则去迎接安成王刘准。

刘秉前往东城时，刚好与表弟刘韫相遇。刘韫急忙问："今天的事是不是你的主张？"

"是萧将军的主张啊！"

刘韫惊叹道："你们怎么这样傻呀？这可是灭族之祸啊！"

刘秉将信将疑，别了刘韫，前往东城去了。

没过多久，安成王刘准被接入东城，萧道成替太后宣布命令，追废刘昱为苍梧王，迎奉安成王刘准即帝位。

安成王刘准年仅十一岁，迎入朝堂后，升殿入座，接受百官的朝拜。

刘准即位后，颁诏大赦天下，改永徽五年为升明元年。尊生母陈昭华为皇太妃，降陈太妃为苍梧王太妃，江皇后为苍梧王妃。

任命萧道成为司空，录尚书事，兼骠骑大将军，南徐州刺史，留镇东府；刘秉为尚书令，加封为中军将军；袁粲为中书监，出京镇守石头城，晋封为荆州刺史；沈攸之为车骑大将军，兼任尚书左仆射；王僧虔为尚书仆射，刘韫为中领军，兼任金紫光禄大夫；王琨为右光禄大夫；晋熙王刘燮为抚军将军，调任扬州刺史；武陵王刘赞为郢州刺史；邵陵王刘友为江州刺史；南阳王刘汜为湘州刺史；杨玉夫等人也各有赏赐。此外文武百官各加官二级。

刘秉以前认为尚书关系国家根本，如果由自己主持，国家不致发生变乱，所以在与萧道成商议时，情愿将兵权让给萧道成。等到萧道成将军权、政权集于一身，在朝内外安插自己的心腹，并对褚渊多加笼络，刘秉感觉到自己被孤立了，这才后悔当初不该将兵权让交出去，其实，他是高估自己了，凭他的能耐，是萧道成的对手吗？

袁粲性格比较恬淡，每次朝廷有命令，总是一再推辞，迫不得已才就职。但他也看穿了萧道成的野心，当朝廷让他镇守石头城时，毫不犹豫地同意了，并立即收拾行装，赶往石头城上任去了。

袁粲等人的不满与担忧不是多余的，因为刘准做皇帝，不过是萧道成的傀儡而已，而萧道成之所以没有直接做皇帝，是因为还有一个强劲对手，这个对手就是荆州刺史沈攸之。

相互倾轧

沈攸之与萧道成是儿女亲家，萧道成的长女是沈攸之的儿子沈文和的妻子，两家人十分融洽。沈攸之出镇荆州时，两家的关系仍然很好，没有任何嫌隙，只因朝局混乱，沈攸之不免萌生野心，有了做皇帝的念头。当时，直阁将军高道庆回华容老家休假，路过江陵，沈攸之邀请高道庆过府叙谈，沈攸之说话有些失词，高道庆将他的话记在心里。假满回京后，便向朝廷上奏，说沈攸之口出狂言，有谋反之心，请求朝廷发兵江陵。

朝中几位重臣中刘秉不以为然，萧道成顾念两家亲情，力保沈攸之，说他不可能造反。

杨运长等人由于嫉妒沈攸之，背地里与高道庆密谋，派刺客潜入江陵城刺杀沈攸之。结果刺杀行动失败，杀手也把命留在了江陵城。

沈攸之当然把这笔账记到朝廷头上，不仅对朝廷心怀怨恨，而且与萧道成有了嫌隙。他怀疑萧道成不肯帮护自己，暗中使坏。主簿宗俨之、功曹臧寅劝沈攸之立即举兵，由于长子沈元琰仍在建康，沈攸之投鼠忌器，不敢贸然起事。

刘昱死了以后，朝政大变，萧道成担心杨运长不与自己同心，便任命他为宣城太守，将他调出建康。然后让沈元琰将刘昱的遗物带给他父亲沈攸之。萧道成这样做的目的，一是想向沈攸之表示他已贬黜仇人，为亲家出了口气；二是炫耀自己的功绩。

沈攸之的地位和战功在萧道成之上，而且还是宋明帝刘彧的托孤重臣。看到萧道成在朝中专揽朝政，心里愤愤不平。恰在此时，儿子沈元琰从建康回到了江陵。他认为这是老天在帮助自己，高兴地对亲信说："儿子都回来了，我还怕什么呢？"于是，将沈元琰留在身边，又上疏表示庆贺。

刚巧朝廷的使者到了江陵，是来给沈攸之传诏加封的，太后赐给沈攸之的十只蜡烛，也随同带来了。

沈攸之谎称太后在蜡烛中藏有手谕，将社稷之事委托给他。于是，沈攸之便公开招兵买马，集草屯粮，准备起事。

沈攸之的小妾崔氏、许氏劝说道："大人都这把年纪了，怎么还想举事？就算不为自己着想，也要为儿孙想想呀！"

沈攸之便把他与宋主刘准的密信拿给她们看。二人看完后，不再多说。

沈攸之又派使者去约雍州刺史张敬儿、豫州刺史刘怀珍、梁州刺史范柏年、司州刺史姚道和、湘州行事庾佩玉、巴陵内史王文和等一同举兵。

张敬儿本来就是萧道成的人，奉萧道成之命监视沈攸之，一听来使说沈攸之要造反，当即便杀了来使，迅速将消息上报朝廷。

刘怀珍、王文和也效仿张敬儿，杀来使，上报朝廷。

范柏年、姚道和、庾佩玉三人则模棱两可，持观望态度。

王文和胆子最小，沈攸之刚出兵，他便弃城逃往夏口。

沈攸之出兵之时，还给萧道成去了一封信，信中斥责萧道成私结党羽，杀害幼主，包藏祸心。

萧道成看信后勃然大怒，当即进宫守卫朝堂，命侍中萧嶷守卫东府，抚军行参军事萧映镇守京口。萧嶷、萧映都是萧道成的儿子，所以委以重任。长子萧赜身任长史，辅佐晋熙王刘燮镇守郢州。刘燮调任扬州，萧赜升任左卫将军，也随刘燮东行到了扬州。

刘怀珍致书萧道成，说夏口是军事重地，必须派重兵把守。萧道成于是致书萧赜，让他挑选贤能之人镇守夏口。

萧赜推荐郢州司马柳世隆。柳世隆随即被封为郢州长史，奉命辅佐武陵王刘赞镇守郢州。

萧赜在临行前曾告诫柳世隆，说他走之后，沈攸之必将作乱，如果沈攸之烧毁夏口的舟舰，顺流东下，那形势就危险了。如果柳世隆留守郢城，牵制沈攸之的兵力，他再率军为外援，沈攸之就不足为虑。

柳世隆点头答应，萧赜这才放心起程。

萧赜刚到寻阳，就传来沈攸之起兵的消息，但不见朝廷有什么应对之策。有人劝萧赜立即赶赴建康，萧赜摇头道："寻阳地处中流，如果屯兵溢口，不仅能护卫朝廷，还能外援夏口，控制西南，这么好的地势，这么好的机会，我怎么能丢弃呢？"

左中郎将周山图赞成萧赜的谋略。萧赜立即奉请刘燮镇守溢口，将军事全权委托给周山图。周山图不久便筹备好防御事宜，并派人告知萧道成。

"赜儿真不愧是我的儿子呀！"萧道成大喜，随即任命萧赜为西讨都督，周山图是副都督。

萧赜担心寻阳城孤危，奏请将邵陵王刘友调来和晋熙王刘燮一同镇守溢口，令别驾胡谐之留守寻阳。

湘州刺史王蕴因母亲去世，辞官回京，经过巴陵时，被沈攸之招纳。等到入居东府，为母亲发丧时，王蕴想乘萧道成前来凭吊的时候，刺杀萧道成。萧道成非常狡猾，自己没有去，只是派人前去吊唁。王蕴见计划落空，便与袁粲、刘秉谋划别的办法，并拉拢将吏黄回、任侯伯、孙昙瓘、王宜兴、卜伯兴等人。

萧道成担心袁粲与自己为敌，亲自到石头城去见袁粲。

袁粲避而不见。通直郎袁达说这样不是办法。袁粲回答说："萧道成如果托词时局艰险，逼我回京辅佐幼主，我能拒绝吗？而一旦落入他的圈套，我还出得来吗？"因而仍坚持己见，拒绝与萧道成见面。

萧道成另召褚渊进宫议事，凡事都要征求褚渊的意见，对他格外友善。

褚渊担任卫将军时因母亲去世而离职，朝廷让他一边守孝一边任职，他不愿意，经袁粲亲自做工作，他才从命。袁粲担任尚书令时，也因母亲去世而辞官，褚渊也亲自去劝说，让他一边守孝一边莅任，袁粲却没有同意。褚渊因此与袁粲有了嫌隙。

一天，褚渊借机对萧道成说："沈攸之起事，必定以失败告终，将军还是要先防内变，斩除祸患！"

萧道成表示赞同。

袁粲、刘秉不满萧道成独掌大权，准备发动政变推翻他的势力，经过密商，欲将计划告诉褚渊。众人说褚渊不值得信赖，说他极有可能向萧道成告密。袁粲则坚持说："褚渊虽然与萧道成友善，但事关社稷，褚渊应该不会有异议。如果不告诉他，说不定将来会多一个敌人。"

袁粲把消息告诉了褚渊。褚渊立即便把消息透露给萧道成。

萧道成得到消息后，立即派军将苏烈、薛渊、王天生等人前往石头城，名义上协助袁粲，实际上是监视他。又因中领军刘韫、直阁将军卜伯兴与袁粲关系密切，又派王敬则前去牵制这两个人。

袁粲不知自己行动遭到监视，仍然在暗中策划，打算假传太后的命令，让刘韫与卜伯兴率宫中侍卫偷袭萧道成，让黄回等做外应，定期举事，杀掉萧道成。

原定时间为十二月二十三日晚，但由于刘秉胆小，时间还没有到，就惶恐不安，早早准备好行装，天还没有黑，就用车子载着家人的贵重物品，逃往石头城，一路上招摇过市，引得路人议论纷纷。

袁粲以为情况有变，立即接见刘秉，惊问道："怎么突然跑到这里来了？计划失败了？"

刘秉哭着说："能见将军一面，我死而无恨了！"

袁粲看了刘秉一眼，欲哭无泪，正在这时，孙昙瓘也从京都来了，袁粲更加惶急，但也无计而施，只能顿足长叹。

萧道成得知刘秉全家出京，知道敌方已经开始动手，于是命令部下王敬则立即动手。王敬则当即提刀赶到中书省，刘韫正列烛戒严，一个人坐在屋里，突然见王敬则持刀闯进来，吃惊得跳了起来，惊问："半夜三更，你来干什么？"

"小子，你怎么敢谋逆？"王敬则大吼一声，冲了上来。

刘韫忙抱住王敬则，王敬则挥拳一顿狂揍，刘韫痛得晕倒在地，王敬则再补上一刀，结果了刘韫的性命。王敬则又赶到卜伯兴那里，一刀结果了他的性命。

苏烈、王天生已占据仓城，正与袁粲相抗。萧道成命戴僧静前去助战。

袁粲忙派孙昙瓘出城迎战，与苏烈等人相持一晚。黎明时分，戴僧静攻陷西城门。刘秉在城东望见城西起火，带着两个儿子出城逃跑了。

袁粲料知石头城难保，下城对儿子袁最说："我早知独木难支大厦，但至少我是为国尽忠，死而无憾了！"

袁粲的话没有说完，戴僧静已率兵进城。袁最奋身保护父亲，不幸被戴僧静砍伤。袁粲哭着对儿子说："我不失为忠臣，你不失为孝子，人生至此也无憾了。"父子二人一同遇害。

此后当地传出一首民谣："可怜石头城，宁为袁粲死，不为褚渊生。"

袁粲平时喜欢饮酒作诗，部下向他请示事情，他也总是以诗作答。因此后人评论说："书生造反，不能成事。"

刘秉父子在逃跑途中，被戴僧静率兵追上击毙。王蕴也在石头城被杀。孙昙瓘则侥幸地逃走了。

黄回率兵经过石头城时，得知同党死的死，逃的逃，立即改弦更张，说自己是赶来支援萧道成的。萧道成心知肚明，但他也不想多杀人，于是将黄回抚慰一番，命他仍然驻守新亭。并赦免袁粲的党羽。

萧道成任命尚书仆射王僧虔为左仆射，新除中书令王延之为右仆射，度支尚书张岱为吏部尚书，吏部尚书王奂为丹阳尹。

袁粲、刘秉被诛杀，朝廷中已没有制衡萧道成的力量了，于是他把目标转向荆州的沈攸之。当时满朝文武都是萧道成的心腹，萧道成向宋主刘准恳请率兵讨伐沈攸之。刘准当即令萧道成统率全军，屯兵新亭。

沈攸之也派中兵参军孙同等五将率五万人为前驱，司马刘攘兵等五将率二万人为后应，中兵参军王灵秀等四将分兵出夏口，占据鲁山。

沈攸之自恃兵多将广，饶有骄态，派人对郢州的柳世隆说："我军奉太后之令暂时回京，如果你忠心为国，就该明白自己该怎么做。"

柳世隆派使者答复说："承蒙雄师问候，但是郢城镇小，我军只能自守，恕不能相从！"

沈攸之大怒，准备发兵攻打郢城。功曹臧寅认为郢城地势险要，易守难攻，攻打郢城只能白白耗费兵力，因此，他建议顺流东下，直取建康。

沈攸之于是派小部队攻打郢城，自己率大军准备东行。

最后一个对手

柳世隆奉萧赜之命牵制沈攸之的兵力，见沈攸之要东下建康，萧赜最不想看到的结果即将发生，急忙率兵出城挑战，故意激怒沈攸之。

沈攸之经柳世隆这么一激，果然中计，立即改变主意，全力攻打郢城，大有不攻下郢城，誓不罢休之势。

柳世隆占据有利地形，攻守有方，或战或守，游刃有余。两军竟然相持一个多月，柳世隆达到了拖住沈攸之的目的。沈攸之在相持阶段，伤损惨重。

萧赜依前约，派军将桓敬屯据西塞，声援柳世隆。

沈攸之虽然手握重兵，似乎不怎么会带兵，手下的将士大多是受形势所迫才作乱，因而，每天有大批士兵逃跑。沈攸之大怒，召集将领开会，训斥说："我奉太后之命兴师，事成之后，一定会与你们共享富贵，如果战败，朝廷只会杀我全家，你们不用受到牵连。最近逃亡的士兵越来越多，是因为你们管教不严，从今以后，如果再有士兵逃跑，拿你们是问。"

众将表面上虽然表示服从，内心却是愤愤不平。

这时又传来消息，说萧道成派黄回等人西袭荆州，逆流而上，众将更加惊骇，都有了叛逃之心。

刘攘兵派人将乞降书射入郢城，恳请柳世隆代为上表，以洗脱罪名。柳世隆回信应允。刘攘兵当即自毁营寨，径直离去。其他营寨的士兵见军中突然起火，顿时惊散，连将帅都喝止不住。沈攸之气得咬牙切齿，立即将刘攘兵留在军营的侄儿和女婿全都杀了，然后率残部东归。

沈攸之一行走到鲁山，各位将领已纷纷离他而去。臧寅感慨地说："得势即从，失势即散，真没有想到是这样的结局啊！"说完，投水自尽。

沈攸之急中生智，对将士们说，荆州城中有很多钱财，并许诺说："只要回到荆州，便将这些钱财作为资粮！"

既然回荆州有钱赚，那就去吧！于是，散去的兵士又逐渐回来了。谁知走到中途，突然传来荆州被张敬儿攻克的消息。沈攸之被逼得进退无路，只好转走华容，途中队伍再次溃散。

沈攸之走到栎林，身边只剩下儿子沈文和。沈攸之知大势已去，再也无力回天，下马伫立道旁，长叹数声，解下腰带，在路边一棵歪脖子树上，自缢而亡。沈文和也在旁边一棵树上自缢而亡。

萧道成的最后一个对手，就这样悄悄地走了。村民斩下二人的首级，献入江陵。

原来，张敬儿得知沈攸之攻打郢州，江陵空虚，率兵偷袭江陵。江陵城由沈攸之的儿子沈元琰与长史江义、别驾傅宣三人留守。夜晚传来鹤唳声，江义和傅宣怀疑官军杀来了，慌忙夺门逃走，城中军民也相继逃散，沈元琰在逃亡途中被乱兵所杀。

当时，张敬儿还在沙桥，得到这个消息，急忙率军进了江陵城，下令杀尽沈攸之的族人。经过栎林时，村民献上沈攸之父子的首级，张敬儿立即派人送往建康。

第三十二章
天道轮回

大局已定

萧道成回到东府后，自封太尉，督管南、徐等十六州军事。并任命长子萧赜为江州刺史，次子萧嶷为中领军兼尚书左仆射，王僧虔为尚书令，王延之为左仆射，柳世隆为右仆射，褚渊为中书监司空。并召回平西将军黄回，历数他的罪状，然后将他杀了。

叛乱初定，最强劲的对手沈攸之也去了阴间，萧道成这才定下心来，开始谋划自己的大业。太尉右长史王俭看出萧道成的心思，悄悄对他说："从古到今，劳苦功高的大臣没有得到封赏的例子很多。将军有如此大的功劳与威望，难道甘愿一辈子北面称臣吗？"

"不可乱说！"萧道成当即喝止，但脸上没有丝毫怒意。

王俭心里雪亮，接着说："承蒙将军青睐，我才言人所不敢言之事，将军不要阻止我，让我说下去。刘氏失德，如果不是将军，他们还能坐拥天下吗？如果将军一再谦让下去，那就冷了众人的心了。即使有一天觉悟，恐怕机会已经溜走，一切都晚了。到时身家性命是否能保得住，还是一个未知数。"

萧道成这才慢慢地说："说得有理。"

王俭继续说："以将军的名望，不能只担任一朝的宰相，应该加礼。眼下满朝文武，只有一个褚公尚能放心与他议事，我愿意先去和他商量。"

"不用！"萧道成说，"我自己去。"

两天之后，萧道城亲自拜访褚渊，寒暄一番后，切入正题，萧道成说："我做了一个梦，梦见自己得了帝位。"

褚渊支吾地说："政局刚安定下来，一两年之内，将军的事情恐怕不好办，即使有吉梦，也未必立即应验，请将军三思。"

萧道成在褚渊那里没有得到想要的东西，回头将褚渊说的话告诉王俭，王俭安慰地说："褚公没有认清局势。请放心，我一定会想办法取得褚公的支持。"

随即，他们便谋划加封萧道成为太傅，并让中书舍人起草诏书。萧道成的亲信任遐认为，这样大的事应让褚公知道。

"褚公不愿意，怎么办？"萧道成有些担心。

任遐笑道："褚渊贪生怕死，又没有什么本事，怕他干什么？我这就去找他，不怕他不依！"

萧道成没有反对。

任遐便去褚渊府上，将加封萧道成为太傅的事告诉褚渊，并征询他的意见。褚渊起初犹豫不决，经任遐晓以利害，果然就没有异议了。

诏书很快就颁发下来了。萧道成被加封为太傅，奉命督管国内外各军，担任扬州牧，享受佩剑上殿、入朝不用参拜等礼遇。

萧道成假意推辞一番，才接受其中的一部分礼遇。

随后，宋主刘准又封萧赜为领军将军，调萧嶷出任江州刺史，任命萧道成的三子萧映为南兖州刺史，四子萧晃为豫州刺史。

不久，宋主刘准册立谢氏为皇后。皇后是原光禄大夫谢庄的孙女，骠骑长史谢朏的侄女。皇后册立后，宋主又重提上次的封赏，要加封萧道成，萧道成仍旧不肯接受。

第二年正月，刘准下诏，晋封江州刺史萧嶷，令他督管荆、湘等八州军事，兼任荆州刺史，调任左仆射王延之为江州刺史。

萧道成欲将谢朏引为心腹，推举他为左长史。谢朏却不领情，说他一生只侍奉一主。萧道成闷闷不乐，改任谢朏为侍中，再任命王俭为长史。

王俭倒是格外卖力，一再劝萧道成不必推辞殊礼。

后来，宋主加封萧道成为相国，封齐公，加九锡，九锡是帝王赐给勋臣的最高礼遇，往往也是"禅让"的前奏。

萧道成有了自己的小朝廷，并封王俭为齐尚书右仆射，兼领吏部。

当时，宣城太守杨运长离职在家，萧道成趁机派人将杨运长勒死在家中。临川王刘绰、武陵王刘赞也都因与萧道成唱反调，先后被萧道成派人毒杀。

萧道成又召回雍州刺史张敬儿，封为护军将军，任命萧长懋为黄门侍郎，出任雍州刺史。萧长懋是萧赜的长子，萧道成的孙子。萧赜则被任命为南豫州刺史，兼任副相国。

随后，宋主晋封萧道成为齐王，又封给他十郡，并赐种种礼遇。萧道成于是改称世子萧赜为太子，万事俱备，就只等接收皇位了。

天下易主

几天之后，萧道成逼迫宋主刘准禅位，可怜十三岁的小皇帝，在位只有三年，便要下诏退位"让贤"。在那帮狐群狗党的恳请下，阴鸷险狠的萧道成假意推辞一番，也就不再客气了。

行禅位礼那天，宋主刘准本应亲临，但他很害怕，躲在宫里不敢出来。王敬则带兵进宫，准备带走幼主，找了半天，连个人影也没有找到。王敬则大怒，大声咆哮。王太后等人十分惊骇，只得亲自带着身边的宫人四处寻找，在一个小偏房里找到了刘准，送交到王敬则手上。

可怜的幼主刘准，鼻涕眼泪一大把，看到为他准备的轿子，就像看到囚车一样，硬是不肯进去。经王敬则一番强逼，才极不情愿地坐进去，一行人即将出宫时，刘准止住眼泪问道："今天就要杀我吗？"

王敬则回答说："没有这事啊，只是请你到别宫去住，当年你的祖先取代司马氏天下时，也是如此做的。"

刘准哭了起来，边哭边说："但愿下辈子不要再生在帝王之家了！"

周围宫人和百官也是黯然神伤，泣涕流泪。过了一会儿，刘准又拍着王敬则的手说："如果我能保住性命，一定会重赏你！"

王敬则冷笑一声，没有回答。一行人来到朝堂，百官早已等候在那里，唯独侍中谢朏进入直阁后还没有出来。诏使奉命前往宣诏，谢朏拒不接旨。诏使大呼："为齐王解下宋主玉玺，是侍中的职责！"

"齐王自有侍中，何必要我去！"谢朏说完，便躺下休息了。

诏使急了，问道："侍中是不是身体不舒服？我马上去通报。"

谢朏："我能有什么病呢？不劳你通报了。"

诏使无法，只好离去。谢朏待诏使走后，立即出东掖门，登车回家去了。

仆射王俭将宋主的玉玺拿走，宋主随后被遣出朝堂，送到东邸，静待新皇命令。

司空褚渊、尚书令王僧虔立即捧着玉玺，率领百官赶到齐宫，请萧道成即位。萧道成谦让一番。

褚渊、王僧虔等人率领百官三呼万岁，大拜新皇。

继位仪式完成后，萧道成回宫，颁诏大赦天下。接着便是收拾刘宋的烂摊子。

废宋主刘准为汝阴王，王太后为汝阴王太妃，谢皇后为汝阴王妃，撤去陈太妃苍梧王太妃的名号，将她们全部迁出宫，移居丹阳。派士兵监管起来，限制她们的自由。

宋晋熙王刘燮被降为阴安公，江夏王刘跻被降为沙阳公，随阳王刘翙被降为舞阴公，新兴王刘嵩被降为定襄公，建安王刘禧被降为荔浦公，郡公主被降为县君，县公主被降为乡君。

所有宋室功臣子孙的袭爵、封国予以撤销，仅留南康、华容、萍乡三邑

...供奉刘穆之、王弘、何无忌的宗祀。

...封褚渊为司徒，柳世隆为南豫州刺史，陈显达为中护军，王敬则为南兖州刺史，李安民为中领军，其他如王俭、张敬儿等人，也都加官晋爵。

褚渊的堂弟褚照在刘宋时曾任安成太守，此时离职在家，当褚渊奉玉玺劝萧道成即位，褚照问褚渊的儿子褚贲说道："司空今天去哪里了？"

褚贲回答说："父亲奉着玉玺去齐王府了！"

褚照叹道："我不知道司空把这一户人家的东西送给另一家，是什么意思啊？"

褚渊升任为司徒，贺客盈门，褚照又叹道："家门不幸啊！如果褚渊做中书郎时就病死了，那么我们家应该出一位名士吧！"

褚渊知道褚照的话后，非常惭愧，上表请求辞官。萧道成准奏。

河东裴胐上表，历数萧道成的罪恶，然而挂冠而去。萧道成派人追上裴胐，将他杀死了。

太子萧赜请示杀掉谢胐。萧道成摇头道："杀不得，杀不得。"

"为什么呀？"萧赜不解地问。

"这个人不怕死，如果杀了他，反而成就了他的名声，不如放他回去，以示我朝的仁厚。"

谢胐因此保全了性命，辞官回家。

废主刘准徙居丹阳，一天，门外忽然传来一阵马蹄声。卫士以为外面又发生了兵乱，当即跑到刘准的卧室，将刘准杀死了，然后上奏，说刘准病亡。

萧道成不但没有怪罪这些士兵，反而嘉奖他们，只追赐刘准为宋顺帝，然后草草安葬。

萧道成似乎还不解恨，索性把刘宋宗室，如阴安公刘燮等人全部杀掉。只有刘遵考的儿子刘澄之因与褚渊有些交情，褚渊苦苦哀求，才得以幸存。

刘宋自武帝刘裕开国到宋顺帝刘准亡国，共历四世八个国君，经历六十年。

　　刘宋是南朝第一个朝代，也是整个南朝国力最为强盛的朝代，尤其是在刘裕和文帝刘义隆统治时期最为强大，还出现了少有的治世，虽然比较短暂，但不能否认两人是比较有作为的君主。但是也是从文帝开始，宋室开始了大规模的骨肉相残，其惨烈程度不禁令人扼腕叹息。当时的民谣也唱道："遥望建康城，小江逆流萦。前见子杀父，后见弟杀兄。"都说无情便是帝王家，在帝位这个巨大的利益面前，人类丑陋的一面展露无遗，抛弃了父子之情、兄弟之情、叔侄之情，只剩下人类本能的欲望在驱使着他们去掠夺，去占有，去杀戮。这段历史，给后世的统治者以巨大的借鉴和警示。刘宋末帝刘准说"愿生生世世，再不生帝王家"，不仅道出了刘裕子孙们的心声，也引起了后世人的共鸣。